Wir sterben und wissen nicht wohin

TULLIO AURELIO

Wir sterben und wissen nicht wohin

Bilder vom Jenseits

Patmos Verlag

VERLAGSGRUPPE PATMOS

PATMOS
ESCHBACH
GRÜNEWALD
THORBECKE
SCHWABEN

Die Verlagsgruppe
mit Sinn für das Leben

MIX
Papier aus verantwortungsvollen Quellen
FSC® C006701
FSC www.fsc.org

Für die Schwabenverlag AG ist Nachhaltigkeit ein wichtiger Maßstab ihres Handelns. Wir achten daher auf den Einsatz umweltschonender Ressourcen und Materialien.

www.patmos.de

Umschlaggestaltung: Finken & Bumiller, Stuttgart
Umschlagabbildung: © plainpicture/Folio Images
Druck: CPI – Ebner & Spiegel, Ulm
Hergestellt in Deutschland
ISBN 978-3-8436-0578-6 (Print)
ISBN 978-3-8436-0588-5 (eBook)

Barbara, David, Magdalena und Dominik gewidmet.
Mit ihnen lebe ich gern hier auf Erden
und schiebe meine arg unsichere Himmelfahrt vor mich hin,
solange ich kann.

Inhalt

Lyrische Ouvertüre

Sora morte
Laudato si', mi Signore, per sora nostra morte corporale,
da la quale nullu homo vivente pò skappare:
guai a quelli ke morrano ne le peccata mortali;
beati quelli ke trovarà ne le tue sanctissime voluntati,
ka la morte secunda no 'l farrà male.
Franz von Assisi[1]

Bruder Tod
Auch zu mir kommst du einmal,
Du vergißt mich nicht,
und zu Ende ist die Qual,
Und die Kette bricht.
Noch erscheinst du fremd und fern,
Lieber Bruder Tod,
Stehest als ein kühler Stern
Über meiner Not.
Aber einmal wirst du nah
Und voll Flammen sein –
Komm, Geliebter, ich bin da,
Nimm mich, ich bin dein.
Hermann Hesse (1918)[2]

Schlußstück
Der Tod ist groß.
Wir sind die Seinen
Lachenden Munds.
Wenn wir uns mitten im Leben meinen,

[1] Zitiert aus dem sogenannten *Cantico di San Francesco* in der Originalfassung. Hier die Übersetzung. Es ist zu beachten, dass ›der Tod‹ auf Italienisch weiblich ist: ›la morte‹.
Bruder Tod
Gelobt seist Du, mein Herr, für unseren Bruder, den fleischlichen Tod,
Dem kann kein lebender Mensch entgehen.
Weh denen, die in Todessünden sterben!
Doch selig, wen du hältst in deinem heiligen Willen,
ihm tut der zweite Tod kein Leid.

[2] In: Volker Michels (Hg.), Hermann Hesse. Sämtliche Werke, Band 10, Frankfurt/Main 2002.

wagt er zu weinen
mitten in uns.
Rainer Maria Rilke (1900/1901)[3]

Vielleicht
Vielleicht sind wir nicht
Sind wir nicht Gottes Kinder
Vielleicht ist da keine
Ist keine Himmelsleiter
Vielleicht sitzt keiner am Ende
Über uns zu Gericht.
Eines ist sicher:
Wir fallen, zerfallen
Unsere Hände fallen ab
Unsere Wangen
Die Augen zuerst
Eines Tages wird nichts mehr da sein
Von dieser so und so
Gearteten Person
Nur ein Schmerz in der Magengrube
Eines der sie geliebt.
Marie Luise Kaschnitz (1973)[4]

Bruder Tod aus mittelalterlicher und heutiger Sicht. Franz von Assisi und Hermann Hesse, der eine ein Jünger Jesu, der zweite ein Jünger des Buddha. Aber auch Rilke beschäftigt sich mit ihm, ohne ihn Bruder zu nennen, und weiß um die trügerische Sicherheit, mit der wir leben, solang wir leben. Marie Luise Kaschnitz bringt es auf den Punkt, um den es in diesem Buch geht: Steht für uns eine Himmelsleiter bereit, wenn wir sterben? »Eines ist sicher: Wir fallen, zerfallen.«

[3] In: Rainer Maria Rilke, Das Buch der Bilder. Werke in drei Bänden, Band I, Frankfurt/Main 1966.
[4] In: Christian Büttrich/Norbert Miller (Hg.), Marie Luise Kaschnitz. Gesammelte Werke, Band 5, Frankfurt/Main 1985.

Präludium

Wo sich die Toten treffen – Ein fiktionaler Dialog

Bodpa, ein Tibeter im besten Alter, schließt die Augen und bildet sich ein, er schwebt in der Luft und beobachtet die um seinen Körper stehenden Verwandten und Freunde. Sie weinen und klagen und horchen aufmerksam der Lektüre des Bardo Tödol zu. Er findet es seltsam, denn dieser Text wird eigentlich im Kreis der um einen Toten Trauernden gelesen, damit der Tote sich auf die Wiedergeburt vorbereitet.

»Dann muss ich doch tot sein«, meint Bodpa – inzwischen überzeugt, dass er nicht echt träumt, sondern sich in einem traumähnlichen Zustand befindet.

Er gewahrt ein helles Licht, als er gerade meint, er würde vor Müdigkeit nur die Augen schließen.

Er hört selber der Lektüre aus dem Totenbuch zu: »Wenn die Ausatmung aufhört, sinkt die Lebenskraft in das Nervenzentrum der Weisheit, und der Wisser erlebt das Klare Licht in seiner ursprünglichen Beschaffenheit.«

»O Edelgeborener, jetzt ist die Zeit gekommen, dass du den Pfad suchst. Der Atem hört gleich auf. Dein Guru hat dich zuvor von Angesicht zu Angesicht gesetzt mit dem Klaren Licht.« »Hat die Ausatmung vollends aufgehört, drücke fest auf den Schlafnerv. Jetzt erfährst du die Strahlung des Klaren Lichtes Reiner Wirklichkeit. Erkenne sie.«[5]

Bodpa weiß nun: Da wird die erste Stufe seiner Initiation eingeleitet. Es gilt, die Chance zu ergreifen, das wahre Licht zu erkennen und im Nirwana zu erwachen. Er weiß aber auch, es ist nicht jedem gegeben, im Nirwana zu erwachen. Es sind die Allerwenigsten, die das klare, das wahre Licht erkennen.

Ebenso weiß er, ihm verbleiben insgesamt 49 Tage und er muss sich entscheiden, was er werden will. Je schneller er sich entscheidet, desto besser wird sein neues Dasein. Wenn er Glück hat, wird er wieder ein Mensch, aber es ist nicht sicher; es kann sein, dass er ein an-

[5] Zitiert nach W. Y. Evans-Wentz (Hg.), Das Tibetanische Totenbuch oder die Nachtod-Erfahrungen auf der Bardo-Stufe, Olten 1971, S. 165. (Künftig zitiert als: Tibetanisches Totenbuch.)

deres Wesen wird. Auf jeden Fall wird er wieder in einen neuen Uterus eindringen, um wiedergeboren zu werden.

Das ist sein *Samsara* oder ›Schicksal‹, wie andere sagen: sterben, sich auflösen und als jemand anderes geboren werden. Das ist der Kreislauf, dem sich auch der Mensch nicht entziehen kann.

Er selber, das weiß Bodpa nur zu gut, ist nun sein Bewusstsein. Darüber, über die Beschaffenheit des Bewusstseins, hatte er sich oft mit seinem hinduistischen Nachbarn unterhalten. Der Nachbar vertrat vehement und manchmal ungehalten, dass das Bewusstsein der einzelnen Wesen ein Teilchen des universalen Bewusstseins sei, deshalb selbst genauso unsterblich wie das universale Brahman, wie er es nannte.

Interessanterweise war sein Nachbar zur gleichen Zeit gestorben, und deren beider Bewusstsein hatten sich auch nach dem Tod eine kurze Weile darüber unterhalten, aber allmählich waren die Züge seines eigenen Bewusstseins schwächer geworden. Ob er mit seiner Meinung über das Bewusstsein Recht hatte?

Dann hört er die Umstehenden sagen, dass sich sein Bewusstsein inzwischen von seinem Körper gelöst habe. Sein Körper wird dann auf einen Berg getragen und in Stücke gerissen und den Vögeln zum Fressen gegeben. Er wäre gern in seinen Körper zurückgegangen, aber nun war es nicht mehr möglich. Er beobachtet, wie sein Körper von den Vögeln und von anderen Tieren aufgerissen und gefressen wird. Auch seine Knochen werden zerkaut, nichts bleibt übrig.

Er hatte einmal die Gründe gehört und verstanden: Ein Leichnam kann durch Feuerbestattung, Erdbestattung, Luftbestattung oder Wasserbestattung der Natur zurückgeführt werden. Wichtig ist diese Rückkehr, weil der Lebenskreis sich auch so erneuert, die Materie wird der Materie zurückgeführt, auch das Bewusstsein wird sich verändern und als ein anderes Wesen wiedergeboren werden.

Neben seinem Bewusstsein schwebt eine Idee – so nennt sie sich selbst, als sie Bodpa begrüßt.

»Wo gehst du hin?«, will Bodpa wissen.

»Zurück ins Reich der Ideen«, sagt die Idee. »Bis vor kurzem habe ich Aristos oder kurz Ari geheißen. Zum Glück konnte ich mich von meinem Leib endlich lösen und erlösen. Er war mir nur hinderlich, immer wieder kränklich, immer wieder sackte er ab vor Müdigkeit und zog auch mich mit in die Tiefe des Trübsinns. Materie ist eine kranke Sache.«

»Und was macht dein Körper nun?«, fragte Bodpa.

Und Ari oder die Idee, wie sie sich seit Kurzem nannte, erzählt, dass der Körper nun begraben und in der Erde zerfallen wird. Das ist das Schicksal der Materie. Das tangiere sie aber nicht im Geringsten, meinte sie. Sie aber, die Idee, kann nicht sterben, sie ist nicht aus Materie, sie ist nicht aus dieser dunklen, trüben Welt.

»Was du erzählst«, sagt Bodpa, »kommt mir irgendwie bekannt vor. Ich habe mich auch von meinem Körper getrennt, aber ich bin auch jetzt nicht ganz frei von Materie, und ich gehöre mit Sicherheit derselben Welt an, der auch mein Körper angehörte. Wir nennen den Vorgang der Trennung von Körper und Bewusstsein den ›Übergang‹ von einem Daseinszustand zu einem neuen im Kosmos durch Wiedergeburt. Und dieser Übergang dauert 49 Tage«.

»Etwas Ähnliches«, bemerkt Ari, »glauben auch die meisten meiner Landsleute in Griechenland. Sie glauben, wenn sie sterben, überqueren sie den großen Fluss und gelangen in das Totenreich, den Hades. Natürlich bleibt der Körper unter der Erde oder in einem Sarkophag. Nur der Schatten der Menschen, den sie Seele nennen, erreicht den Hades. Aber auch diese Seelen sind nicht ganz frei von Materie, denn sie können durch einen Durchschlupf wieder in das Reich der Lebenden zurückgelangen. Irgendwie gehören die zwei Reiche, das des Lebens und das des Todes, zusammen – fast ein griechisches Samsara.

Ganz anders glauben wir Schüler unseres großen Meisters Platon. Er hat uns gelehrt, dass wir Ideen sind und ganz anders geartet als die hinfällige Materie. Wir sind ewig, reiner Geist, wir sind nicht von dieser Welt, wir gehören dem Reich der Ideen an, und unser Reich ist nicht von dieser Welt. Wenn wir später wieder zurück in die Materie müssten, wäre es für uns eine echte Strafe und nichts Natürliches. Als Menschen sind wir wie Wesen, die in einer Höhle angekettet sind. Die Menschen ahnen nur vage, dass sie als Ideen von einer ganz anderen Welt stammen, aber sie erinnern sich nicht mehr daran. Wenn es ihnen gelingt, sich von der Materie zu befreien, die sie gefangen hält, dann schweben sie zu ihrer ursprünglichen Welt zurück. Aber die Reise ist nicht einfach, weil die zwei Welten nichts miteinander zu tun haben.«

»Wenn wir sterben, werden wir Sterne«, hören Bodpa und Ari plötzlich in ihrer Nähe. Sie drehen sich um und sehen ein Licht, das in Begleitung der Sonne in Richtung Himmel steigt.

»Ich heiße Ramses«, sagt das Licht. »Nach meinem Tod musste ich lange im Totenreich verharren, bis mein *Ba*, irgendwie so etwas wie euer ›Bewusstsein‹ oder Idee oder Schatten, so frei war, dass es in die Barke der Sonne steigen konnte. So bin ich aus der Tiefe des Totenreiches mit der Sonne auferstanden und werde der Himmelskönigin Nut vorgestellt, und sie wird mir einen Platz im Himmel zuweisen, wo ich als Stern leuchten werde. Alle Toten sind Sterne am Firmament. Das Firmament ist aber kein anderes Reich als das Reich der Idee. Es ist natürlich ein Teil des gesamten Kosmos. So wie Nut, die Himmelskönigin, mit ihrem blauen Sternenmantel sich beugt, um ihren Gatten Geb, den Erdengott, zu umarmen, so gehören Himmel und Erde, Unterwelt, Erde und Firmament zusammen und bilden den ganzen Kosmos. Es gibt keine ganz andere Welt nur für die Ideen.« Ramses meint, Bescheid zu wissen. »Der Himmel ist oben und ist der Mantel von Nut, der Himmelskönigin.«

Da mischt sich Agnes ein, eine christliche Märtyrin, deren Seele, wie sie sie nennt, sich vor langer Zeit vom Körper gelöst hatte und noch auf der Suche nach ihrem Bestimmungsort ist. Sie legte gerade eine kleine Pause ein, um zu überlegen, in welcher Richtung sie weiter schweben sollte. Sie kennt sich nicht aus und will die anderen fragen, in welche Richtung Gottes Himmel sei.

»Nicht doch«, wendet Agnes ein, »nicht diesen Himmel meine ich, und nicht irgendeine Göttin meine ich, sondern den Himmel unseres einzigen Gottes, das ist doch nicht das Firmament. Das ist ganz was anderes, ganz woanders, bei Gott eben, das nennen wir auch Paradies. Ich bin nur 12 Jahre alt geworden. Ich hatte dem Herrn Jesus heilige Jungfräulichkeit geschworen. Man wollte, dass ich mein Versprechen zurücknehme, aber ich wollte nicht. Nach mehreren Versuchen, mich zu töten, wurde mein Körper enthauptet. Ich starb gerne, weil ich wusste, dass ich bald meinem himmlischen Bräutigam begegnen würde. Leider bin ich noch nicht dort angekommen.

Wenn wir sterben, werden wir erstmals auf die Waage der Gottesgerechtigkeit gelegt und wir wissen dann, ob wir für immer ins Paradies oder in die Hölle gehen oder ob wir uns für eine gewisse Zeit ins Fegefeuer begeben, um uns zu läutern. Das ist für mich aber kein Problem, da ich für Jesus und meine Jungfräulichkeit gestorben bin. Am Ende der Zeiten wird dann ein universales Gericht stattfinden. Da werden alle Toten wiederauferstehen und Jesus Christus, der Sohn Gottes, wird auf einer Wolke kommen und über Gute und Böse richten. Die Bösen auf seiner Linken werden ins Höllenfeuer geworfen, die Guten zu seiner Rechten werden von Jesus Christus in sein Reich mitgenommen. Ich werde sicher auf der rechten Seite stehen.«

Als Agnes fertig ist, grinst Bodpa ein wenig und meint: »Wie sich die Bilder doch gleichen. So ein Gericht wird auch in unserem Totenbuch beschrieben. Und wir haben auch Götter, obwohl man meint, wir Buddhisten hätten keine. Aber es gibt einen großen Unterschied. Anders als bei euch Christen oder auch bei den Ägyptern, sind unsere Gottheiten und das Totengericht lediglich unsere Einbildungen, Projektionen unseres Bewusstseins, sie existieren nicht außerhalb von uns. Und Strafen und Belohnungen, die im Gericht ausgesprochen werden, sind nichts für die Ewigkeit, sie sind vorübergehender Natur, Frucht unserer Einbildung. Einzig wahr ist das Samsara, der ewige Kreis von Tod und Wiedergeburt: Wir sterben, unser Körper wird wieder Natur, unser Bewusstsein wird ein neues Wesen durch Wiedergeburt.«

Ramses scheint von Agnes und Bodpas Worten sehr betroffen zu sein. »Auch bei uns muss der Verstorbene vor Gericht erscheinen, bevor er ins Reich der Toten gelangt und vor Osiris tritt. Anubis legt das Herz des Verstorbenen auf eine Wage. Auf dem anderen Teller der Waage liegt die Feder der Göttin der Gerechtigkeit, Maat. Wenn das Herz schwerer wiegt als die Feder, wird es von einem Krokodil verspeist. Wenn es nicht schwerer wiegt, kann der Verstorbene ins Reich der Toten eintreten. Dann, wenn der Sonnengott Re und sein Bruder Osiris sich treffen, nimmt Re den Ba der Toten mit auf seine Barke und er fährt mit ihnen in den Himmel.« »Es ist irgendwie wie bei euch Christen«, fügt Ramses hinzu, »Die Himmelfahrt wird bei uns aber allen Verstorbenen zuteil, nicht nur denen, die gut gelebt haben. Die Auferstehung der Toten geschieht ja jeden Tag, wenn der Sonnengott im Osten in den Himmel aufsteigt, der Himmelsgöttin Nut, Mutter aller Lebenden, entgegen, nicht wie bei euch erst am Ende der Zeiten. Irgendwie scheint es mir so, als ob Ihr Christen eine ganze Menge von uns abgeschrieben hättet.«

Da schießt eine Seele wie eine Rakete an den Versammelten vorbei. Sie muss scharf bremsen, um sich den Kollegen freudig vorzustellen. Ali nennt er sich, er sei als Märtyrer für Allah und Muhammad gestorben, habe sich in die Luft gesprengt, um Ungläubige in den Tod zu schicken. Allah wird ihn belohnen: im Paradies. Das ist ein blühender, schöner Garten, in dem alle Gläubigen glücklich leben. Sie sitzen an einem reich gedeckten Tisch und laben sich an den schönsten Speisen, von vielen jungen, schönen Jungfrauen umgeben und bedient.

Agnes lächelt ein wenig. Ali meint vielleicht den Garten Eden, aus dem die Menschen hinausgeworfen wurden.

Die Verwirrung macht sich unter den Neuverstorbenen breit. Jeder hatte eine eigene Vorstellung über die Zeit nach dem Tod, aber nun weiß keiner, wer letztlich Recht hat. Hat überhaupt jemand Recht?

»Jetzt weiß ich genau so viel und so wenig wie früher«, behauptet ein unschlüssiger namenloser Verstorbener. »Meine neue Heimat scheint Niemandsland zu sein. Ihr wisst alles nur vom Hörensagen, erzählt euch Geschichten von eurem früheren Leben, an die ihr anscheinend noch glaubt, wisst aber genau so wenig wie ich, wohin wir alle gehen.«

»Wir wissen nicht mal«, fügt der Namenlose hinzu, »wie die Zeit vor dem Tod und die Zeit nach dem Tod sich unterscheiden. Es kann sein, dass Zeit nur vor dem Tod besteht, und nach dem Tod keine Zeit mehr ist. Das behauptete ein Freund vor mir. Er war ein Nichtwissender, gleichzeitig einer, der zu wissen meinte, dass nach dem Tod nichts ist. Er ist inzwischen gestorben, und ich finde von ihm hier leider gar keine Spur mehr. Ob er sich nach dem Tod vollends aufgelöst hat? Doch wenn er Recht hatte, warum sind wir dann hier versammelt? Entspricht die Wirklichkeit einfach unseren Vorstellungen? Oder bekommt jeder das, was er sich vorstellt? Stellt man sich vor, was man sich wünscht? Nicht notwendigerweise, denke ich, aber wissen tun wir es nicht.«

Bodpa wacht auf: Er hatte nur geschlafen und einen seltsamen Traum geträumt. Um sein Bett steht niemand, es ist früh am Morgen, ein ganz neuer Tag wartet auf ihn.

Diese Geschichte stellt so viele Fragen: Sind diese Jenseitsvorstellungen denn nun tatsächlich Bilder vom Jenseits? Gibt es überhaupt ein Jenseits? Sagen unsere Bilder wirklich irgendetwas über die Zeit nach dem Tod aus? Gibt es eine solche Zeit überhaupt?

Ein Text aus den Upanishaden gibt zu denken:

> Alles, was hier ist, ist auch dort;
> Was dort ist, dasselbe ist auch hier.
> Wer das Hier als etwas anderes ansieht,
> Trifft Tod nach dem Tod.
> Nur im Geist lässt sich das begreifen,
> und dann gibt es hier keinen Unterschied.
> Von Tod zu Tod geht, wer meint,
> Dass hier ein Unterschied besteht.
> *Katha Upanishad, IV, 10–11*[6]

[6] Nach dem Tibetanischen Totenbuch, S. 6.

Berührungen mit dem Tod

Unter vielen Themen, mit denen ich mich persönlich beschäftigt habe, sind mir zwei besonders nahegegangen: Gott und der Tod. Irgendwie sind beide Themen miteinander verknüpft, was kulturgeschichtlich in den unterschiedlichsten Kulturkreisen leicht feststellbar ist.

Das Thema Gott – abhängig vom jeweiligen und sich verändernden Bild, das ich mir von Gott machte, also abhängig davon, wie ich in irgendeiner Phase meines Lebens über ›Gott‹ dachte, wie ich ihn mir vorstellte – hat mein Leben existenziell beeinflusst. Lange Zeit war ich ein Mensch des zurückhaltend bejahenden Glaubens und der hinterfragenden, kritischen Hoffnung. Aber auch in dieser Lebensphase war ich eher ein nachdenklicher als ein begeisterter Bekenner. Missionieren lag mir fern, Charismatiker sind mir immer suspekt gewesen und wie Gaukler vorgekommen.

Später zerbrachen mehrere Gottesbilder in meiner Vorstellungswelt, und bei mir entstand eine beunruhigende und gleichzeitig wohltuende Sprachlosigkeit. Über das Thema Gott habe ich ein ganzes Buch geschrieben[7].

Wie kluge Marktbeobachter wissen, sind die Bücher dafür da, um den Autor und die Leser in ihren Ansichten zu festigen. Auch mein Buch hat bei den wenigen Lesern, die bereits meine Ansicht teilten, diesen Effekt gehabt: Sie reagierten begeistert, und ich fühlte mich in meinem Versuch, mir Rechenschaft zu geben, bestätigt. Der Gang der Dinge und der Kurs der Weltgeschichte wurden dadurch natürlich um keinen Zentimeter verändert. Die anders Denkenden, Fühlenden und Glaubenden haben das Buch entweder nicht gelesen oder meine Gedanken als versteckten Atheismus gedeutet oder einfach bedauert, dass einer, der das ganze berufliche Leben mit Lesen und Verlegen von theologischen Büchern verbracht hat, zu keinem anderen Ergebnis kommt als zum Agnostizismus. Und Agnostizismus wird als Kategorie, als Substantiv, also als eine Substanz gewordene Größe verstanden, so wie die parallelen Begriffe Theismus und Atheismus. Ich selbst habe nie behauptet, ich sei ein Agnostiker. Ich habe nur behauptet, dass ich über das Thema Gott vieles schreiben könnte, über Gott selbst aber nichts weiß, – was, wenn man will, ein positives Bekenntnis zum Nichtwissen ist. Andere haben mir gewünscht, ich

[7] Tullio Aurelio, Gott, Götter und Idole. Und der Mensch schuf sie nach seinem Bild, Gütersloh 2011.

möge irgendwann Gott entdecken oder ihm gar begegnen und darüber ein neues Buch schreiben.

Das Thema ist für mich keineswegs ›erledigt‹ oder gar zu Ende gedacht. Wie könnte es auch sein. Ich will es im Zusammenhang mit dem Thema Tod noch einmal angehen, denn beide Themen sind stark miteinander verwoben.

Beide Themen sind mir auch persönlich wichtig. Ihre Gegenstände (Gott und der Tod) berühren mich aber unterschiedlich. Gott könnte ich auf Anhieb lieben, wenn ich ihm begegnen würde, weil ich mit seinem Bild lauter gute Eigenschaften verbinde, sodass es mir warm ums Herz wird. Dem Tod kann ich spontan keine Sympathie entgegenbringen, geschweige denn ihn so lieben wie jenen Gott, den ich im Kopf habe. Ich möchte ihn von mir fernhalten. Kurz formuliert: Wenn es ihn gibt, möge Gott mich vor dem Tod schützen und retten.

Ob meine Ansichten mich weiterbringen werden, werden wir sehen. Es könnte sein, dass dieser aufmerksame und neugierige Besuch in den Wohnungen des Todes, nachdem ich geistig einige Monate lang im Reich der Toten herumgeirrt bin, ziemlich ergebnislos bleiben wird. Auch diesmal befürchte ich, keine zuverlässigen Antworten auf die Frage geben zu können, was unser Los nach dem Tod sein wird. Ich denke, der Titel des Buches ist das kurz gefasste Ergebnis meiner langen Reise.

Ich habe das Buch zunächst für mich selbst geschrieben, zu meiner Selbstvergewisserung. Es war für mich eine abenteuerliche, interessante Reise. Gern würde ich einige interessierte Menschen mit auf diese Reise mitnehmen.

Das Thema Tod habe ich bald nach dem Erscheinen meines Buches über Gott und die Götter in Angriff genommen, aber ich habe mich mit dem Thema schwergetan. Es ist ein unendlich großes Thema. Ist Gott, wie der erste Johannesbrief meint, größer als unser Herz, so ist der Tod so mächtig, dass er imstande ist, unser Herz endgültig zum Stillstand zu bringen.

Nicht nur das Thema flößt mir Respekt ein, der Tod selbst ist mir unheimlich, weil er überall präsent ist. Er folgt uns auf Schritt und Tritt und versucht, wie ein Chamäleon sich in jeder Umgebung mimetisch unbemerkbar zu machen, sodass wir uns einbilden, er sei nicht in unserer Nähe und wir könnten, von ihm unbemerkt, unbegrenzt leben.

Wir sehen ihn nicht. Wenn wir aber aufmerksam sind, fühlen wir ihn hautnah. Wenn wir nicht laut sind, spüren wir seinen Atem, wenn wir mit unseren Worten kein unnötiges lautes Geräusch machen, hören wir seine Schritte.

Irgendwann, irgendwie und überall werden alle Menschen vom Tod erreicht. Er ist wie ein unheilbares Krebsgeschwür, das überall wütet. Alles, was lebt, wird sterben. Der Tod berührt uns, weil er an den Wurzeln unserer Existenz rüttelt und sie aus dem Erdboden des Lebens herausreißt.

Mit ihm befassen sich, nicht unbedingt lustvoll, aber sehr intensiv, alle Kulturen.

Und auch hier, wie bei der Frage nach Gott, braucht der Mensch Trostbilder, besonders Bilder eines tröstenden, besser noch: eines vom Tod erlösenden Gottes.

Das Thema kann man auf viele Arten behandeln. Mir kommen spontan zwei Wege in den Sinn, und ich werde versuchen, beide zu beschreiten. Der erste ist die eher historische, distanzierte Betrachtungsweise der Kultur- und der Religionsgeschichte. Kultur und Religion überschneiden sich häufig, sind aber nicht deckungsgleich. Kultur kann auch religiöse Kultur sein, Religion ist aber in der Geschichte der Kultur nicht allgegenwärtig.

Die Fragen und Antworten der Kulturgeschichte zum Thema Tod und Jenseits, sind immer verknüpft mit der dazugehörigen Vorstellung der Weltentstehung und -struktur (Kosmogonie, Kosmologie) und sehr häufig mit den Gottesvorstellungen (Theologie).

Diese Ebene berührt uns nur deshalb weniger, weil die Vorstellungen vom Tod und Jenseits, die uns dort begegnen, historische Fossilien sind, die mit unserer heutigen Welt wenige Berührungen haben. Sie waren aber nicht immer Fossilien. In einer früheren Phase waren sie aktuelle Bilder der Menschen, Schreie der Verzweiflung und Hilferufe zugleich. Als diese Todesvorstellungen entstanden sind, waren sie genauso existentiell besetzt wie unsere heutigen Fragen und Antworten, die in einigen Jahrhunderten auch als Fossilien angesehen werden.

Der zweite Weg ist die existentielle Betrachtung, und diese schließt die eigenen, persönlichen Todesberührungen mit ein.

Weniger als der Tod selbst, der mich irgendwann ereilen wird, interessiert mich und viele andere Menschen die Frage, was nach dem Tod mit uns geschieht. Was sich einer zuverlässigen Antwort entgegensetzt, ist die Tatsache, dass wir über die Zeit nach dem Tod genau so viel wissen wie über Gott, nämlich rein gar nichts.

Der Tod ist eine fiktionale Gestalt von Literatur und Kunst, eine sprachliche, kulturelle Personifizierung und Mystifizierung eines Vorgangs. Er wird wie eine Person, eine Hypostase, dargestellt, auch wenn sie kein Fleisch und keine Gesichtsmuskeln mehr mit sich trägt. Blutleer, doch sehr aktiv, ein sehr lebendiger Tod, der mit seiner Sense kommt, und wehe dem, den er trifft.

Der Tod ist nur ein literarisches, künstlerisches und sprachliches Produkt, wenn man will: ein Mythos. Es gibt – paradoxerweise – sozusagen keinen Tod, obwohl wir alle, mitsamt der Natur, sterben. Alles stirbt um uns herum und wir sterben mit allen anderen Naturerscheinungen. Aber den Tod, also ein Wesen, das sich Tod nennt, gibt es nicht.

Auch diesbezüglich scheinen der Tod und Gott nahe Verwandte zu sein. Beide scheinen Produkte unserer Fantasie, unserer dichterischen Fähigkeit zu sein, aus Vorgängen personifizierte Wesen, mythische Geschöpfe, zu bilden. Wir wissen nicht, was hinter diesen Bildern von Gott und vom Tod steht. Den Vorgang des Sterbens können wir beschreiben, weil er beobachtbar ist. Nur weiß keiner, was danach kommt.

Befassen wir uns vor dem Tod mit der Zeit nach dem Tod.

Und schon drängt sich die Frage auf, welche ›Zeit‹ hier gemeint ist. Möglicherweise haben wir nach dem Tod keine Zeit mehr, oder die Zeit ist nicht mehr unsere Zeit, sondern die Zeit der anderen, der noch Lebenden. Wenn nach dem Tod noch Zeit wäre, wäre der Tod gar nicht der richtige Tod, das Ende. Streng genommen gibt es also gar keine Zeit nach dem Tod. Und über diese Zeit kann man nicht viel erzählen. Die Frage, die sich hier stellt, ist, ob nach dem Tod eine neue Zeit anfängt.

Monatelang war ich auf der Suche nach Antworten. Monatelang hielt ich mich als Lebender im Reich der Toten auf. Und das Ergebnis ist grandios wie verwirrend zugleich. Es gibt nicht nur eine Antwort, sondern sehr viele und zum Teil höchst unterschiedliche.

Das christliche Reich der Toten kannte ich seit geraumer Zeit gut. Dessen Umrisse wurden allerdings in den letzten Jahrzehnten hin und her geschoben. Ob es eine Vorhölle gibt, ist inzwischen nicht mehr klar. Und vom Fegefeuer hört man jüngst auch nicht mehr viel. Natürlich kenne ich die christliche Totenwelt nicht wirklich, sondern nur vom Hörensagen. In die Hölle will ich nicht, und in den Himmel wohl gern, aber nicht gleich, sondern erst später, am liebsten sehr spät. Ich kenne diese Totenwelt vom Hörensagen, vom Lesen und vom Verständnis, das ich von den Bildern dieses christlichen Jenseits im Laufe der Zeit gewonnen habe. Denn die christlichen Vorstellungen vom Leben nach dem Tod sind Bilder, Bilder des Menschen ebenso wie die christlichen Gottesbilder.

In der letzten Zeit haben mich andere Vorstellungen vom Leben nach dem Tod stärker interessiert. Die griechisch-römischen sicher auch, besonders aber haben mich die Unterweltbilder der Ägypter und die Vorstellungen des tibetanischen Buddhismus stark angezogen. Es war eine faszinierende Erfahrung, in diesen Welten spazieren zu gehen; ich werde darüber berichten.

Es ist spannend, Bilder vom sogenannten Jenseits aus verschiedenen Kulturkreisen und Religionen zu vergleichen, deren geschichtliche Verwurzelung und gegenseitige Verzweigung aufzuzeigen. Es gibt Bilder, die sich in verschiedenen Kulturen wiederholen: zum Beispiel das Totengericht, die Fahrt in die Unterwelt, die Himmelfahrt, die Wiedergeburt und die Auferstehung. Die eigenen Vorstellungen mit denen der anderen Menschen zu vergleichen, bringt weiter, weil wir uns gegenseitig und dadurch auch uns selbst besser verstehen. Bilder relativieren sich und ergänzen sich gegenseitig. Das bedeutet nicht, dass die Bilder auch einen Wahrheitsgehalt, eine Entsprechung in der »Wirklichkeit« besitzen. Sie könnten ja allesamt nur Kreationen unseres Geistes sein. Sie verraten jedenfalls sehr viel über uns selbst.

Für diejenigen, die im christlichen Raum aufgewachsen sind, wird es darüber hinaus interessant sein, zu erfahren, dass viele christliche Bilder über das Jenseits nicht im Christentum entstanden sind und viel älter sind als das Christentum selbst.

Man kann dieses Thema, das tausendmal größer ist als wir selbst, unterschiedlich angehen:

Systematisch Denkende könnten vielleicht versucht sein, gleich zu Beginn den Tod zu definieren. Eine Definition ist die Beschreibung des Wesens einer Sache, ohne in Tautologien zu verfallen. Gerade darin besteht beim Thema Tod die größte Schwierigkeit. Natürlich ist der Tod das Ende der Hirntätigkeit. Ist damit alles zu Ende? Man beschreibt den Tod als Schwelle zwischen der Zeit davor und der Zeit danach. Bilder wie ›Tür‹, ›Schwelle‹, ›Übergang‹ sind aber nicht imstande, den Tod wissenschaftlich zu beschreiben. Sie kranken daran, dass sie einen Zustand nach dem Tod voraussetzen, von dem man nichts weiß. Oder man könnte den Tod als das Ende überhaupt definieren. Aber damit wären sehr viele Menschen gar nicht einverstanden. Also wir verlassen lieber diesen Pfad. Sofern es eine Zeit danach gibt, wissen wir sowieso erst nach dem Tod, was danach kommt.

Die andere Möglichkeit wäre, den Sterbeprozess, die verschiedenen Arten zu sterben und den Totenkult der unterschiedlichen Kulturen darzustellen. Es stirbt die Materie. Es stirbt der Einzelne, es stirbt alles in der Welt. Es sind zwar beschreibbare Prozesse und Phänomene. Um den natürlichen Aspekt des Sterbevorgangs zu beschreiben, müsste man sich aber in Biologie, Physik, Astrophysik und Kosmologie auskennen. Das Sterben betrifft auch unseren ›Geist‹, unabhängig davon, ob es ihn gibt oder nicht, ob er mit dem Körper stirbt oder nicht; hier müsste man sich auch in Psychologie, Philosophie und Neurologie auskennen. Dazu ist ein Menschenleben nicht immer ausreichend. Die Welt ist groß, der Mensch ist klein.

Lieber widme ich mich daher einer existentiellen Seite des Themas: Der Tod berührt uns, und diese Berührung, die zu einem bestimmten Augenblick eine schicksalhafte wird, macht uns betroffen und zwar nicht erst, wenn der Tod uns holt, sondern auch dann, wenn wir nur an ihn denken und seinen Atem im Nacken spüren.

Mein Buch über die Gottesbilder konnte ich mit leichter, nicht selten ironischer Feder schreiben. Nichts läge also näher, als auch über den Tod und unsere Vorstellungen von ihm mit dem gleichen Stil zu schreiben, denn wir Menschen sind auch bei der Darstellung des Todes sehr fantasiebegabt und entwerfen tausend Bilder, um uns ihn vorzustellen.

Die ironische leichte Feder will hier aber nicht richtig gehorchen. Es wird in den nächsten Seiten sicherlich nicht an der einen oder anderen ironischen Bemerkung fehlen. Ironie ist auch eine Art, sich mit der Wirklichkeit zu versöhnen, und dabei hilft uns das Bewusstsein, dass wir über die Zeit nach unserem Tod genauso wenig wissen wie beim Thema Gott.

Aber das Thema Tod scheint mir – die Götter mögen mir verzeihen – ernster als das Thema Gott. Auf jeden Fall liegt mir der Tod näher als alle Götter dieser Erde. Er begleitet mich seit Beginn meiner Tage und bedrängt mich unaufhörlich.

Viele meinen, der Tod habe selbstverständlich mit Gott zu tun, denn nach dem Tod würden wir direkt mit ihm zusammenkommen. Aber im Ernst: Wenn es einen Gott gibt, dann haben wir mit ihm bereits im Leben zu tun und nicht erst nach dem Tod.

Die Bibel redet nicht selten von der Gottesfurcht. Der Ausdruck wird unterschiedlich interpretiert: mal als Angst vor Gott, mal als Ehrfurcht vor ihm. Timor mortis, die Angst vor dem Tod, ist anders geartet und überträgt sich auf Körper und Geist: Das Herz verkrampft sich, die Muskeln beginnen zu zittern. Der timor mortis wird zu einem tremor mortis, dem Zittern vor dem Tod.

Es gibt seltene aber doch entscheidende Augenblicke im Leben, in denen sich das Schicksal eines Menschen entscheidet. Man befindet sich an einer Weiche, es wird einem bewusst, dass die nächsten Augenblicke auch die letzten sein können. Etwa wenn der Anästhesist vor einer Operation mit fraglichem Ausgang sich mit der Betäubungsspritze nähert, oder wenn die Giftspritze an den Arm des zum Tode Verurteilten angesetzt wird. Das Zittern des Patienten oder des zum Tode Verurteilten ist eine ganz normale Reaktion. Oder denken wir an das Zittern eines Tieres, das spürt, dass es von einem anderen Tier gefressen, von einem Menschen getötet wird. Oder an die schreienden Tiere, die zum Schlachthof gefahren werden. Zum Tode verdammte Tiere zittern und schreien, wenn sie das Blut von bereits geschlachteten Schicksalsbrüdern riechen, auch wenn sie ›menschenwürdig‹ und zum Wohle der Menschheit geschlachtet werden.

Die Angst zu sterben ist eine natürliche Reaktion auf die Bedrohung des bevorstehenden Todes. Eine todernste Sache. Und darüber Witze zu reißen, ist unangebracht.

Die Angst vor dem Tod braucht keine Gründe. Der einzige Grund ist das bevorstehende Ende der eigenen Existenz.

Man könnte natürlich differenzieren. Nicht alle sollen Angst vor dem Sterben haben. Einige – wie Abraham – sind lebenssatt und zufrieden gestorben.

Man glaubt auch statistisch feststellen zu können, dass gläubige Menschen ruhiger sterben als ungläubige. Sie sind sicher oder hoffen ganz fest, nach ihrem Tod Gott zu begegnen und so im ewigen Licht zu wandeln. Sie verstehen den Tod nicht als Ende, sondern als Neuanfang, als Tor in die glückselige Ewigkeit.

Und man wird gern erinnert an die Märtyrer der Antike, die für ihren Glauben singend aufs Leben verzichteten. Man verweist gar auf die modernen Märtyrer, die sich in die Luft sprengen, sicher, dass diese Sprengung sie ins Paradies versetzt.

Man weiß, dass tiefe Überzeugungen auch im Augenblick des Todes nicht ohne Wirkung bleiben. Sie können helfen – auch im Augenblick des Todes. Wie würden sich dieselben Menschen verhalten, wenn sie nicht mehr sicher wären, dass nach dem Tod ein Gott auf sie wartet?

Mir ist der Angstschweiß Jesu vor dem Tod immer sehr glaubwürdig vorgekommen. Er, von dem die Christen meinen, er sei der Sohn Gottes, bittet Gott, ihm diesen Kelch zu ersparen.

Man kann aber auch als Nichtgläubiger würdig sterben. Der Augenblick des Todes verlangt von uns Würde. Gerne sterben wohl die Wenigsten, außer vielleicht diejenigen, denen das Leben zur Last geworden ist, die am Leben verzweifeln, oder Menschen, auf die eigene Überzeugungen, auch religiöser Art, wie Drogen wirken, sodass sie wenigstens scheinbar die Angst vor dem Tod überwinden.

Alle versuchen den Augenblick des Todes zu verschieben, alle entwickeln eine Technik, um sich vor der Todesgefahr zu schützen.

Ein mir sympathischer Pfarrer nimmt in seinem Buch über das Thema Tod[8] die Inschrift des Grabsteins von Erich Kästner (»Hier ruhen meine Gebeine, ich wünscht', es wären deine«) zum Ausgangpunkt seiner Überlegungen: Er schreibt: »Erich Kästner hat sich diesen Spruch für seinen Grabstein gewünscht. Mag sterben, wer will, Kästner selbst will es nicht, obwohl er es muss! Seine Grabinschrift klingt anders als die Kaltschnäuzigkeit vieler Zeitgenossen. Sie behaupten: Na ja, wenn's vorbei ist, ist es vorbei. Nach dem Tod gibt's sowieso nichts mehr. Ein Leben danach, ich glaube nicht daran. Auf keinen Fall an ihn denken, einfach drauflos leben! Oft halte ich diese Reden für gespielt. Ich vermute, hinter den Sprüchen verbirgt sich schreckliche Angst vor dem eigenen Sterben. Sie wird durch solch schnodderiges Reden verdrängt. Ob Angst oder nicht, ich lasse mir meine Sehnsucht nach dem Leben nicht austreiben. [...] Ich will leben, ja, wenn es geht, ewig leben.«

Er will leben, und das ist sein Recht. Warum unterstellt er aber denjenigen, die an ein Leben danach nicht glauben (können), dass sie nicht (ewig) leben wollen? Warum sollten sie nicht? Vielleicht möchten sie doch leben und sogar ewig, wenn es möglich wäre. Und der Vorwurf der Kaltschnäuzigkeit gegen die Menschen, die nicht glauben können, und die Annahme, diese Menschen hätten ja doch nur Angst vor dem Ende, macht nur traurig.

Wir alle wissen nicht, was danach kommt: die Prediger und Missionare, die Glaubensprofis aller Welt, so wenig wie die, die nicht professionell glauben können. Es ist wie bei der Frage nach Gott. Keiner kennt ihn. Wenn man nach ihm sucht, kommt man zu unterschiedlichen Annahmen (Glaubenshaltungen), auch zum Unglauben

[8] Albert Damblon, Als ich noch unsterblich war: und wie der Tod mein Leben kreuzte, Würzburg 2012, S. 84.

oder zum Agnostizismus. Solchen Menschen wird oft Überheblichkeit, manchmal auch Sehnsucht nach dem Glauben unterstellt. Es ist für Gläubige schwer erträglich, dass andere Menschen ehrlicherweise anders fühlen, denken, glauben und sich verhalten können.

Am Ende auch dieses Buches wird das Eingeständnis stehen, dass ich nicht weiß, was uns nach dem Tod erwartet. Diese Ignoranz teile ich mit vielen anderen, die wohl nach langem Nachdenken zu diesem Schluss kommen.

Dieses Buch ist für alle gedacht, die nach dem Tod mit großem Ernst fragen. Wir machen uns zusammen auf den Weg. Manchmal ist der Weg schöner und interessanter als das Ziel. So verhält es sich oft bei wichtigen Fragen, auf jeden Fall bei der Frage nach Gott und nach dem Tod und seinem Ausgang.

Ungereimte Verse – Meine Begegnungen mit dem Tod

Eines ist mir aber sehr wichtig: Keiner soll von mir veranlasst werden zu behaupten, dass ich aus Oberflächlichkeit oder gar Arroganz schreibe. Ich bin dem Tod nah genug gewesen, und zwar näher als jeder, der Tote professionell zum Grab begleitet.

Die nächsten Seiten sind nicht einer voyeuristischen Versuchung geschuldet, auch nicht dem Wunsch, sich in die heutige Gesellschaft der sich gern Outenden einzureihen und ungeniert über ihr intimes Leben zu erzählen.

Das bloße Nachplappern des über den Tod Gelesenen und noch nicht Verdauten wäre eine Zumutung. Das Thema Tod will ganz erst, ja persönlich betrachtet werden. Und ich vermute, dass viele Leser weniger das Bedürfnis haben, zu erfahren, ob es irgendwo eine Vorhölle gibt, als zu wissen, was der Tod für uns persönlich bedeutet.

Irgendwann, als ich jünger war, habe ich in der Not ungereimte Verse geschrieben. Ungereimte Verse sind aus der vollkommenen Symphonie einer formvollendeten Prosa herausfallende, gebrochene Verse.

Der erste Vers hieß »Mit dem Infarkt fing es an«:

> Mit dem Infarkt fing es an
> Mit dem Ende einer eingebildeten Welt die
> Die Gegenwart bedrohte
> Zerbrochene alte Einbildungen
> Das Heimatgefühl

Der verlorene klare Himmel
Die vermissten Düfte am Seestrand
Das verlernte Haus der Muttersprache
Der verlorene Glaube an den Glauben
Das erlernte Misstrauen in den Menschen
So viele Ausrufezeichen ersetzt
Durch Frage
Zeichen
Und ich lernte sterben
Step by Step
Stückchenweise
Ohne es zu merken
Bis auch neue Einbildungen
Aufgegeben werden mussten
Da wurde es so glaube ich
dem alten Herzen
zu viel
und es barst

Beim Ultraschall nach dem Infarkt rief der untersuchende Arzt bestürzt: »Da hat es aber gekracht in Ihrem Herzen« und murmelte vor sich hin die seines Erachtens nur noch sinnvolle Lösung: »Bypassoperation mit gleichzeitiger Reduzierung des Herzens: Das Aneurysma (die durch den Infarkt entstandene tote Fleischnarbe) müsste weggeschnitten werden, damit der Rest noch eine Überlebenschance hat.« Ich kann mich noch gut erinnern, was mir damals in den Sinn kam: »Den Traum eines langen Lebens hast du ausgeträumt.« – Es war die erste Berührung mit meinem eigenen Tod. Es blieb nicht allein bei dieser, aber trotz wiederholter Berührungen durfte ich die entscheidende Begegnung bislang aufschieben.

Der Chirurg, der bei mir die Bypassoperation durchführen sollte, kam am Tag zuvor in mein Zimmer. Er stammte aus Neapel, und so sprach er mit mir sehr deutlich in unserer Muttersprache: Es könnte sein, dass die Operation aufgeschoben werden müsste, weil die Herz-Lungenmaschine in einer anderen Stadt benötigt werde. Da ich damals noch viel weniger von Medizin verstand als jetzt, fragte ich, wozu man den Apparat brauche. Er meinte, es sei ja nicht sicher, dass die Operation gelinge. Wäre ich um die 60, würde er mich auf dem Operationstisch liegen lassen, da ich aber noch jung sei, würde er versuchen, mich am Leben zu halten.

Das war die zweite Berührung mit dem Tod, aber noch immer die Andeutung eines zu vertiefenden Kennenlernens. Ich war im tiefsten Sinn des Wortes berührt und erschüttert.

By-pass – »Ich fürchte, der Herr geht an mir vorbei« »Timeo dominem transeuntem«, sagte mein Namensvetter Aurelius Augustinus.

Und so ging ich in die Krankenhauskapelle – ich brauchte Trost und Ruhe. Aber der Zeitpunkt war sehr ungünstig gewählt. Der Seelsorger war gerade dabei, die Predigt zu halten. Er sprach über die Matthäusgemeinde, jene Gläubigen, die in der christlichen Gemeinde lebten, in der Matthäus, der erste Evangelist, wirkte. Gefühlsmäßig weit weg war mir diese fremde Welt der Matthäusgemeinde, ich hatte andere Sorgen, andere Gedanken. Ich ging zurück auf mein Zimmer und tröstete mich mit dem biblischen Satz: »Gott ist größer als dein Herz.«[9]

Danach kam ein großes Loch. Schwarz und undurchdringlich. Nur Schatten blieben übrig, in der Tiefe meines Bewusstseins bewegten sich wirre, schattenhafte Träume und angstvolle Zustände. Auch die Erinnerungen sind schattenhaft, wenn man von Erinnerungen reden kann.

Ich kann mich nicht entsinnen, dem Tod begegnet zu sein. Wahrscheinlich wollte er mich auch diesmal nur sehr ernsthaft warnen. Er war mir aber sicher näher gekommen als je zuvor.

Die Ärzte hielten mich sieben Tage lang betäubt. Die Bypassoperation war technisch gelungen, aber das Herz wollte nicht mehr. Als ich aufwachte, hatte ich in meiner Brust ein neues Herz.

Die Fragen meiner Bekannten beantwortete ich mit Höflichkeit.

Man wollte wissen, ob ich in dieser Zeit des Zwischenzustandes zwischen Leben und Tod Jenseitserfahrungen gemacht hätte. Hatte ich nicht, eher die diesseitige Erfahrung der dunklen Nacht.

Ein Freund wollte wissen, ob das neue Herz auch meinen Charakter verändert hätte. Inzwischen hatte ich gelernt, dass das Herz nicht das symbolkräftige Zentrum des Menschen ist, sondern eine schlichte Pumpe, die das Blut in die Blutbahnen schleust. Und so konnte ich den Freund beruhigen: Nein, ich bin noch der Alte.

Meine eigene Frage war eine andere. Ich wollte noch leben, natürlich nicht nur für mich, sondern auch für und mit meiner Familie. Ich fragte irgendwann einen Chirurgen, wie lange die Lebenserwartung eines Menschen mit transplantiertem Herzen sei. »Fünf Jahre« war

[9] Vgl. 1 Joh 3,20.

die Antwort damals. Die damalige statistische Basis erlaubte dem Feinmetzger keine andere wissenschaftlich fundierte Antwort. »Und dann?«, fragte ich weiter. »Dann machen wir die Brust wieder auf und setzen ein neues Herz ein.« Das war vor 25 Jahren die Antwort auf die Frage, die mich am stärksten bewegte.

Vor vier Jahren, also 21 Jahre nach der Transplantation, meldete sich das alt gewordene neue Herz wieder, es wollte einen Stent. Es bekam ihn. Damals schrieb ich im Krankenhaus mein Buch über Gott zu Ende und war gar nicht froh, zum Schluss zu bekennen, dass ich von ihm keinen Schimmer habe. Ich hätte gern etwas von ihm erfahren. War ich nur taub oder blind? Es kann sein, aber die Menschen, die meinen, das Bekenntnis, dass man von Gott nichts weiß, sei reinster Chauvinismus, sie irren sich. Es steckt eine lange, ernsthafte Reise dahinter.

Damals, vor vier Jahren – hörte ich von einem Facharzt, dass das transplantierte Herz im Durchschnitt 20 Jahre überlebt. Also ich bin erneut überdurchschnittlich lange am Leben geblieben – ein echter Überlebender oder ein noch Überlebender. Den Atem von Bruder Tod spüre ich immer wieder im Nacken. Ich lebe weiter und einer Gewissheit reicher: Der Tod hat mich noch nicht mitgenommen, aber er versucht es wieder.

Dies erzähle ich alles, damit keiner nach der Lektüre dieses Buches meint, ich hätte dem Thema nicht den gebührenden Ernst gewidmet. Das Thema Tod ist mir todernst.

Ich habe ihn hautnah gespürt. Er hat meine Haut mit seiner knochigen Hand gestreift. Diese Erfahrung hat mich am stärksten geprägt und meine Wertvorstellungen, auch meine Vorstellungen über Gott, in Frage gestellt.

Selbstredend sind in den vergangenen Jahren auch Bekannte und Freunde von mir gestorben, auch Familienangehörige. Unter den vier Todesfällen in meinem engsten Umfeld hat der Tod einer nahen Verwandten tiefe Spuren hinterlassen. Es geschah in meinen jungen Jahren, und dieser Fall markierte den existentiellen Beginn aller Zweifel über Glauben und religiöse Vorstellungen über den Tod.

Sie war knapp über 26 Jahre alt und wurde vom Tod mitgenommen. Sie war körperlich gesund, aber etwas depressiv, und nach dem Tod ihres kleinen Kindes wollte auch sie nicht mehr leben. Sie rief selber Bruder Tod, und er kam wie bestellt.

Schwarz war das Plakat an der Tür ihres Hauses. Die Verstorbene wurde den Gebeten der Mitmenschen anempfohlen. Der Pfarrer hatte sich aber dem Wunsch nicht angeschlossen und sich nicht im Stande gesehen, der Verstorbenen das kirchliche Begräbnis zu gestatten. Damals war man der festen Überzeugung, die Selbstmörder (so wurden sie auch genannt) machten sich vor Gott einer nicht wiedergutzumachenden Sünde schuldig, einer folgenschweren Todsünde, die nicht wieder vergeben werden konnte, da der Täter beim Vollzug der Sünde starb.

Ich habe diesen Pfarrer besucht. Ich versuchte, krampfhaft einen Grund zu finden oder wenigstens mildernde Umstände, die eine kirchliche Abschiedsfeier von meiner Verwandten hätte ermöglichen können, ein irdisches Zeichen, dass Gott sie doch zu sich genommen hatte. Ihre ältere Schwester, die die Sterbende im Auto zum Klinikum begleitet hatte, erzählte, sie hätte diese aufgefordert, zur Mutter Gottes zu beten, dass sie wieder gesund werde. Aber die Sterbende soll geantwortet haben, lieber sterben zu wollen.

Der mit dem schwarzen Dreispitz geschmückte Kopf des Pfarrers nickte traurig und hoffnungslos: »Sie war uneinsichtig und ohne Reue. Wir müssen davon ausgehen, dass sie weit weg von Gottes Angesicht in der Hölle ihre Strafe büßt.«

Die Hölle war damals nicht nur die Abwesenheit Gottes. Das wäre, um ehrlich zu sein, für Nicht-Theologen, zumal für das einfache Volk, irgendwie sehr wohl erträglich gewesen. Den Zustand ertragen sie ja – wenn sie ehrlich sind – ein ganzes Leben, und zwar ganz passabel.

Nein, die Hölle war damals viel mehr. Man muss sie sich so vorstellen: Viele Teufel mit dreizackigen Gabeln entfachen ein starkes Feuer. In diesem Feuer befinden sich die Verdammten. Einige von ihnen werden in heiße, mit brennendem Öl gefüllte Kessel geworfen und dort festgehalten. Und dies ohne Hoffnung auf Veränderung in alle Ewigkeit. Sogar ohne die kleinste Hoffnung auf die Wohltat der Vernichtung der Seele. »Lasciate ogni speranza, voi ch'entrate«, schrieb Dante: Gebt jede Hoffnung auf, die ihr hier hineingeht. Irgendwie eine grausame Vorstellung, besonders für die noch lebenden Verwandten.

Und doch brachte mir der Pfarrer so behutsam bei, wie er es nur in seiner seelsorgerlichen Fürsorge vermochte: Die Gerechtigkeit Gottes verlangt es. – Die Gerechtigkeit Gottes oder die selbst eingebildete Gerechtigkeit einer Kirche mit dem falschen Sinn von Barmherzigkeit.

Die Hölle ist der zweite Tod. Den dritten Tod starben damals die Opfer der kirchlichen Seelsorge.

Das sind meine eigenen Erfahrungen mit dem Tod, und ich darf mich glücklich wähnen, dass ich mich an sie erinnere und sie noch erzählen kann. Sie stehen hinter meinem Suchen nach Antworten über die Frage nach Gott und über den Tod.

Diese Suche ist existenziell begründet, deshalb todernst. Mich interessiert, was mit mir oder stellvertretend für mich, mit meinem Selbst, meiner Seele, oder wie man es nennen möge, geschieht.

Die Antworten, die ich fand, sind großartige und faszinierende Bilder einerseits, andererseits sind sie verwirrend unscharf in ihrem Wahrheitsgehalt. Zum Schluss meiner Suche bin ich also einer Antwort auf meine Frage nicht näher gekommen.

Zwei Überzeugungen begleiten mich weiterhin: Ich möchte nicht so schnell in den Himmel, möge es dort so schön sein wie viel beschworen. Ich möchte leben. Und ich möchte, dass nicht nur meine Seele lebt, sondern ich, so wie ich bin. So lange wie möglich.

Ob nach meinem Tod mein Leichnam verbrannt oder begraben wird, ob meine Asche in die Erde gesenkt wird oder sie den Winden anvertraut wird: Das wird mich – vermutlich – nicht mehr berühren. Die, die mich überleben, sollen entscheiden, was für sie gut ist. Sie sollen das tun, was sie meinen, dass es auch für mich gut ist.

Aber das Fleisch, meine Biomasse, wird so oder so von den Elementen dieser Erde wieder einverleibt. Denn Staub bin ich und zu Staub werde ich wieder zerfallen.

Wird das alles sein?

Die Welt – ein Friedhofsgarten

Der Tod geht uns alle an. Er hat bestimmt schon einmal an unsere Tür geklopft. Wenn wir aufmerksam genug waren, haben wir sein Klopfen bemerkt. Oder vielleicht doch nicht, denn das Leben ist dafür oft zu laut. Auf jeden Fall haben wir dem Tod die Tür bislang nicht aufgemacht.

Eröffnet wurde dieses Buch mit einer lyrischen Ouvertüre. Sie reißt das Thema und dessen vielfältige Perspektive poetisch an: Der Tod hat komischerweise auch eine lyrische Seite; er inspiriert viele Dichter und ist in unzähligen literarischen Gattungen allgegenwärtig.

Ein langes dreifaches Präludium zeigt zunächst die thematischen Modulationen aus dem Blickwinkel verschiedener Glaubensrichtungen; die »Berührungen mit dem Tod« wollen dann das Thema auf die Ebene der existenziellen und persönlichen Dimension des Todes heben.

Dieses Kapitel stellt keine trockene biologische Darlegung des ewigen Kreises der Natur dar. In der ewigen Abfolge von Fressen und Gefressenwerden zeigt sich vielmehr die allgemeine Gegenwart des Todes in der Welt, die sich überall – im Sterben der Pflanzen, Tiere und Menschen – äußert. Und das alltägliche Sterben, der Tod allen Wesens, wird als notwendige Voraussetzung des neuen Lebens verstanden, das ebenfalls alltäglich entsteht.

Handelt es sich dabei um einen (ewigen) Zyklus von Leben und Tod und umgekehrt, in dem das Fressen und Gefressenwerden eine sinnvolle, wenn auch oft grausame, Funktion erfüllen? Das Recycling in der Natur ist jedenfalls nicht nur auffällig, sondern auch sehr beeindruckend.

Die nächsten Seiten wollen die Basis für die Interpretationen liefern, die sowohl die Philosophie als auch die Religionen bieten und mit denen wir uns in den späteren Kapiteln beschäftigen werden.

Auch Blumen sind vergänglich

Der kleine Prinz ist unterwegs zwischen Asteroiden, auf denen seltsame Menschen leben. Auf einem verbringt seine Tage ein ernsthafter Wissenschaftler, ein Geograf. Er wartet geduldig auf die Ankunft von Forschern, die ihm Neuigkeiten überbringen sollen, die er dann in sein Geografiebuch eintragen kann. Auch der kleine Prinz wurde von ihm für einen Forscher gehalten. Mit dessen Erzählung konnte der Geograf aber nicht viel anfangen. Der kleine Prinz hatte ihm anvertraut, auf seinem Planeten lebe eine Rose. Der Geograf hatte ihm daraufhin unverblümt eröffnet, Blumen werden nicht in die Geografiebücher eingetragen, weil sie nicht von Dauer seien, sie seien vergänglich.[10] Das bedeut so viel wie: Die Rose des kleinen Prinzen ist gefährdet, sie ist dem Tod geweiht.

Eigentlich finden wir es schade, dass nicht nur das gewöhnliche Gras, sondern auch die schönen Blumen vergänglich sind. Aber, auch wenn die Rose auf dem Asteroiden B 612 von sich behauptete, sie wäre kein Gras, auch Blumen sind Gras. Und unsere Erfahrung lehrt uns: Wir können die Blumen pflegen, wie wir wollen, irgendwann verabschieden sie sich von uns und wir werfen sie wie gewöhnliches Gras auf den Komposthaufen. Alles Gras ist vergänglich, auch die Blumen.

Die rötliche Farbe des Laubs im Herbst verschönert kurzzeitig Bäume und Landschaft. Romantiker aus aller Welt besingen die Schönheit der Wälder und die Farbenpracht des Herbstes.

Doch der Schein trügt. Jeder weiß, bald wird das Laub fallen, die Äste werden in der Winterkälte kahl und trostlos ein Schattendasein fristen. Das Laub, das von den Ästen abgefallen ist, vermischt sich mit der Erde, und der Kompostierungsprozess beginnt gleich danach. Bald wird man das schöne Laub nicht mehr vom Erdboden unterscheiden können.

Die Blätter, die von den Bäumen fallen, sind für viele Völker ein Symbol für den Tod. Nicht von ungefähr ist der November in vielen Kulturen der Monat, in dem man der Toten gedenkt.

Die Gefühlswallungen, die bei den Menschen beim Anblick des sich rötlich-gelb färbenden Herbstlaubs entstehen, würden die Bäume selbst dann nicht verstehen, wenn sie die Menschen überhaupt verstehen könnten. Denn sie denken, anders als die Menschen, die ja so romantisch sind, sehr rational: Sie wollen den Winter überstehen, und das können sie besser, wenn sie die Blätter wie einen unnützen Ballast abwerfen. Die Bäume würden im Winter verdursten, wenn sie das Laub nicht abwerfen würden, weil sie im Winter über das Wurzelwerk weniger Wasser bekommen. Auch die Sonne wird sich seltener zeigen und schwächer scheinen, so wird auch die Fotosynthese

[10] Vgl. Antoine de Saint-Exupéry, Der Kleine Prinz, Düsseldorf 2013, S. 54. (Künftig zitiert als: Der Kleine Prinz.)

verlangsamt. Das Laub kann für den Baum den Tod bedeuten, deshalb wird es abgeworfen, die Menschen mögen es bedauern, wie sie wollen.

Nicht jeder Baum verliert sein Laub und nicht jedes Gras wird in jedem Winter welk, aber jedes Gras stirbt, auf natürliche Weise, weil die Zeit auch fürs Gras den Takt vorgibt, oder gewaltsam, weil es als Futter gebraucht wird: für Schafe, Ziegen und Kühe, als Heu für die Tiere im Stall, als dicke Bohnen und Maiskolben für die Schweine, als Salat und Gemüse für den Menschen ...

Auf dem Umweg des Gefressen-, Verdaut- und Ausgeschiedenwerdens kommt das Gras zur Erde zurück, aus der es hervorgegangen ist.

Alles Fleisch ist wie Gras

»Alles Fleisch ist Gras, und alle seine Schönheit wie die Blume des Feldes. Das Gras verdorrt, die Blume verwelkt.«[11]

Zugegeben, im engeren Kontext des Propheten Jesaja besagt dieser Spruch etwas anderes als dieses aus dem Kontext herausgeschnittene Teilzitat. Denn dort wird der Prophet von Jahwe aufgerufen, Israel zu ermutigen, in der Wüste eine Straße für Jahwe vorzubereiten. Wenn in der Wüste alles geebnet wird, wird Jahwe kommen. Und der Prophet soll dies auch verkünden:

»Alles Fleisch ist Gras, und alle seine Schönheit wie die Blume des Feldes. Das Gras verdorrt, die Blume verwelkt, wenn Gottes Odem sie anweht. Das Volk ist Gras. Das Wort unseres Gottes aber bleibt ewig.«

Längst hat sich aber die erste Hälfte des Textes verselbstständigt – als Symbol der Hinfälligkeit und der Vergänglichkeit der Menschen. Brahms hat diesem Text durch sein Requiem eine unvergängliche Kraft verliehen. Bei Jesaja wie bei Brahms sowie im folgenden Gedicht von R. M. Rilke ist die Vergänglichkeit des Menschen nicht trostlos, denn Jahwe, Gott oder »Einer« hält die fallenden Menschen:

Herbst
Die Blätter fallen, fallen wie von weit,
als welkten in den Himmeln ferne Gärten;
sie fallen mit verneinender Gebärde.
Und in den Nächten fällt die schwere Erde

[11] Jes 40,6–8. Die Bibeltexte werden in diesem Buch aus der Jerusalemer Bibel, Freiburg 1968, zitiert.

aus allen Sternen in die Einsamkeit.
Wir alle fallen. Diese Hand da fällt.
Und sieh dir andre an: es ist in allem.
Und doch ist Einer, welcher dieses Fallen
Unendlich sanft in seinen Händen hält.
Rainer Maria Rilke (1902)[12]

Auch Menschen sind Blumen

Verstehen wir es nicht romantisch. Die hier von Rilke angedeutete Ähnlichkeit zwischen den Blättern und dem Menschen bedeutet zunächst eins: Auch der Mensch ist vergänglich.

Die Erfahrung, dass auch der Mensch hinfällig ist, haben wir noch nicht an uns selbst gemacht, und wir wissen gar nicht, ob wir diesen Augenblick, wenn es so weit ist, selbst ›erfahren‹ werden oder nicht. Was wir nicht mit Bestimmtheit wissen – das unterscheidet viele von uns von Rilke –, ist, ob Einer unser Fallen »in seinen Händen hält«.

Wenn wir Glück im Leben haben, erleben wir das Sterben und den Tod anderer Menschen. Denn man kann durch das *Erleben des Todes*, von dieser Grunderfahrung menschlicher Existenz, viel lernen, auch wenn es um den Tod *eines anderen* Menschen geht.

Meistens sterben die Menschen, wenn sie alt geworden sind: rostgelb, leider aber selten romantisch schön wie das Herbstlaub. Sie sind eher welk und faltig – eben alt, oft sogar krank: ein Sinnbild der Vergänglichkeit.

Es gibt eine Umkehrung der Symbolik des fallenden Laubs oder der vergänglichen Blumen. Wenn der Mensch stirbt, wird er in Blumen gebettet. Wenn sein Leichnam in die Erde gesenkt wird, schmücken Blumen sein Grab. Aber beides: Leichnam und Blumen werden welk, kompostieren gemeinsam und werden gemeinsam Erde. Erde zu Erde, Staub zu Staub.

Der Tod beginnt lange vor dem Tod und will nie enden.

Und es gibt viele Arten zu sterben. Jeder Mensch stirbt seinen eigenen Tod, und dieser ähnelt kaum dem Tod eines anderen. Man kann Todesarten typisieren: Tod durch Verkehrsunfälle, durch Erdbeben, Tod durch Mord und sonstige Gewalt, Tod durch Selbstmord. Nicht zu vergessen ist der Hungertod, der, wie man hört und liest, gar nicht

[12] In: Rainer Maria Rilke, Das Buch der Bilder, Werke in drei Bänden, Band I, Frankfurt/Main, 1966.

so selten sein soll. Er soll besonders Kinder treffen. Es soll sogar vorgekommen sein, dass hungrige Menschen andere Menschen getötet und gegessen haben. Der Tod durch Durst soll noch grauenvoller sein. Dann der Tod durch Krankheit: Zu beobachten sind dem Tod geweihte kranke Menschen besonders in den Krankenhäuser, wo nicht nur Krankheiten und Ärzte zu Hause sind, sondern auch der Tod. In fortschrittlichen Ländern stirbt man vorzugsweise in den Krankenhäusern. Krankenhäuser sind zu gefährlichen Orten geworden.

Der Mensch muss nicht unbedingt krank sein, damit man ihm seine Vergänglichkeit anmerkt. Im Alter blättert der Mensch gleichwohl ab, durch die kahlen und kraftlosen Glieder schimmert das Skelett des Todes noch vor dem Tod hindurch.

Man stirbt auf jeden Fall. Man stirbt in jedem Alter, aber wenn man das Glück hat (ist das wirklich ein Glück? – vielleicht doch nicht für alle), ein hohes Alter zu erreichen, beginnt die Hinfälligkeit. Die Medizin versucht ständig, das Alter des Menschen weiter zu verlängern. Aber irgendwann sind wir doch alle dran.

Wenn man so weit ist, meinen oft sogar die Nahestehenden, dass man eigentlich (oder endlich) sterben könnte, dürfte, sollte oder müsste.

Wenn man unheilbar krank oder im weit fortgeschrittenen Alter ein Pflegefall oder gar eine Plage für die Nächsten geworden ist, dann sind oft auch die Nächsten froh – wir wollen ja ehrlich sein –, wenn man endlich stirbt. Könnten die Toten noch hören (und viele meinen, unser Geist lebt und hört doch weiter), dann würden sie die nahen Verwandten, denen sie zur Plage geworden waren, hören, wie sie erleichtert seufzen und sagen, der Tod hätte den Verstorbenen erlöst. Sie meinen natürlich, dass auch sie selbst – die noch Lebenden – erlöst wurden. Zu diesen Anlässen ist Feinfühligkeit angebracht.

Antoine de Saint-Exupéry erzählt vom Schicksal schwarzer Sklaven in Nordafrika. Frühere Könige, Stammesfürsten und Prinzen wurden von den Kolonialherren Ihrem Volk entrissen und als Sklaven verkauft. Der Sklave vergisst sein Land, sein Volk, seine Frau und seine Kinder. Er lässt alles hinter sich und lässt zu, dass die Vergangenheit für ihn stirbt. Er fügt sich seinem neuen Herrn, seinem Schicksal. Gegen die Sicherheit von Brot und Wasser wird er Sklave und verrichtet für seinen Herrn die Dienste, die dieser braucht. Dann geht auch sein ›zweites Leben‹ zu Ende:

»Eines Tages freilich lässt man ihn los. Wenn er nämlich so alt ist, dass Nahrung und Kleidung an ihn nur verschwendet wären, dann lässt man ihm völlige Freiheit.

Drei Tage lang bietet er sich vergeblich von Zelt zu Zelt rundum an. Täglich wird er schwächer und gegen Ende des dritten Tages legt er sich ergebungsvoll in den Sand, um nie wieder aufzustehen. Ich habe bei Juby Menschen nackt im Sand sterben sehen. Die Einheimischen gingen achtlos, aber ohne Grausamkeit an ihrem langwährenden Todeskampf vorbei. Ihre Kinder spielten dicht neben dem düsteren Wrack und liefen jeden Morgen nachzusehen, ob es sich noch bewegte. Aber sie verhöhnten den alten Diener nicht. Es war ja die natürliche Weltordnung, als ob man dem Sklaven sagte: Du hast brav gearbeitet, nun darfst du dich ausruhen; geh zu Bett! Darum spürte der Mann, der dort lag, nur den Hunger und nicht die Ungerechtigkeit der Menschen.

Der Hunger aber ist nur ein Schwindelgefühl, kein großes Leiden. Nur Ungerechtigkeit vermag Schmerzen zuzufügen. Dreißig Jahre Arbeit und dann das Recht auf Schlaf und ein Fleckchen Erde. Kein Wort der Klage hörte ich bei dem Ersten, den ich so traf. Gegen wen auch hätte er klagen sollen? Ich spürte, dass er im Grunde dumpf einverstanden war mit dem, was ihm geschah.«[13]

Es gibt viele Arten zu sterben, unbemerkt und ohne Aufsehen zu erregen.

Den Tod im Alltag nimmt man inzwischen mit Achselzucken zur Kenntnis. Menschen sterben in ihrer Wohnung allein und anonym, wie sie gelebt haben, und werden erst Tage später entdeckt. Die Nachbarn kennen den Toten manchmal gar nicht. Wie können sie bedauern, dass er tot ist. Verwandte hatte er keine, oder wenn schon, er ist für sie längst vor seinem Tod tot gewesen.

Heute sterben Menschen sogar am Straßenrand. An ihnen laufen wir oft vorbei. Wir beschimpfen sie nicht als Penner und Faulenzer, wir können ihnen aber nicht helfen, sicherlich nicht allen, denn sie scheinen inzwischen Legion zu werden. Also gehen wir an diesen elenden Haufen vorbei und wir gewöhnen uns daran. Es hält uns ja gesund, dass wir uns daran gewöhnen, dass wir an diesen Haufen Elend ohne Rührung vorbeilaufen. Und es kann sein, dass wir auch

[13] Antoine de Saint-Exupéry, Wind, Sand und Sterne, Düsseldorf 2010, S. 137f.

an einem Haufen vorbeilaufen, in dem kein Leben mehr ist, der einen toten Menschen verbirgt.

Beim Studium der aristotelischen Logik lernten wir die Gesetze des Syllogismus anhand eines klassischen Beispiels: Alle Menschen sind sterblich. Sokrates ist ein Mensch. Also ist Sokrates sterblich. Keiner kann etwas gegen diese logische Schlussfolgerung einwenden. Und keiner wird auch heute noch dadurch beunruhigt. Sokrates ist bekanntlich gestorben, die logische Übung ist also eine Trockenübung ohne Emotionen. Sokrates' Tod lässt uns völlig kalt. Ob es logisch notwendig ist, zu sterben oder nicht, das spielt im Fall von Sokrates keine Rolle mehr. Er und sein Tod tangieren uns nicht. Er ist zu weit weg von uns – räumlich und, noch mehr, zeitlich. Er hat etwa vor 2500 Jahren gelebt, also noch 500 Jahre vor Augustus. Und dessen Tod macht uns auch nicht mehr traurig.

Man braucht aber in der Geschichte nicht so weit zurückzugehen. Wir haben uns längst an den alltäglichen Tod gewöhnt. Zeitungen sind voll davon, die Nachrichtensendungen verkünden es, und in allen Sprachen der Welt kontinuierlich und unaufhörlich. Bei Massenkarambolagen und Massenmorden sind es gleich Hunderte von Toten, die zu melden sind. Noch krasser ist es bei Erdbeben, Tsunamis und sonstigen Naturkatastrophen. Was ein Mensch oder eine Menschenmenge mangels Mittel und Zeit nicht ohne Weiteres schafft, schafft die Natur spielend. Da sind leicht Tausende von Toten zu zählen. Aber auch der Mensch, als gut geübter Killer, kann es auf Tausende von Toten im Laufe von Monaten oder, wenn es sein muss, von Wochen bringen. Dafür hat er zum Beispiel den Krieg erfunden.

Das alles lässt uns kalt, es muss uns ziemlich kalt lassen, wenn wir gesund leben und nicht verrückt werden wollen, solange wir leben. Eher beklagen wir die Tatsache, dass die Medien immer makabrer werden und uns unentwegt nur oder fast nur solche Katastrophenmeldungen bringen. Ein bisschen mehr Rührseligkeit bringen wir zustande, wenn wir hören, dass Kinder von Bomben zerfetzt werden.

Man muss sich mit dem Tod abfinden: Jede Minute sterben weltweit etwa 100 Menschen (davon 18 Kinder), 32 sterben an Herzinfarkt, 13 an Krebs, 26 an Suizid, 1 durch Krieg.

Das sind Statistiken der World Health Organisation, die die Absicht hat, uns zu beeindrucken. Tatsache ist, wir bleiben davon ziemlich unberührt. Der Mensch ist eben sterblich, oder, ein wenig stärker mitfühlend: Man stirbt leider, so oder so.

Die Natur, die ›Mutter‹ Erde, behandelt uns wie der Baum sein Laub. Wenn der ›Winter‹ kommt, werden wir abgeworfen, und der Verdacht drängt sich auf, dass die Natur, die ›Mutter‹ Erde, dadurch sich selbst leichter fühlt und besser überwintern kann: Im nächsten ›Frühling‹ wird sowieso neues Leben auf Erden sprießen. Die Aufgabe unserer aller ›Mutter‹ ist nicht nur, uns zu gebären, sondern auch uns zu bestatten.

So gesehen muss der Tod des Menschen für die Erde – wie das Abfallen des Laubs im Herbst – gar nichts Schlechtes sein, er ist wahrscheinlich für die Erde sogar das Beste.

Die Erde ist wie ein lebendes Geografiebuch: Beständiges – Meere, Wüsten und Berge – wird für die Ewigkeit verzeichnet. Alles Lebende ist vergänglich. Unser Name – wenn überhaupt – wird auf einer Grabstele eingemeißelt sein. Und er wird nur noch die rühren, die mit uns ›vertraut‹ waren, sich mit uns verbunden fühlten. – Wie der kleine Prinz und seine Rose.

Wir Menschen halten uns für was Besonderes. Das Schicksal des Sterbens macht uns aber allem Lebenden gleich, den Tieren ohnehin und auch dem Gras.

Alles Fleisch ist Gras. Es schaut sich nach der Geburt kurze Zeit neugierig auf Erden um, dann welkt es und stirbt dahin. Manches Fleisch hat nicht mal die Zeit und das Glück zu welken. Das Leben in ihm wird oft gleich nach der Geburt brutal ausgemerzt.

Wohin mit all den Toten? Das Gras verdorrt und wird Erde, die Erde wird wieder Gras und das Gras Erde. Dem gleichen Schicksal sind auch die Tiere unterworfen. Geschieht etwa auch mit uns das Gleiche? Ist auch unser Leben dadurch gezeichnet? Vieles spricht dafür: Vom Staub kommst du und zum Staub wirst du zurückkehren. Und je länger wir den Menschen kennenlernen und erfahren, desto stärker ähnelt er den Tieren. In jeder Hinsicht.

Der Weg zur Kompostierung

Auf Landstraßen rast man gewöhnlich nicht. Man fährt gemächlich, schlendert durch die Dörfer, durch die Landschaft, zwischen einem Bauernhof und dem anderen.

Es ist nicht selten, dass auf der Straße Blut zu sehen ist. Man erkennt es nicht nur an der typischen tiefroten Farbe. Häufig sind auch Fleischfetzen dabei.

Was man nicht immer gleich erkennt, ist, welches Tier unter die Räder eines Autos geraten ist, so verunstaltet sind oft die Reste. Meistens handelt es sich in unserer Umgebung um Kaninchen oder Katzen.

Manchmal liegen aber auch Reste von größeren Tieren da, von Hunden zum Beispiel oder von kleinen Rehen. In diesem Fall wird der Kadaver des Tieres zum Straßenrand geschoben, damit der Verkehr ungestört weiterläuft, wie es eben sein muss.

Autobahnfahren erspart den unappetitlichen Anblick von kleineren Blutspuren. Man fährt schnell und unbekümmert. Aber auch auf der Autobahn bleibt man von nichts verschont. Es werden doch auch öfter größere Tiere überrannt, meistens Hunde. Zwar wird die Leiche des Tieres schnell beseitigt, die eines Menschen bald aufgebahrt, die Unfallstelle wird geräumt, und Blutspuren werden beseitigt. Aber es ist nicht ausgeschlossen, dass auch Spuren von Menschenblut auf der Bahn zu sehen sind. Wenn noch kleine Spuren übersehen werden (man kann ja nicht immer jede Blutspur wegkratzen), dann sorgt dafür die Reibung der Reifen auf dem Asphalt. Mit der Zeit verschwinden sie dann.

Meistens haben menschliche Opfer die Ehre, in die Zeitung zu kommen, Hunde werden seltener geehrt. Frösche und sonstiges Kleintier haben nur dann eine Chance, in die Medien zu kommen, wenn sie in großer Zahl auftreten und überfahren werden, wenn sie also von einer Straßenseite auf die andere geschlossen übersiedeln.

Am nächsten Tag, wenn man die gleiche Strecke fährt, sind meistens schon wieder alle Spuren verwischt. Man kann wieder ungestört weiterfahren.

In den Verkehrspausen kümmern sich nämlich Aasfresser um die Fleischreste: Vögel aller Art – Elstern, Saatkrähen, Mücken, Wespen, Würmer ... Jeder von uns hat es beobachtet. In den Verkehrspausen stürzen sich die Aasfresser – häufiger beobachten wir Vögel – auf die Fleischfetzen. Wenn man mit dem Auto heranfährt, fliegen oder laufen sie weg, aber um sich kurz danach wieder darauf zu stürzen.

Aasfresser nennt man wissenschaftlich Nekrophagen, wörtlich übersetzt, Totenfresser. Es gibt kleine, so wie die Würmer und die Milben und fliegende, wie Elstern, Raben und Geier. Aber es gibt natürlich auch große Totenfresser: alle Raubtiere gehören dazu, die Hyänen und die Schakale sind sogar sprichwörtliche Totenfresser.

Zwischen ›Aasfressern‹ und ›Nekrophagen‹ gibt es, wenn man will, eine kleine semantische Unterscheidung. ›Totes‹ Fleisch ist alles

Fleisch, das tot ist. ›Aas‹ ist das in Verwesung übergegangene tote Fleisch. Also sind ›Nekrophagen‹, ganz buchstäblich verstanden, alle, die totes Fleisch essen. Aasfresser sind Fresser von verwesendem Fleisch.

Im allgemeinen Sinn des Wortes fressen die meisten Totenfresser nicht nur Kadaver, sondern auch das Fleisch von Tieren, die sie selbst erlegt haben. Tot ist tot, wie auch immer.

Im Gedicht *In der Provinz 3* von Durs Grünbein, das das Schicksal eines toten Maulwurfs am Rande eines Weizenfeldes schildert, werden Aasfresser und totes Fleisch als Schicksalsgemeinschaft geschildert:

Die Stille um einen toten Maulwurf
Am Rand eines Weizenfeldes, sie trügt.
Unter ihm sammeln sich Käfer, bewaffnete Kräfte
In schwarzer Uniform. Über ihn kreist,
Bevor er abdreht, die Flügel zerzaust, ein Habicht.
Ameisen graben, Kommandos im Eilmarsch,
Am Rückgrat entlang eine Rinne. Im Innern
Laufen die Drähte heiß, wimmeln nervöse Maden
An der Börse der Eingeweide. Vom Bauchfell
Tragen fliegende Händler (oder sind es Reporter)
Die Botschaft in alle vier Winde: ein Aas, ein Aas!
Nur eine Grille, einen Sprung weit entfernt,
Liest in den Wolkenzügen und sonnt sich
Schweigend, ein stoischer Philosoph.[14]

Mors tua vita mea. Dein Tod ist mein Leben

Neulich hörte ich es im Rundfunk, und dann vertiefte ich diese Auskunft bei SPIEGEL ONLINE: Es geht um die ›kleinste Fliege der Welt‹, die *Euryplatea nanaknihali*, die ihre Larven in den Kopf von Ameisen einsetzt. Wenn die Larve zu einer jungen Fliege wird, bricht sie den Kopf der Ameise auf, lässt die geköpfte Ameise liegen und fliegt davon. Neues Leben aus einer Leiche. Horrorfilm oder ein visionäres, spirituelles Bild einer Seele, die auf dem toten Körper gen Himmel eilt? Beides. Leben entwickelt sich aus dem Tod. *Mors tua vita mea.*

[14] In: Durs Grünbein, Nach den Satiren, Frankfurt/Main 1999, S. 17.

Dieser mittelalterliche Spruch heißt übersetzt »dein Tod ist mein Leben« und wird zunächst auf den zwischenmenschlichen Bereich angewendet. Das bedeutet gewöhnlich, dass die Niederlage des Konkurrenten meinen Sieg bedeutet. In dieser Richtung geht auch die Einschätzung der menschlichen ›Kultur‹ durch Hobbes: *Homo homini lupus*. Der Mensch ist dem Menschen ein Wolf.

Wir wollen den Spruch *mors tua vita mea* aber zunächst rein buchstäblich verstehen. Der Tod eines irdischen Wesens bedeutet für ein anderes Wesen ein neues Leben oder wenigstens die Verlängerung seines eigenen Lebens für eine kurze Weile.

Das gilt für alle Bereiche der Biologie, zwischen Pflanzen und Pflanzen, zwischen Pflanzen und Tieren, zwischen Tieren und Tieren und zwischen Tieren und Menschen. Leider gilt das manchmal auch unter den Menschen.

Aasfresser und Lebendfresser

Die feine Hochsprache unterscheidet säuberlich zwischen ›Totenfressern‹ und ›Lebendfressern‹. Solche sind etwa Wildtiere, die ihre Beute jagen, erlegen und warm oder frisch erlegt fressen.

Aasfresser sind die Tiere, die sich vom Fleisch toter Tiere ernähren, die nicht unbedingt von ihnen selbst erlegt worden sind und eventuell Tage davor gestorben sind. Die Tiere müssen auch nicht durch Unfall oder Jagd gestorben sein. Auch Tiere, die durch einen natürlichen Tod gestorben und liegengeblieben sind, werden von anderen Tieren vertilgt. Aasfresser sind also Totenfresser.

Diese saubere Differenzierung ist zum Teil künstlich und dient der Befriedigung des menschlichen Gefühls. Sie macht einige Tiere schlechter als andere. Zum Beispiel die Hyänen und die Schakale werden als die typischen Aasfresser angesehen und als solche unter den Tieren als unsauber und feige verpönt. Jagdtiere werden hingegen als mutig, kämpferisch, als Vorbild und Symbol für menschliche, besonders männliche Tugenden wie Mut und Stärke angesehen.

Die Unterscheidung selbst ist aber nicht ganz sauber, denn auch Jagdtiere fressen ihre Beute nicht immer und nicht ganz unmittelbar, nachdem sie sie erlegt haben. Sie könnten auch nicht gleich ein großes Tier ganz vertilgen. Viele Jagdtiere halten totes Fleisch auf Vorrat und fressen es in den darauffolgenden Tagen.

Und natürlich fressen Jagdtiere auch gefundenes totes Fleisch, sei es, dass die Tiere eines natürlichen Todes gestorben sind, sei es, dass sie von anderen Tieren oder von Menschen erlegt wurden. Es ist auch viel bequemer als selbst zu jagen. Welches Tier jagt stundenlang gern, wenn es bereits erlegtes Fleisch findet? Im Zoo frisst auch der Tiger wie ein zivilisierter Mensch: Man gibt ihm zurechtgeschnittene Schnitzel, und er weiß auf die Dauer nicht mehr, wo das Fleisch, das er frisst, herkommt. Das muss er auch nicht wissen. Wir Menschen wollen es auch nicht immer genau wissen.

Eigentlich sind alle fleischfressenden Tiere Totenfresser, egal ob das Aas alt oder frisch ist. Tot ist tot.

Es sei denn, das Tier frisst die Beute, während sie noch lebt. Es ist meistens schwierig festzustellen, zu welchem Zeitpunkt die Beute stirbt. Boas erwürgen die Beute und warten, bis sie sich nicht mehr bewegen, bevor sie sie verschlingen.

Interessant sind diesbezüglich auch die Vögel, die lebende Regenwürmer zu der Brut bringen. Im Flug kann man sehen, dass sich die Regenwürmer im Schnabel der Vögel noch winden, aber dann werden sie in den Schnabel der Brut gereicht, manchmal erst, wenn diese schnabelgerecht aufbereitet worden sind.

Wir wollen nicht allzu differenziert denken. Das bringt dem toten Fleisch sowieso nichts mehr. Wir können jedoch pauschal sagen, dass alle fleischfressenden Tiere Nekrophagen, Totenfresser, – übertreiben wir ruhig – Aasfresser sind. Und sie können nicht nur frisches Fleisch fressen, sondern auch Fleisch, das – ginge man nach der feinen menschlichen Nase – bereits zum Himmel stinkt.

Der zivilisierte Aasfresser

Ist der Mensch auch ein Aasfresser? Die Frage ist mit einem klarem Ja zu beantworten, wenn man unter ›Aas‹ nicht unbedingt vergammeltes Fleisch versteht (aber auch dieses Fleisch essen die Menschen, zumeist, ohne es zu wissen), sondern totes Fleisch. Denn auch der Mensch ist ein Tier, oft ein fleischfressendes. Er war früher sogar ein Jagdtier. Diese Gewohnheit hat der Mensch keinesfalls aufgegeben. Manche jagen heute zum Sport, um den alten Trieb des Clanmenschen zu befriedigen. Aber der Mensch jagt auch heute, um die eigene Nahrung abzusichern. Er jagt Vögel in der Luft, Fische im Meer und Tiere, die auf dem Boden leben. Die meisten Menschen brauchen heute aber nicht mehr selbst zu jagen. Der Mensch ist inzwischen zivilisiert. Er ist kein Wilderer mehr, er ist schon seit langem fähig, Haustiere zu halten, sie zu mästen und dann zu töten, um deren Fleisch zu essen.

Wenn man aber ›vom Menschen‹ redet, so flüchtet man sich in eine grobe Verallgemeinerung. Den Menschen gibt es nicht. Es gibt zurzeit sieben Milliarden Menschen, von denen die meisten Fleisch essen wollen. Und sie jagen längst nicht alle. Die Menschen sind nicht nur zivilisiert, sondern auch organisiert. Die allermeisten essen Fleisch, das andere getötet und zerlegt und mundgerecht geschnitten haben.

Es gibt jagende Menschen, Menschen, die das tote Tier zerlegen und das tote Fleisch lagern. Der Mensch kann auch Fleisch essen, das monatelang gelagert wurde. Das Fleisch kann so lange gelagert werden, dass die Menschen sich gar nicht erinnern würden, wann es geschlachtet wurde, würde kein Gesetz dafür sorgen, dass das Datum auf dem Packzettel vermerkt wird.

Der Mensch ist also selbstverständlich ein Aasfresser, aber ein zivilisierter.

Global genommen essen die Menschen jede Sorte von Tierfleisch: von allerlei Fischen, sogar von Meeressäugern, allerlei Tieren auf der Erde, allerlei Vogelarten.

Nicht jeder Mensch und nicht jedes Volk isst jede Fleischsorte. Schon aus religiösen Gründen nicht. Die Hindus essen die Kuh nicht, weil sie heilig ist, die Juden und die Muslime essen kein Schweinefleisch, weil Jahwe bzw. Allah es verboten hat. Wir in Europa essen meistens kein Hundefleisch, was in China als Delikatesse gilt. Kultur und Religion beeinflussen auch den Appetit und die Neigung, die eine oder andere Fleischsorte zu essen.

Der Hund, der in chinesischen Restaurants gerne serviert wird, ist etwa bei uns in Europa ein so treuer Freund, dass wir für ihn aber wirklich alles tun – sogar seinen Kot sammeln wir unterwegs. Sein Fleisch können wir natürlich, aus reiner Anhänglichkeit, nicht essen. Wenn ein Hund sich von uns verabschiedet und in das Reich der Toten hinüber segelt, wird er nicht selten wie ein guter Mensch und naher Verwandter mit allen zeremoniellen Würden beerdigt.

Aber ansonsten isst die Gesamtheit der Menschen doch alle Arten von Tieren: im Wasser schwimmende, in der Luft fliegende, auf Erden gehende oder kriechende, alles, was der Mensch erreichen, jagen und töten kann. Inzwischen ist eine Nahrungsindustrie entstanden, die es dem Menschen erlaubt, zu jeder Zeit ein Stück Fleisch zu essen, ohne dass er mit Jagdutensilien losziehen muss. Das erledigen für den hungrigen Menschen berufsmäßig andere Menschen so zeitig, dass er nur in den Kühlschrank greifen muss, rohes Fleisch braten oder bereits von anderen Menschen für ihn gebratenes Fleisch wärmen und essen kann. Manchmal muss er daran denken, eingefrorenes Fleisch rechtzeitig aus der Tiefkühltruhe herauszunehmen und auftauen zu lassen. Das ist alles.

Also der Mensch isst totes Fleisch, sogar Fleisch, das bereits längst tot ist. Er ist ein Nekrophage, Esser von totem Fleisch und, wenn man sich vor dem Wort nicht ekelt, ein Aasesser. Da er letztendlich auch ein Tier ist, kann man wohl sagen, dass er ein Aasfresser ist.

Der Mensch beteiligt sich aber nicht nur aktiv am Konsum von totem Fleisch. Er ist auch Gegenstand von Nekrophagie. Auf Deutsch gesagt: Er wird auch von anderen Tieren gefressen.

Am brutalsten passiert es natürlich, wenn ein Mensch von einem wilden Jagdtier erlegt und gefressen wird. Obwohl der Mensch durch seine Waffen meistens besser gerüstet ist als ein Tier, befindet er sich manchmal doch in einer unterlegenen Situation, und er ist nicht in der Lage, den Angriff abzuwehren. So wird er von einem Jaguar oder einem Leoparden erlegt, zerfleischt und – manchmal – noch bei lebendigem Leib gefressen. Geschieht das zum Beispiel im Dschungel oder in der Wüste, so wird sein Fleisch durch das Rudel aufgeteilt und aufgefressen. Knochen werden nicht immer mit vertilgt. Nicht selten bleiben üppige Überreste liegen. Da kommen weitere Aasfresser und erfreuen sich an den Resten des gewesenen Menschen: die berühmten Hyänen, aber auch allerlei Vögel stürzen sich auf die Reste und picken sich saftige Menschenfleischstücke ab.

Zum Schluss kommen die kleinen Tiere, zum Beispiel die Ameisen. Sie müssen auch leben und sie machen wie die großen Kollegen zwischen Fleisch und Fleisch keinen großen Unterschied, um ehrlich zu sein, gar keinen.

Das Universum als großer Verdauungsapparat

Eigentlich ist jedes lebende Wesen auf die eine oder andere Art so strukturiert, dass es essen, assimilieren und verdauen kann und muss. Jedes Lebewesen muss sich ernähren, und dafür braucht es den sogenannten Verdauungsapparat, um das Essen zu zerlegen, assimilieren und die Reste auszuscheiden.

Wir Menschen kennen meistens unseren Verdauungsapparat. Je nachdem wie gut man im Biologieunterricht aufgepasst hat, je nachdem wie man interessehalber oder beruflich sich mit der Materie befasst, desto größer ist die Kenntnis der biologischen Maschinerie, die dazu dient, das Bedürfnis nach Nahrung zu befriedigen, um uns in den menschlichen Sprachbildern auszudrücken.

Wie auch immer: jedes Lebewesen, so klein, so einfach, so primitiv es sein mag, auch die einfachste Zelle sowie das Gras und die Bäume im Wasser und auf Erden, die unzähligen uns umschwirrenden Insekten, Mücken, Bienen und Wespen, Vögel aller Art: Alles aber auch alles ist mit einer unbändigen Fresslust ausgestattet, für deren Befriedigung die Natur ganz ausgefeilte Apparate entwickelt hat.

Da ich kein Biologe bin, will ich hier keine ungaren biologischen (Un-)Kenntnisse ausbreiten, die ich sowieso dem Internet entnehmen müsste. Als Biologielaie kann ich in Anbetracht der kontinuierlichen Nahrungsaufnahme nicht nur der sieben Milliarden Menschen, sondern aller mehr oder minder genauso zahlreicher Lebewesen nur staunen. Man könnte den Eindruck haben, die ganze Erde sei ein gigantischer Fress- und Verdauungsapparat, die ganze Natur sei ein gewaltiger Mund mit riesigen starken Zähnen, habe einen gewaltigen Magen und ungemein lange Därme, einen gewaltigen Ausgang für die Ausscheidung der Fäkalien, die sie selbst nicht verwertet.

Was sage ich: ›die Natur‹. Die Natur macht bei den Ausscheidungen weiter. Auch sie werden weiter verwertet. Viele Lebewesen erfreuen sich gerade an den Exkrementen größerer Tiere: Die sogenannten Koprophagen machen sich gerade dann richtig ans Werk, wenn andere Lebewesen das Gegessene längst verdaut und ausgeschieden haben. Mit unseren Fäkalien werden auch Bakterien ausgeschieden, die bereits im Darm angefangen hatten, sich an unseren Nahrungsresten zu laben. Wenn sie zusammen mit den Fäkalien draußen sind, lassen sie sich von der frischen Luft nicht stören, sie laben sich weiter daran.

Stellen wir uns vor, sieben Milliarden Menschen, alle Tiere dieser Erde, alle Pflanzen würden zur gleichen Zeit (fr)essen, zur gleichen Zeit verdauen, zur gleichen Zeit die Exkremente ausscheiden. Welch ein Spektakel, oder wie die Römer es bezeichneten, welch ein Monstrum. Und dieser ganze Vorgang ist auch deshalb so monströs, weil er zu keiner Zeit eine Unterbrechung und eine Grenze erfährt: Unsere Mutter Natur ist ein Monster, das seine eigenen Kinder frisst.

Ich lebe vom Tod dessen, den ich oder das ich esse. Wenn ich eines ›natürlichen Todes‹ sterbe, werde ich von Würmern gefressen. Wenn ich von einem Tier erlegt und gefressen werde, werde ich eines andersartigen, aber nicht minder ›natürlichen‹ Todes sterben. Beklagen könnte ich mich selber nicht: Ich töte oft indirekt, andere erlegen in meinem Auftrag die Tiere, die ich später gerne esse.

Alles, was lebt, dient der Nahrungsaufnahme anderer Lebewesen. Dabei existiert keine richtige Hierarchie. Es ist nicht einbahnig so, dass die Größeren die Kleineren fressen. Das Umgekehrte gilt genauso.

Wir haben bisher nur von den Lebewesen gesprochen, weil wir davon ausgehen, dass leblose Teile der Natur wie die Steine keine Nahrungsaufnahme brauchen. Wir unterstellen gern, dass die Nahrungsaufnahme mit dem Gras oder mit den kleinen Lebewesen anfängt. Ich möchte mich nicht in Fantastereien hineinwagen, ich kann mir aber auch vorstellen, dass das Wasser etwa Mineralien zum Leben erweckt. Chemische Reaktionen rufen aus Leblosigkeit Leben hervor. Es ist sicherlich so, dass Leben nicht nur von Leben hervorgebracht wird. Das Wasser ist die Mutter des Lebens, sowohl in den Mythen der Völker als auch in der Wirklichkeit. Die Wissenschaft sucht im Universum nach Wasser, denn wo Wasser ist, wird Leben vermutet. Wasser allein ist nicht das Leben, Wasser ist eine chemische Verbindung von zwei Elementen. Wasser kann aber Leben hervorrufen, wenn es in Kontakt mit anderen Elementen der Natur, mit der Erde, dem Licht und der Luft kommt. Alle diese vier Elemente sind keine Lebewesen, sind aber Quellen des Lebens, wenn sie zusammenkommen, alle vier werden in den Mythen der Völker als Götter beschrieben.

Darf man diese Veränderungen, diese chemischen Verwandlungen auch als Nahrungsaufnahme, als Verwertung und Assimilation verstehen? Im Prinzip ja, wenn man Wörter als Bilder versteht.

Und wenn wir schon beim Universum und bei den Bildworten sind: Im Universum hat man seit einiger Zeit schwarze Löcher entdeckt. Anfang 2012 haben Astrophysiker ein riesiges schwarzes Loch in der Milchstraße, in ›unmittelbarer Erdnähe‹ (zwölf Millionen Lichtjahre, also einen kosmologischen Katzensprung von uns entfernt) endgültig festgestellt und dabei entdeckt, dass alle Sterne, die in das Loch fallen ›verschluckt‹ werden, im Loch verschwinden, und dass das Loch selbst bald eine riesige Gaswolke zerreißen und herunterschlucken wird. Man redet auch hier von einem ›himmlischen Mahl‹.

Frisst also auch das Universum? Astrophysiker selbst benutzen diese Wörter und Bilder, weil zu diesem Zeitpunkt auch die Bestinformierten unter ihnen nicht wissen, was hinter dem Ausdruck ›fressen‹ oder ›verschlucken‹ wirklich steht. Schwarze Löcher stellt man sich als riesige Ansammlung von Materie vor, die mit ihrer Gravitationskraft weitere Materie anzieht und komprimiert. So stark ist die Kraft, dass nicht einmal das Licht entrinnen kann.

Da die Erde vom zuletzt observierten Schwarzen Loch einen Katzensprung entfernt ist, könnte es wohl passieren, dass auch sie ›bald‹ hineinfällt. Astrophysiker meinen, durch die Schwerkraft würde die Erde auf die Größe eines Tennisballes komprimiert: dann wäre sie ein echtes Häppchen und könnte ganz einfach verschluckt werden. Das könnte aber frühestens in 1,5 Milliarden Jahren geschehen, also für uns keine unmittelbare Bedrohung. Und es kann wohl sein, dass die Erde vorher ein anderes Schicksal ereilt, nämlich durch die Ausdehnung der Sonne ›vertilgt‹ zu werden.

Wir sind aufs Essen angewiesen und freuen uns, dass andere sterben.

Die Frage ist nun, warum im Universum – oder reden wir lieber von unserer Erde, die wir besser zu kennen glauben –, warum auf unserer Erde alles Nahrung braucht. Nicht weil man Hunger verspürt. Hunger ist ein Symptom, ein Hilfeschrei. Hunger erinnert uns dringend daran, dass wir essen sollen, wenn wir weiterleben wollen.

Der Körper des Menschen braucht eine Vielzahl von Stoffen, um zu leben und gesund zu bleiben: Kohlehydrate und Proteine, Fette, eine Vielzahl an Vitaminen und Mineralien. Kohlehydrate brauchen wir als Energiespender für Muskeln und Nerven, Fette liefern uns Kalorien, Proteine oder Eiweiße dienen als Baumaterial für die Muskeln, Vitamine und Mineralien sind für unsere Gesundheit vonnöten. Auch diese Elemente nehmen wir durch die Nahrung auf.

Ohne diese Stoffe verspüren wir ›Hunger‹, der uns diesen Mangel anzeigt. Wenn wir, aus welchem Grund auch immer, den Mangel nicht ausgleichen, erkranken wir und sterben etwa einen Monat später. Also eine todernste und gleichzeitig erfreuliche Notwendigkeit.

Denn diese Elemente bekommen wir in unseren Körper durch die Nahrungsaufnahme. So wie bei der Sexualität sind wir auch hier so geschaffen, dass wir durch die Freude und das Vergnügen an der Sexualität und am Essen dem Zweck der Reproduktion und des Fortlebens dienen. Nicht nur der Mensch ist so geschaffen. Auch alle Tiere. Und die Flora gibt zwar beim Sex und beim Essen kein lautes Stöhnen von sich, aber ganz gefühl- und freudlos dürfte es auch bei ihr nicht zugehen.

Die Assimilation oder das Ähnlichwerden

In unserem Körper wird wie in einem chemischen Labor gearbeitet. Die eingenommenen Elemente werden ›verbrannt‹ und in einem chemischen Prozess so verarbeitet, dass der Körper neue Energien bekommt. Was er nicht verwenden kann, wird ausgeschieden.

Durch die Verdauung geschieht die sogenannte Assimilation. Die Assimilation hat im biologischen Rhythmus der Verdauung den ursprünglichen Sinn ein wenig eingebüßt. Assimilation bedeutete ursprünglich ›gleich‹, ›ähnlich werden‹. Darauf kommen wir bald zu sprechen. Zunächst reden wir davon, dass wir durch die Verdauung der Nahrung die Stoffe, die für uns wichtig sind, entziehen und durch die Blutbahnen in unseren Körper integrieren.

Eiweiße und Fette bekommen wir Menschen teilweise auch von der Pflanzenwelt und über Tierprodukte. Meistens brauchen Menschen und Tiere aber dafür frisches Fleisch von anderen Tieren. Kohlehydrate bekommen wir hauptsächlich vom Getreide und frischem Gemüse. Mineralien und Vitamine von beiden Naturreichen, der Flora und der Fauna, selbstverständlich auch vom Wasser. Die Luft gibt uns den nötigen Sauerstoff.

Das Gegessene, das Eingenommene gibt uns seine Stoffe ab und sie werden Teile von uns.

Dadurch integrieren wir die Natur in unseren Körper und nehmen ihre Elemente in uns auf. Wir und die Natur werden uns jeden Tag ähnlicher. Durch die Assimilation wird die Natur Mensch und der Mensch Natur. Schon immer waren Natur und Mensch eins. Die gleichen Elemente sind in allen Tieren und in der Flora unterschiedlich vermengt und ausgewogen, aber alle Naturerscheinungen sind eins.

Die ›Assimilation‹, das Ähnlichwerden mit der Natur, kann der Mensch zum Teil selbst gestalten. Hormonell behandeltes Tierfleisch, das von den Menschen verzehrt wird, hat durchaus Einfluss auf den Körperbau und Folgen für die Gesundheit des Menschen. Ernährungsbewusste Menschen können hingegen ihren Körper und Ihre Gesundheit positiv beeinflussen. Durch Essen wird man der Natur ähnlich.

Heute ist das Bewusstsein, das wir und die Natur eins sind, stärker, und immer mehr Menschen versuchen die physische Assimilation, die durch die Ernährung geschieht, auch spirituell zu vollziehen. Sie fühlen sich eins mit der Natur und meinen, ihre Seele sei ein Funke der *anima mundi*, des Weltgeistes.

Kannibalismus und Assimilation

Wenn der Hunger nicht gestillt werden kann, dann schreckt in unserer Welt kein Wesen vor Tötung und Mord zurück – die Pflanzen nicht, die lieben Vögel nicht – sie warten nicht immer auf die Nahrung aus der Hand vom lieben Gott –, die Löwen mögen kein Gemüse, die Menschen mögen es fein geschnitten. Im Übrigen mochten auch die Götter Gebratenes.

Dieser ununterbrochenen Mordserie in der Natur werden da und dort Schranken und Tabus entgegengestellt. Bei vielen Gattungen ist das Töten von Angehörigen verboten. Wir Menschen halten es für ein Tabu, Menschen zu töten. Wenn schon das Morden verboten ist, die Einverleibung von Gattungsangehörigen ist noch stärker tabuisiert. Was verboten ist, das wird natürlich auch getan. Tabus sind da, um gebrochen zu werden. Die Tötung von Gattungsangehörigen geschieht nicht selten, auch wenn sie z. B. bei den Menschen bestraft wird. Die Einverleibung von Gattungsangehörigen ist viel seltener. Aber auch das ist auf Erden häufig der Fall. Für dieses Phänomen haben wir eine Bezeichnung: Kannibalismus.

Unter den Tieren ist Kannibalismus stark verbreitet: bei Waranen, Alligatoren und Ratten, unter den Vögeln zählen etwa die Möwen und die Krähe dazu, der Barsch unter den Fischen. Das sind nur einige Beispiele von Alltagskannibalismus in der Tierwelt. Einige fressen Jungtiere aus dem eigenen Rudel. Einige fressen sogar buchstäblich ihre eigenen Kinder, wie die Wildschweine. Auch andere Tiere wie Katzen, Löwen, Eisbären und Braunbären töten etwa wegen Nahrungsmangel ihre eigenen Kinder.

Die Gründe können vielfältig sein, meistens schließen die Menschen von ihren Gefühlen und Absichten auf die Tiere und deuten auf diese Weise das Verhalten der Tiere: Hunger, Konkurrenzkampf ... Die Menschen liegen gar nicht falsch dabei. Man weiß zum Schluss nur nicht, ob die Tiere den Menschen oder die Menschen den Tieren ähneln.

Kannibalismus kann auch zum Zweck der Assimilation von physischen und psychischen Eigenschaften des anderen dienen. Bei den Tieren etwa gibt es interessante Beispiele von Kannibalismus, um sich die physikalischen Eigenschaften des anderen Tieres anzueignen. Gehört und dann gelesen habe ich vom sonderbaren Fall der weiblichen Spinne, die ihren Geschlechtspartner verspeist: Sie frisst die männliche Spinne nach dem Geschlechtsakt, weil deren Körper als Nährwert für die Entwicklung des Nachwuchses wertvoller ist als deren Zeugungsfähigkeit. Es ist ein interessanter Fall von Kannibalismus, bei dem die Assimilation physikalischer Eigenschaften der Grund für das Fressen des Partners ist und nicht der Hunger. In einigen Fällen fressen die weiblichen Spinnen den Partner sogar vor dem Geschlechtsakt. Das ist schwerer einzuordnen. Es scheint aber, dass in diesem Fall, wenn die weibliche Spinne längere Zeit nichts gefressen hat, sie den Partner lieber als Mahl statt als Geschlechtspartner hat. Nach dem Motto: Lieber der Spatz in der Hand als die Taube auf dem Dach.

Die männlichen Spinnen haben ihrerseits eine Strategie entwickelt, um der Gefahr zu entgehen, gefressen zu werden. Sie strahlen einen besonderen betörenden Duft aus, der die weibliche Spinne in Ohnmacht versetzt. Während dieser Zeit vollzieht sich der Zeugungsakt, und danach hat die männliche Spinne immer noch Zeit genug, um sich zu entfernen.

Bei den Gottesanbeterinnen funktioniert auch dieser Trick nicht: Es gelingt ihnen immer, den Partner während des Geschlechtsaktes zu fressen, nach dem anderen Motto: »Ich habe dich zum Fressen gern«.

Auch bei den Menschen kennt man das Phänomen des Kannibalismus. Schon der Hunger kann den Menschen zum Übertreten des Tabus zwingen. Die »Kannibalen vom Flug 571«[15] sind ein bekanntes

[15] Vgl. Hans Michael Kloth, »Kampf ums Überleben. Die Kannibalen vom Flug 571«, http://www.spiegel.de/einestages/kampf-ums-ueberleben-a-948477.html (Letzter Zugriff: 09.11.2014).

Beispiel dafür. Aber sicherlich gibt es mehrere solcher Beispiele, die unbekannt bleiben, weil die Menschen sich schämen, Hunger zu haben und den Mitmenschen zu töten und zu essen, um ihren Hunger zu stillen.

Die Beispiele der Spinnen und der Gottesanbeterinnen, die ihren Partner verspeisen, bringen uns bei der Deutung des Kannibalismus ein Stück weiter.

Beim Essen assimilieren wir Elemente, die für unser Überleben notwendig sind. Bei den Menschen, die andere Menschen verspeisen, also bei den »echten« Kannibalen spielt nicht selten der Wunsch eine Rolle, die psychischen und geistigen Eigenschaften des anderen in sich aufzunehmen.

Es gibt bei Wikipedia einen lehrreichen Artikel über den Kannibalismus[16], den ich hier nicht wiedergebe, da jeder ihn dort nachlesen kann. Interessant für unseren Zweck scheinen mir folgende Beispiele:

Auch in unserem Europa hat man den sogenannten medizinischen Kannibalismus praktiziert: man hat Körperteile oder das Blut von Erhängten oder Getöteten zu sich genommen, um sich gegen Krankheiten zu schützen.

»Aus dem 17. Jahrhundert ist ein Rezept des deutschen Pharmakologen Johann Schröder überliefert, das die Zubereitung von menschlichem Muskelfleisch beschreibt.«[17]

»Berühmt waren ›des Königs Tropfen‹ des britischen Königs Karl II., der 6.000 Pfund für ein Rezept zur Verflüssigung menschlichen Hirns gezahlt hatte. Das daraus resultierende Destillat applizierte der Regent sich fast täglich. Gelehrte und Adlige, aber auch einfache Leute schworen auf die Heilkraft des Todes. Daneben wurden Körperteile von Hingerichteten und anderen Leichen pulverisiert und zu dann angebotener ›Medizin‹ verarbeitet von approbierten, teilweise promovierten Ärzten verordnet und in Apotheken angeboten.«[18]

Und es gab – wahrscheinlich gibt es ihn immer noch – einen religiös motivierten Kannibalismus: Gefangene wurden getötet und den Göttern geopfert und hinterher aufgegessen, deren Blut getrunken, um deren Kräfte zu erlangen.

Opferfleisch, nicht selten von Menschen, besonders von Feinden, aber auch von Kindern aus der eigenen Mitte, wurde den Göttern geopfert, deren gebratenes Fleisch wurde anschließend von den Op-

[16] http://de.wikipedia.org/wiki/Kannibalismus (Letzter Zugriff: 09.11.2014).
[17] Ebd.
[18] Ebd.

fernden gegessen, um sich göttliche Eigenschaften anzueignen und selber ›göttlich‹ zu werden.

Die Menschen, die Mitmenschen essen, sind keine gewöhnlichen Kannibalen, sie nennen sich Anthropophagen. Das ist wieder ein nobler Begriff, der einiges zu verbergen versucht: die Grausamkeit und die Blindheit der Menschen.

Natürlich beteiligen sich auch die Götter daran. Sie sind keine Anthropophagen, eher Theophagen, weil sie mitunter andere Götter verspeisen, bei der Schöpfung der Welt, aus Rache oder aus Angst, dass das eigene Kind die eigene Macht gefährden könnte: ein wahres Abbild der menschlichen Welt. Und wenn wir uns schon im metaphorischen Bereich bewegen: Es gibt auch den Kannibalismus der Galaxien, weil sie sich auch gegenseitig ›kannibalisieren‹. Wer hätte das gedacht: Uns allen wohnt ein Kannibale inne.

In *Eisvogel* von Uwe Tellkamp gibt es einen eindrücklichen Text über das (gegenseitige) Fressen der Termiten:

»Rund elf Millionen Eier jährlich, [...] aus denen sich drei Sozialformen entwickeln: die Arbeiterkaste, die Kriegerkaste und die Fortpflanzungskaste. Die Arbeiter ernten, verarbeiten und verdauen die Zellulose, sie ernähren alle anderen Bewohner, denn weder die Krieger noch das Königspaar sind imstande, das Lebensmittel der Termiten, die Zellulose, zu nutzen. [...] Wenn eine Termite Hunger hat, stößt sie den vorbeikommenden Arbeiter mit den Fühlern an. Ist der Bittsteller noch jung, kann er sich also noch zu einer Königin oder einem König entwickeln, liefert der Arbeiter das zum Fressen ab, was er im Magen hat. Ist er ein ausgewachsenes Männchen, dreht er ihm das Hinterteil zu und überlässt ihm, was sein Darm enthält [...] Nichts geht verloren in dieser Republik, keine abgelegte Haut – sie wird sofort gefressen –, kein Leichnam, auch er wird verzehrt. Abfälle gibt es nicht. Alles ist essbar, alles ist Zellulose, und die Exkremente werden immer wieder ausgenutzt. Die Galerien sind von innen mit der größten Sorgfalt geglättet und gefirnisst. Dieser Firnis besteht aus Kot.«

Und einige Seiten später wird über die Gottesanbeterin (was für ein interessanter Name in diesem Zusammenhang!) nachgedacht.

»Alles geschieht aus einem einzigen Grund: der Angst vor dem Tod. [...] Gibt es eine Theorie, eine Lehrmeinung, wie fragwürdig und problematisch auch immer, mit der Sie begreifen, warum das Gesetz der Natur das Fressen und Gefressenwerden ist; warum die Gottesanbeterin, indem sie im Akt das sie begattende Männchen verschlingt, einen tiefen Sinn erfüllt [...] Der Tod ist das schwarze, gleichförmige und grausam schlagende Herz der Natur, und die geringe Wärme, die sein Pulsschlag sendet, nennt man Liebe.«[19]

Verdauen und Gebären. Assimilation und Recycling

Das Universum ist natürlich weder ein riesiger Verdauungsapparat noch ein riesiger Phallus oder eine gewaltige Gebärmutter. Verdauung und Gebären geschehen aber im Universum und – was wir definitiv besser bezeugen können – sie geschehen auf der Erde. Den Sprung von der schlichten Beschreibung dieser natürlichen Tätigkeiten von Zeugen und Gebären, Essen und Verdauen zum Bild für das Universum verdanken wir der menschlichen Tätigkeit der Mythisierung. Nicht nur werden natürliche (in diesem Fall: menschliche oder tierische) Organe und Tätigkeiten der Erde und dem Universum zugeschrieben, es wird sogar behauptet, dass die Erde selbst und das Universum ein Magen, eine Gebärmutter oder ein Phallus sind. Somit werden diese Organe zu Personen, weil die Erde und das Universum als Personen dargestellt werden. Es fehlt nur ein kleiner Schritt und die Erde (Gaia) und das Universum (Uranus) werden als Götter angesehen. Wir wollen hier aber nicht ins Mythische flüchten.

Eine gewaltige Vorstellung reizt allerdings unsere Fantasie: Das Universum und die Erde fressen kontinuierlich ihre Kinder und bringen neue hervor. Bilder sind meistens aussagefähiger als die bloße Schilderung der Phänomene, frischer als deren langweilige biologische Erklärung.

Es sind tatsächlich gewaltige Dimensionen. Auf Erden stirbt jede Sekunde bestehendes Leben und jede Sekunde entsteht neues Leben. Zwischen Anfang und Ende eines Lebens in einer globalen Gleichzeitigkeit wird gegessen, verdaut und assimiliert. Um weiter zu leben oder um zu sterben, damit aus toter Materie neues Leben entsteht. Unser Tod gibt dem neuen Leben Nahrung.

Die Lust, neues Leben zu gebären, ist nicht weniger stark als die Lust zu essen. Die Fortpflanzungsmethoden sind äußert differenziert, aber die Natur, die Pflanzen wie die Tiere und die Menschen, haben viele Wege gefunden und erfunden, um sich fortzupflanzen. Und die

[19] Uwe Tellkamp, Der Eisvogel, Frankfurt/Main 2006, S. 93 und 98f.

Freude der Pflanzen, neue Knospen hervorzubringen, ist gewiss vergleichbar mit der Freude der Tiere und der Menschen am Geschlechtsakt, die sie dazu lockt, Kinder auf die Welt zu bringen. Man muss nur zusehen, welche Farbigkeit, welche Vielfalt die Flora entfaltet und wie die Blumen mit ihrer Freude deren Umgebung, die Insekten und die Menschen, anstecken. Frühling nennt der Mensch diese Zeit der Erholung, der Neubelebung der Natur. Es ist ein Fest auf Erden, wenn die Natur sich wieder erholt und neues Leben hervorbringt.

Manche Tiere und die Menschen kennen eigentlich keine Jahreszeit, um Nachkommen zu zeugen und zu gebären. Wenn aber das Gefühl sie zum Partner hinzieht, dann reden sie auch gern vom ›Frühling‹, selbst wenn es Winter ist.

Auch hier können wir innehalten. Nicht nur beim Essen und Verdauen gibt es keine Pausen auf Erden, sodass wir vom Universum als einem gewaltigen Verdauungsapparat sprachen. Bei der Fortpflanzung ist es genauso. Es gibt jede Sekunde auf Erden Pflanzen, die sich reproduzieren, Tiere und Menschen, die Nachkommen zeugen und gebären. Ein nicht enden wollendes Treiben, damit die Natur neue Triebe hervorbringt.

Geburt und Tod des Lachses symbolisieren bestens den Kreislauf von Geburt, Tod und Geburt: Die Wildlachse werden in den Oberläufen der Flüsse geboren. Dort entschlüpfen sie den von ihrer Mutter gelegten Larven und ein Jahr später schwimmen sie ins offene Meer, wo sie sich wie alle anderen Wassergenossen als Fischräuber betätigen, um zu wachsen und kräftig zu werden. Von dort aus kehren sie drei Jahre später zu ihrer Brutstätte zurück, um dort selbst zu laichen.

Hier werden sie allerdings von der dort lebenden Fauna erwartet: Grizzlies, Schwarzbären, Wölfe, Adler, sonstiges Gefieder geben sich das Stelldichein und warten friedlich und geduldig auf die Ankunft der Lachse. Diese sind von der langen Reise aus dem Meer, aber auch vom Paaren und Laichen völlig erschöpft und wehrlos. So werden sie von einer Vielzahl sie erwartender Tiere verspeist.

Was von den Tausenden von Lachsen übrig bleibt, wird von anderen Tieren gefressen. Würmer und Insekten trennen die letzten Reste von den Fischgräten, und den Rest verwandelt das Moos in Naturdünger für die Bäume und die sonstige Flora. Die wenigen Lachse, die es schaffen, den Raubtieren zu entgehen, verenden schließlich am Ziel und werden wiederum verwertet.

Es bleiben aber genug Larven übrig, aus denen wiederum unzählige Lachse schlüpfen, die erneut ins Meer schwimmen, um drei Jahre danach zurückzukommen. Das Leben und der Tod und das Leben gehen weiter.

Der Kreislauf der Natur

Die Welt ist wie ein Friedhofsgarten. Nicht weil die Hinterbliebenen die vielen Gräber, die auf der Welt angelegt sind, mit Blumen bepflanzen. Der Friedhof bringt von sich aus Blumen hervor, weil der Erdboden sehr fruchtbar ist. Er wird von den unzähligen Würmern und Milben und Bakterien urbar gehalten, weil sie sich an unserem Leichnam laben. Der Regen und die Sonne tun auch ihr Bestes. Wichtige und für die Erde nahrhafte Säfte und Mineralien durchdringen den Boden, und das Wasser lässt neue Blumen, frisches Gras wachsen.

Man lebt um zu sterben, und man stirbt, damit andere leben. Wir sprechen hier nicht metaphorisch. Der Schlaf, der Winterschlaf der Flora und Fauna sind nicht der Tod, es können Bilder für den Tod sein. So sind das Aufwachen, der Frühling, der Sonnenaufgang Bilder für neues Leben. Der Tod ist irreversibel: Die Materie verwest, und der Baum, das Tier und der Mensch sind nicht mehr. Neues Leben ist eine neue Geburt, ein neues Blatt, ein neuer Spross, eine neue Pflanze.

Man muss aber nicht vorschnell sein. Denn mit dieser Definition von Tod und Leben setzt man schon unumkehrbare Voraussetzungen. Stirbt wirklich alles, wenn die Materie – etwa der Körper eines Menschen – nicht mehr lebt und sein Leichnam verwest? Und gibt es keine Abstufungen zwischen dem Wiederaufwachen der Natur und dem neuen Leben?

Wir bleiben zuerst noch ganz beim beobachtbaren irdischen Phänomen. Da wissen wir, was Tod und neues Leben ist. Wir erfahren den Baustoff aller Dinge auf Erden: die Materie können wir betasten und anschauen, kosten und riechen. Und wir erfahren, dass die Materie eine Zeitlang mit Energie geladen ist und dass sie welkt und verwest, wenn die Energie ihr nicht mehr innewohnt. Und wir beobachten und erfahren am eigenen Leib, dass wir geboren werden und leben, indem wir das ›Fleisch‹, den Körper, die Materie anderer Wesen übernehmen und assimilieren, und dass wir selbst, wann wir auch immer sterben, Futter für andere Lebewesen und Baustoff für neues Leben sind.

Das Leben stirbt, und aus dem Tod erwacht neues Leben.

Eine erste Antwort auf die Frage, wo wir nach dem Tod hinkommen, ist also bereits gefunden: entweder werden unsere ›sterblichen Reste‹ in der Erde bestattet oder ins Meer geworfen, oder unsere Asche wird verstreut. Danach werden wir Nahrung für andere Tiere und geben die Mineralien unseres Körpers der Mutter Erde als Dünger zurück, auf dass neues Leben sprießen kann, vielleicht eine Blume, vielleicht ein Tier, vielleicht wieder ein Mensch. Der Kreislauf der Natur kreist um sich und die Natur stirbt und erneuert sich immer wieder.

Bei dieser Antwort geht der Sinn der Vergänglichkeit nicht nur der Blumen und des Grases, sondern auch der Vergänglichkeit des Menschen vollends auf. Es bedeutet nicht nur, dass der Mensch sterblich ist, sondern dass er heute da ist und morgen nicht mehr. Vergänglich bedeutet, dass der Mensch vergeht, dass er also in einem ganz radikalen Sinn ›geht‹. Der Mensch ist von der Kontingenz allen Seins mit erfasst. Und zwar nicht ›der Mensch‹, sondern ich und du und wir.

Der einzelne Mensch ist augenscheinlich vergänglich, kontingent, nicht notwendig. Das müssten wir oft am Tag wiederholen, weil wir gern zur Selbstüberschätzung neigen.

Ist nur das Individuum, der einzelne Mensch, vergänglich und nicht notwendig? Ist die Menschheit insgesamt dagegen eventuell nicht vergänglich, ist sie notwendig für die Erde und das Universum? Bereits die Logik erspart uns den Blick in die Geschichte und die Zukunft. Die Summe von nicht notwendigen Individuen ergibt keine logische Notwendigkeit von deren Gesamtheit, und was nicht logisch notwendig ist, ist auch existentiell nicht notwendig.

Aber auch die Geschichte sagt uns, dass die Erde und das Universum einige Jahrtausende oder Jahrmillionen ohne den Menschen ›glücklich‹ überlebt haben und dass nach dessen Erscheinen auf der Erdoberfläche nicht nur Positives zu beobachten gewesen ist. Man kann sich auch die Zukunft der Erde und des Universums ohne den Menschen vorstellen. Wenn die Lebensbedingungen auf der Erde nicht mehr gegeben sein werden, wird alles Leben vergehen, auch der Mensch, und die Erde wird wahrscheinlich zu einem Planeten wie Mars oder zu einer Eiskugel oder sie wird, wenn sie von einem schwarzen Loch im Universum verschluckt wird, zu einer kleinen Kugel, einem Tennisball nicht unähnlich. Und der Mensch wäre ›endgültig‹ vergangen und vom Universum verschluckt.

Ist das nur die erste Antwort, oder ist diese Antwort bereits auch die einzige und endgültige?

Nicht unbedingt. Denn der logische Schluss der Nicht-Notwendigkeit der Menschheit schließt den logischen Schluss ihres Endes nicht mit ein. Die Naturwissenschaft schließt die ›Ewigkeit‹ der Materie nicht aus, obwohl man ihre ›Brüchigkeit‹ experimentell kennt. Aber die Materie kann sich erneuern. Und so könnte es auch mit dem Menschen geschehen.

Noch nicht an dieser Stelle scheiden sich die Wege der materialistischen und der geistigen Interpretation der menschlichen Existenz, sondern erst dort, wo Geist und Materie als unterschiedliche Elemente des Menschen und der Welt verstanden werden.

Hier wollen wir zunächst und nur vorläufig von der Annahme ausgehen, dass die Welt und der Mensch nicht aus zwei Prinzipien bestehen, sondern aus einem einzigen, auch wenn dieses differenzierte Ausprägungen zeigt.

Auch hier sind beide Schlussfolgerungen möglich: Die Menschheit, der Kosmos, das Universum sind nicht notwendig, sie können aber ewig sein.

Viele Varianten sind möglich: Alles ist hinfällig und irgendwann existiert nichts mehr. Oder: Der Einzelne ist sterblich, die Gattung aber nicht. Oder: Auch die ganze Menschheit wird irgendwann nicht mehr existieren, aber der Kosmos wird weiterbestehen.

Ist Materie mit Geist beseelt? Bilder aus Philosophie und Religion

›Den Menschen‹ gibt es nicht. Die Menschen sind nicht nur äußerlich unterschiedlich, sie denken auch unterschiedlich.

Viele Menschen vertreten die Auffassung, dass der ganze Kosmos, mithin auch der Mensch nur aus Materie besteht. Und so bedeutet auch die körperliche Auflösung des Menschen in der Erde eindeutig auch sein Ende.

Andere wiederum meinen, der Kosmos, besonders der Mensch sei mehr als nur Staub und Asche, mehr als nur Fleisch und Blut, er sei auch Geist und Bewusstsein oder Seele. Und dieser ›Teil‹ des Menschen sei nicht dem Tod bestimmt, ihn erwarte vielmehr ein weiteres, besseres Leben.

Es beginnt hier eine hochinteressante, aber auch eine etwas komplizierte Reise durch verschiedene philosophische Auffassungen sowie durch viele Bilder und Mythen des Jenseits. Wir begeben uns auf ein diffizileres Terrain. Schwierig deshalb, weil die Argumentation stärker im Vordergrund steht und weniger die Bilder und die Gefühle. Der Weg wird ein wenig holpriger und führt uns durch Felder der Philosophie, der Religions- und Kulturgeschichte.

Man kann den nächsten Abschnitt des Buches als einen Exkurs betrachten – einen langen Satz in Klammern. Aus diesem Grund könnte man versucht sein, diese Seiten zu überspringen. Gerade dieser Teil könnte sich aber als die Mitte des Buches herausstellen, und dann wäre es schade, den Weg nicht mitzugehen.

Die Hauptfrage ist, ob der Mensch nur Materie ist oder Materie und Geist und ob der Mensch nach dem Tod auf irgendeine Weise weiterleben wird. Darauf geben Antwort sowohl philosophische als auch religionsgeschichtliche Richtungen. In beiden Bereichen werden bildliche Vorstellungen verwendet wie ›Idee‹, ›Seele‹ oder ›Geist‹ – Wörter, die einerseits abstrakte Begriffe zu sein scheinen, aber gleichzeitig eine bildliche Kraft entwickeln. Sie werden zu Symbolen und Mythen, die die Welt, die Wirklichkeit erklären wollen und die Kultur auch der heutigen Menschen immer noch sehr stark prägen. Deshalb scheint es mir wichtig, diesen schwierigen Pfad zu gehen und die Antworten auf die Frage nach dem Tod kennenzulernen.

Es ist im Übrigen nicht beabsichtigt, Vollständigkeit zu erreichen. Das ist kaum möglich, weil das Wissen eines einzelnen Menschen dazu nie ausreichen würde, und im Übrigen würde das nicht dem Zweck dieses Buches entsprechen.

Das Hauptanliegen dieses Buches bleibt, herauszufinden, ob unsere Bilder über den Tod und das sogenannte Jenseits der Wirklichkeit entsprechen oder nicht, ob sie uns einen Schimmer von dem vermitteln, was uns nach dem Tod erwartet oder nicht. Dieses Anliegen kann auch auf der schmaleren Basis von ausgewählten Beispielen beantwortet werden.

Im Fokus der Aufmerksamkeit stehen die Lösungen, die das Christentum bietet, weil nicht nur ich, sondern viele, die dieses Buch ansprechen will, in dieser Kultur aufgewachsen sind. Es wird sich – wenn ich einige Ergebnisse bereits jetzt verraten darf, herausstellen, dass diese Lösungen stark von anderen Kulturen abhängig sind, dass sie sogar meistens von anderen Kulturen und Religionen übernommen wurden.

Man wird sagen: »Die Religionsgeschichte ist ein immenser Strom voll abertausend widersprüchlichen Strömungen. Nichts gibt es da, gar nichts, was es nicht schon sub sole (unter der Sonne) gegeben hätte. Schon gar nicht in Sachen Unsterblichkeit.«[20] Wer weiß das nicht? Muss es hier unbedingt wiederholt werden?

Die Intention dieses Buches geht aber weiter: Einige Religionen, und hierfür bietet das Christentum ein beredtes Beispiel, erheben trotz der nachweisbaren Abhängigkeit von anderen Kulturen, nicht selten einen Wahrheitsanspruch. Sie verstehen diese Bilder meistens als Abbild einer jenseitigen Wirklichkeit.

Es wird sich zeigen, dass die Bilder und Mythen vom Jenseits zeit- und kulturabhängig sind, eigentlich Produkte der menschlichen Fantasie sind, die Antwort auf die Frage des Menschen nach dem Jenseits geben wollen. Sind sie nun deshalb schon nichts anderes als Wunschvorstellungen des Menschen und erschöpfen sie sich darin? Oder haben sie uns was zu sagen?

Die folgenden Ausführungen wollen also fragen, was die Jenseitsbilder versprechen und was sie vielleicht nicht halten können. Entsprechen Jenseitsmythen der Wirklichkeit, sind sie in irgendeiner Hinsicht ›wahr‹?

[20] Hans Conrad Zander, Warum ich unsterblich bin, Gütersloh 2013, S. 232.

Materie und Energie – ein Recyclingsystem

Diese Deutung des Universums geht davon aus, dass das Universum sich selbst genügt. Alles ist Materie, wenn auch in differenzierter Form und in einem unterschiedlichen Zustand. Innerhalb des Universums aus Materie unterscheidet man zwischen der Masse (ruhende Materie) und der Energie (aktive Materie). Bereits in der Antike hat man diese zwei Elemente, die beide unserer diesseitigen Welt zugehören, als ausreichende Erklärung für Leben und Tod gekannt. Der Tod ist nach dieser Erklärung ruhende Energie in der materiellen Masse, Leben eine durch Energie aktivierte Materie. Die Summe von Masse und Energie wurde in einem geschlossenen System als konstant angenommen. Bereits Aristoteles sprach von der Konstanz von Masse und Energie.

Die Frage begleitete die Menschheitsgeschichte, und die Naturwissenschaft hat sich, nachdem sie sich von der Theologie und später auch von der Philosophie verselbstständigt hat, ihrer angenommen. Im 19. Jahrhundert meinte sie, diese Konstanz auch nachweisen zu können – ein Gleichgewicht, das allerdings keinesfalls in sich ruhend und unbeweglich sei. Das Gleichgewicht ist spannungsreich und veränderlich, mal überwiegt die Materie, mal die Energie, nur deren Summe ist konstant. Das heißt dann auch, dass Materie sich in Energie und Energie sich in Materie verwandeln kann.

Auch Einstein hat sich der Frage angenommen und diese Konstante im Kontext seiner Relativitätstheorie mit der weltbekannten Formel $E = mc^2$ ausgedrückt: Die Energie ist Materie mal die Lichtgeschwindigkeit hoch 2. Diese Konstante ist eine Äquivalenz, die daraus resultiert, dass Materie Energie werden kann und Energie Materie.

Interessant ist auch die Feststellung, dass innerhalb eines geschlossenen Systems immer diese zwei Prinzipien zusammenwirken und sie niemals getrennt bestehen können: Sie bestehen und gehören immer zusammen. Die Summe von Materie und Energie nennt man auch ›Masseenergie‹.

Die Veränderungen, die – wie wir beobachten können – in einem System stattfinden, sind dadurch möglich, dass die Energie Ort und Form ändert. Und – dieses Detail kann sehr interessant sein – wenn Teilchen aufeinanderstoßen, können neue Teilchen entstehen. Das kann auch einschließen, dass aus Leben neues Leben entsteht.

Diese naturwissenschaftliche Theorie entspricht der alten aristotelischen Einsicht, dass Form und Materie, Substanz und Akzidenz immer zusammengehören und nicht allein und getrennt bestehen können.

Ist dann unser geschlossenes System sich selbst genug? Ist also der Geist des Menschen, die Intelligenz, die Seele den Prinzipien unseres geschlossenen Binnensystems, der Materie und der Energie, zu verdanken?

Die radikale Frage, die gleich gestellt werden muss, auch wenn sie nicht eindeutig beantwortet werden kann, ist: Genügen diese zwei Elemente, die Masse und die Energie, um unser geschlossenes System zu erklären? Reichen sie aus, um jede Form von Leben zu erklären, und bedeutet der Tod einfach nur, dass die Energie in der Materie ruht? Die Bejahung dieser Frage könnte bedeuten, dass unser System sich selbst genügt und nichts anderes braucht, um so zu sein, wie es ist.

Wenn die Erde und das Universum vollends durch die zwei Elemente erklärt werden können, so wie Philosophie und Naturwissenschaft meinen, dann bedeutet es nicht nur, dass diese Systeme keinen außenstehenden Schöpfer brauchen, sondern dass alles, was lebt und stirbt, innerhalb von diesem System verbleibt.

Stephen Hawking, der zunächst der Mitwirkung eines Schöpfers etwas abgewinnen konnte, hat in seinem Buch *The Grand Design* die These aufgestellt, dass das Universum aus sich heraus und spontan entstanden sein kann und keine Mitwirkung eines Schöpfergottes benötigte. Hawking spricht gleichzeitig von mehreren Paralleluniversen, die je ihre eigenen Gesetzmäßigkeiten haben.

Das hieße dann, dass nicht nur die Psyche, von der viele sowohl in der Philosophie als auch in der Naturwissenschaft der Meinung sind, dass sie auch aus Masse und Energie besteht, sondern auch der sogenannte Geist, unsere Intelligenz, das, was wir im Deutschen ›Seele‹ nennen, dieser Erde entstammen und an ihrem Kreislauf von Entstehung un Untergang teilnehmen.

Diese erste Erklärung unserer Welt ist eine in sich ruhende und selbstgenügsam. Es ist eine Erklärung, die keinen Beginn wie eine Schöpfung durch einen Gott braucht und alle innerweltlichen Phänomene deuten kann.

Man nennt diese Erklärung des Universums oberflächlich ›Materialismus‹. Diese Bezeichnung verdeckt die Tatsache, dass diese Erklärung Geist und Intelligenz nicht leugnet, sie aber durch die zwei innerweltlichen Prinzipien erklärt.

Materie und Geist – die Deutungen der Welt gehen auseinander

Es wäre verwunderlich, wenn der Mensch sich mit dieser Sicht der Dinge, mit dieser Deutung seines Lebens und seines Todes begnügen würde.

Was das Auge sieht, ist eigentlich eindimensional: Die ganze Natur, und mit ihr der Mensch, ist Jagende und Gejagte, Speise und Verdauungsapparat, Dünger und frisches Gras. Den Kreislauf der Natur kann man mit bloßen Augen beobachten, man hört das Gras wachsen, aber auch das Kauen der ganzen Schöpfung. Nach Ansicht vieler ist die Natur als geschlossenes System selbstgenügsam. Sie braucht keinen Gott, keinen Schöpfer, und das einzige Leben nach dem Tod ist das frische Gras und die Fortpflanzung innerhalb der Spezies.

Aber der Mensch meinte, er sei von den Göttern eigentlich für die Ewigkeit bestimmt gewesen und – nur wegen eines dummen Fehlers – der Ewigkeit beraubt. Da hat er sich andere Konstrukte erdacht, die sowohl in der Philosophie als auch in den Religionen zu finden sind, und ihm wieder Hoffnung machten, er könne doch trotz allem auch nach dem Tod weiterleben.

Deswegen ist die Erklärung des Universums als geschlossenes System, das sich selbst genügt und um sich kreist, beileibe nicht die einzige. Die Philosophie kennt auch eine dualistische Erklärung, die Deutung nämlich, dass Materie und Energie zwar beide der Sphäre der Materie angehören, aber jenseits von Materie und Energie noch der Geist waltet, der nicht aus Materie besteht. Der Geist unterscheidet sich nicht nur graduell, sondern dem Wesen nach von der Materie. Diese Deutung des Universums wird auch von mehreren Naturwissenschaftlern nicht ausgeschlossen, sie hat in der Philosophie einen festen Platz und wird natürlich von den meisten Religionen als die einzig richtige Erklärung dargestellt.

Die Parallelität der Universen, die nach jeweils eigenen Strukturen und Gesetzen aufgebaut sind, wird sowohl in der Welt der Religionen (etwa im Buddhismus) als auch in der Naturwissenschaft als gegeben angesehen. Parallelen können sich aber laut Einstein doch treffen, und so könnten sich theoretisch unterschiedliche Universen begegnen und eine neue gemeinsame Welt erschaffen, in der Elemente der ursprünglich getrennten Universen zusammenkommen. Auch die Begegnung der materiellen Welt mit einer Welt der Idee und des Geistes, falls es diese gibt, ist rein theoretisch möglich. Das Universum der

Ideen, des Geistes, durchdringt das Universum der Materie, und eine neue Ordnung, eine neue ›Schöpfung‹ entsteht.

Diese Sicht der Dinge hat den großen Vorteil, dass der Mensch weiterhin träumen, sich ungeahnte neuen Perspektiven vor Augen führen kann: ein Leben nach dem Tod, ein ewiges Leben, ein Leben mit Gott ...

Diese Deutung des Daseins hat aber gegenüber der Meinung, dass unser Universum vollkommen mit Materie und Energie auskommt, den Nachteil, dass sie nicht nachprüfbar ist. Und sie bedient sich meistens einer mythischen Darstellungsweise oder der bildhaften, metaphorischen Sprache, die Gefahr läuft, dass die Aussage leer bleibt, nicht zutrifft, weil nur das, mit dem verglichen wird, das Diesseits, bekannt ist, das Jenseits aber nicht. So könnten Träume Träume bleiben. Wir könnten leider erst nach unserem Tod erfahren, ob diese Träume Realität werden können, vorausgesetzt, es gibt ein Leben nach dem Tod. Dass wir nach dem Tod weiterleben werden, ist keine Gewissheit. Es ist eine Hoffnung. Und Hoffnungen geben Zuversicht und Mut, sie könnten aber nur Ausdruck von Wunschträumen sein.

Auch der naturwissenschaftlich geschulte Mensch, der wohl eher davon ausgeht, dass Ideologien, Mythen und nicht nachprüfbare Thesen ohne Inhalt sein können, weil sie Bilder und Projektionen unserer Hoffnungen sind, gibt ungern die Hoffnung auf, dass mit dem Tod nicht alles aus ist. Vom ›religiös fühlenden‹ Menschen wollen wir hier gar nicht reden.

Der Monismus und der Dualismus werden uns bis zum Schluss dieses Buches begleiten und wir müssen uns mit ihnen auseinandersetzen.

Wir kommen immer wieder unweigerlich auf diese zwei Weltanschauungen zurück, die im Laufe der Geschichte wiederkehren, auch wenn sie unterschiedlich ausformuliert werden. Ich will es hier mit einem modernen Ansatz erläutern.

Die moderne Neurologie erforscht die Zusammenhänge zwischen unserem Gehirn und der Intelligenz. Nicht wenige, sozusagen ›materialistisch‹ orientierte Wissenschaftler, aber längst nicht alle modernen Neurologen, neigen inzwischen zu der Meinung, dass die Intelligenz des Menschen und mit ihr der menschliche Geist nichts anders sind als ein Ergebnis der am besten strukturierten Maschine, wie sie unser Gehirn nennen.

Das hieße, dass unser Gehirn die Idee, die Intelligenz, den Geist, durch seine Strukturen und Beschaffenheit erzeugt und sich der

Mensch von anderen Wesen nur dadurch unterscheidet, dass sein Gehirn eine weitere, kompliziertere und leistungsfähigere Struktur entwickelt hat, die eine ›höhere‹ oder anders geartete Intelligenz erzeugt. Das Leistungszentrum dieses höchstentwickelten Computers, der unser Gehirn ist, ist der Cortex, auch Großhirnrinde genannt. Diese Wissenschaftler lassen sich also vom Computer inspirieren, von einer von Menschenhand und vom menschlichen Geist entwickelten Maschine, um den Geist des Menschen selbst zu erklären. Der Computer ist nicht länger ein schwaches Abbild, eine schwache Metapher für das Gehirn, sondern das Gehirn selbst wird zum besseren Computer.

Das ist die Umkehrung der klassischen philosophischen Auffassung, dass der selbstständige Geist die Materie formt, danach steuert, und dadurch der Mensch zu einem Menschen wird. Theoretisch ist diese klassische Ansicht und Erklärung schwer abzuweisen. Da diese These nicht zu falsifizieren, geschweige denn zu verifizieren ist, ist sie auch nicht abzustreiten. Das bringt ihr aber keinen großen Vorteil, denn man kann sie deshalb auch leicht ablehnen.

Die Vertreter der ›materialistischen‹ These versuchen ihrerseits experimentell weiterzukommen und ihre eigene These zu belegen.

Man unterscheidet nicht mehr scharf zwischen der Intelligenz des Menschen und den ›Instinkten‹ der übrigen Natur, man redet lediglich von graduellen Unterschieden. Man redet heute offen über die ›Intelligenz‹ der Raben, des Schweins und der Wale. Bei den Walen ist der Cortex ähnlich voluminös wie bei den Menschen, und auch wenn er ein wenig anders strukturiert ist, spricht man solchen Tieren nicht mehr hohe Intelligenz ab.

Inzwischen soll es der Neurologie gelungen sein, geistige Aktivitäten, die im Gehirn ablaufen, zu verfolgen und zu messen. Man will etwa festgestellt haben, dass Entscheidungen früher im Gehirn getroffen werden, als der Mensch sich dessen bewusst ist, was er tun will, also bevor er selbst seiner Ansicht nach die Entscheidung trifft. Auf diese Weise werden von einigen Neurologen ›bewusste‹ Entscheidungen in Frage gestellt, und sie fragen konsequenterweise, ob der freie Wille wirklich frei ist.

In der letzten Zeit hat die Computertechnik riesige Fortschritte gemacht. Der Computer ist immer noch ein minderwertiges Abbild des menschlichen Gehirns. Aber der Abstand wird ständig kleiner. Eine lange Zeit wusste man: der Computer kann besser Schach spielen als der Mensch, aber dies nur dank der menschlichen Tätigkeit, des menschlichen Geistes, der die Software konzipiert und erstellt hat. Bislang haben vom Menschen geschaffene Computerprogramme Roboter befähigt, bestimmte, wenn auch immer kompliziertere Dienstleistungen zu erbringen. Heute muss der Hersteller noch die Verantwortung übernehmen und den Schaden wiedergutmachen, wenn der Roboter einen Fehler macht und einen Schaden anrichtet, weil ihm irgendein Programmfehler unterlaufen ist.

Allmählich dreht sich ein wenig die Perspektive. Man beginnt, von der Intelligenz des Computers zu reden. Natürlich meinen wir immer noch, sie sei ein schwaches Bild der menschlichen Intelligenz. Aufgeschreckt wurde ich zuletzt aber durch eine Meldung, dass Juristen über die rechtlichen Konsequenzen nachdenken für den Fall, dass Roboter nicht aufgrund von Softwarefehlern, sondern aufgrund von selbst getroffenen, eigenen Entscheidungen einen Schaden anrichten. Man redet bald von einer ›freien Entscheidung‹, von einer eigenen Verantwortung des Roboters. Man denkt also auch juristisch darüber nach, in welchen Fällen ›rein technisch‹ der Computer in der Lage ist, selbst eine Entscheidung zu treffen, also irgendwie einen ›freien Willen‹ zu entwickeln, sodass er Entscheidungen trifft, die von der Software nicht vorgesehen waren. Für diese Fälle fehlt es natürlich noch an einer geeigneten Gesetzgebung.

Diese Entwicklung ist dadurch möglich geworden, dass man für diese Computer nicht mehr gewöhnliche Software-Programme entwickelt wie früher.

Der Philosoph und Programmierer Andreas Matthias[21] erklärt dies in einem Interview in SPIEGEL ONLINE so: »Heute werden statt einer definierten Anweisungsfolge oft neuronale Netze genutzt, wie sie zum Beispiel auch in der Struktur des Gehirns zu finden sind. Anweisungen sind nicht als Befehl gespeichert, sondern als synaptische Gewichte. Das neuronale Netz lernt – und man kann im Anschluss nicht mehr sagen, was gerade gelernt wurde. Heute bringen sich Maschinen immer öfter selbst Dinge bei. Sie werden trainiert, nicht programmiert. Der Mensch stellt der Maschine nur noch das Wissen bereit. Dadurch werden Computer lernfähig, sie lernen inzwischen gemeinsam und bringen sich Dinge gegenseitig bei. Irgendwann verselbstständigen sie sich vom Wissen, das ihnen der Mensch zu Verfügung gestellt hat, und treffen selbst Entscheidungen. Deshalb müssten sie entsprechend Verantwortung übernehmen.«

[21] http://www.spiegel.de/wissenschaft/mensch/strafrecht-fuer-roboter-maschinen-sollen-fuer-eigene-fehler-haften-a-569004.html (Letzter Zugriff: 09.11.2014).

Er hält es zudem für möglich, dass ein Computer bei einer weiteren Entwicklung personale Strukturen annehmen könne, auch wenn der Begriff ›Person‹ nicht genauer definiert sei.

Auf der einen Seite wird also wenigstens hypothetisch angezweifelt, dass der Mensch tatsächlich einen freien Willen hat, und die sogenannten freien Entscheidungen des Menschen werden als Ergebnis von Synapsenschaltungen erklärt. Entsprechend negativ oder wenigstens zurückhaltend wäre dann die Frage zu beantworten, ob der Mensch schuldhaft werden kann und konsequenterweise zur Verantwortung und Wiedergutmachung herangezogen werden soll.

Auf der anderen Seite wird hypothetisch festgehalten, dass Roboter sich inzwischen gegenseitig Dinge und Lernprozesse beibringen, irgendwie (fast) in der Lage sind, ›frei‹ zu entscheiden. Sie werden deshalb schuldfähig und sollen auch zur Verantwortung herangezogen werden sollen.

Zurzeit ist es noch so, dass auch die höchstentwickelten Computer vom Menschen programmiert werden. Aber es wird von Informatikern und Neurologen bei der Computertechnik eine exponentielle Entwicklung festgestellt. Eine solche Entwicklung beginnt langsam und wird immer schneller, bis sie am Ende unfassbar schnell wird. Vielleicht auch für den Menschen unfassbar schnell.

Werden Computer irgendwann durch einen Quantensprung fähig werden, sich selbst zu programmieren, zu generieren, sich zu mehren? Einige Informatiker meinen, dass könnte bald, etwa in 40 oder 50 Jahren so weit sein, andere meinen, dass diese Entwicklung, ähnlich wie bei der Evolution graduell geschehen wird.[22]

Wie einst Adam und Eva die Erkenntnis von Gut und Böse gegen den Willen ihres Schöpfers Jahwe vom verbotenen Baum bekamen, könnten sich die Roboter beim Erwerb ihres Wissens von ihrem Schöpfer, dem Menschen, verselbstständigen. Was werden wir dann tun? Werden wir ihnen den Stecker von der Stromdose herausziehen, ›auf dass sie nicht ewig leben‹?

Vielleicht haben wir diese Möglichkeit bereits verpasst. Vielleicht wird die Zeit kommen, in der die Roboter viel weiter sind als wir, dass sie von oben auf uns herabschauen, uns wohlwollend und pietätvoll auf die Schulter klopfen, und uns wie zurückgebliebene Primaten ansehen. Science Fiction? Abwarten. Wer Zeit hat, wird sehen.

[22] Vgl. Hasta la vista, Menschheit. In: Süddeutsche Zeitung (02.01.2014).

Verwirrend ist eigentlich nicht die metaphorische Sprache, die angewandt wird. Verwirrend ist für viele die Annahme, dass Materie und Energie (ich gehe davon aus, dass Roboter – wenigstens sie – noch keinen immateriellen Geist für sich in Anspruch nehmen) Intelligenz und freien Willen zustande bringen können.

Wenn dem so ist, könnte man umgekehrt auch behaupten, dass auch unsere Intelligenz und unser freier Wille Ergebnis der Tätigkeiten eines hochkomplizierten Computers sind, den wir Gehirn nennen.

Wäre diese naturwissenschaftliche Meinung richtig, so könnten wir mit Buddha festhalten, dass alles Materie ist und beim Tod vor der Wiedergeburt sich alles, auch das eigene Ich, auflöst.

Letztlich kann man die Meinung, dass der Geist aus Materie besteht, natürlich nicht beweisen, weil die gegenteilige Meinung, dass der Geist nicht aus Materie besteht, von keiner Naturwissenschaft falsifiziert werden kann. Wie könnte sie mit den Mitteln, die sie hat, je beweisen, dass etwas, das mit den Mitteln der Naturwissenschaft nicht erfasst werden kann, nicht existiert. So kann der Naturwissenschaftler auch nicht beweisen, dass es Gott nicht gibt.

Die Frage ist aber: Welche Relevanz hätte ein Gott im Leben, wenn alles, was geschieht, auch ohne ihn erklärt werden könnte? Ähnlich ist die Frage mit dem Geist: Welchen Unterschied macht es, ob der Geist aus Materie besteht oder eben nicht, wenn sich im Endeffekt für die Welt nichts ändert?

Ein Umstand gestaltet sich aber sehr unterschiedlich: Es mag sein, dass sich im Leben, im Alltag nichts ändert. Es ist aber etwas anderes, ob ich persönlich mit meinem Tod meinen letzten Atemzug ausgehaucht habe und nicht mehr bin, oder ob mein Geist, mein Selbst, weiterlebt. Die Antwort auf diese Frage interessiert anscheinend nicht nur mich, sondern viele Menschen: Wenn ein Roboter verschrottet wird, ist auch seine Intelligenz und sein freier Wille Schrott. Was ist aber mit uns, wenn unser Körper stirbt? Erlischt mit ihm auch unser Geist? Wird er auch von den Würmern gefressen, die sich an unseren Leichnamen laben?

Auch diese spektakulären Fortschritte der Neurologie und der Computertechnik sind nicht in der Lage, den alten Konflikt zwischen der Auffassung, dass alles aus Materie besteht, und der Auffassung, dass Geist und Materie sich im Wesen unterscheiden, zu lösen. Es gibt selbstredend auch Neurologen, die mit der Sprache und den Bildern der modernen Computertechnik und Naturwissenschaft behaupten, dass der Mensch ein Selbst besitzt, das unsterblich ist.

Eine andere moderne Perspektive bringt die Quantenphysik. Sie bemächtigt sich der Frage nach Materie und Geist und nach dem Ursprung des Geistes und behauptet, diese Frage sei nunmehr keine philosophische, sondern letztendlich eine naturwissenschaftliche. Die Quantenphysik könne diese Frage mit naturwissenschaftlichen, nachprüfbaren Methoden beantworten.

Die Quantenphysik unterscheidet sich von der klassischen Physik dadurch, dass sie sich nicht mit den Gegenständen und Dingen selbst beschäftigt, die unserem Alltag Form geben, also nicht mit der vordergründigen Wirklichkeit. Mit der Welt der Dinge und der Gegenstände, befasst sich die klassische Physik, deren Lösungen durchaus ausreichen, um den Alltag zu bewältigen. Die Realität steht nicht im Vordergrund, sie bildet eine tiefere Schicht, die keine Dinge, keine Gegenstände, keine Individuen kennt, die mit Namen und Substantiven bezeichnet werden, sondern nur ein Werden und Prozesse, die nur durch Verben dargestellt werden können. Diese tiefere Ebene hat mit Materie und Energie nichts zu tun, sie ist quasi ein ›trägerloses Informationsfeld‹, etwa wie der Code einer Musik, aber ohne den Träger, ohne die CD, die nur dann gehört werden kann, also ›gegenständlich‹, Materie wird, wenn der Code decodiert wird.

Auf dieser Ebene der Realität ist alles im Fluss, und dieser Code ist, da er ohne Bindung an Raum und Zeit (trägerlos) ist, nicht nur in den einzelnen Gegenständen, sondern im ganzen Universum, das heißt, überall präsent.

Die Elemente, die unseren Alltag bilden, sind sozusagen Decodierungen dieses Informationsfeldes und Konkretionen von Elektronen, die ständig in Bewegung sind, sich verschiedenartig verbinden und verschiedenartige Erscheinungen hervorbringen.

So weit, so gut. Weniger eindeutig fallen aber die Erklärungen aus, was Geist und Materie sind.

Der deutsche Physiker und ehemaliger Leiter des Max-Planck-Instituts, Peter Dürr, etwa meint, dieses trägerlose Informationsfeld sei ›Geist‹: »Im Grunde gibt es Materie gar nicht. Jedenfalls nicht im geläufigen Sinne. Es gibt nur ein Beziehungsgefüge, ständigen Wandel, Lebendigkeit. Wir tun uns schwer, uns dies vorzustellen. Primär existiert nur Zusammenhang, das Verbindende ohne materielle Grundlage. Wir könnten es auch Geist nennen. Etwas, was wir nur spontan erleben und nicht greifen können. Materie und Energie treten erst sekundär in Erscheinung – gewissermaßen als geronnener, erstarrter Geist. Nach Albert Einstein ist Materie nur eine verdünnte Form der Energie.

Ihr Untergrund jedoch ist nicht eine noch stärker verfeinerte Energie, sondern etwas ganz Andersartiges, eben Lebendigkeit. Wir können sie etwa mit der Software in einem Computer vergleichen.«[23]

Nach Peter Dürr steht also der ›Geist‹ am Anfang von allem, wenn man von einem ›Anfang‹ reden kann, denn der ›Geist‹, oder anders gesagt, das ›Informationsfeld‹, ist trägerlos, also auch zeitlos.

Etwas anders sieht die Erklärung des quantenphysikalischen Universums auf der Website ›Quantengedächnis‹ aus:[24] »Bei jeder Neubildung eines Objekts wird vom Universum eine neue räumliche Struktur erschaffen. Die wird codiert und so in raumlose und unvergängliche QG-Information umgewandelt. Bei jeder Neubildung eines Objekts wird also neuer Geist erzeugt. Die Ursache für den Geist ist also die Materie. Umgekehrt übt der Geist einen Einfluss auf die Materie aus. Denn bei jeder Neubildung eines Objekts wird nicht nur neue QG-Information geschaffen, es wird auch die bereits vorhandene passende QG-Information decodiert und in räumliche Strukturen umgewandelt. [...] Man kann daher sagen, dass der Geist das Aussehen der Materie festlegt. So wie die Materie machte auch der Geist eine Evolution durch. Zu Beginn des Universums gab es keinen Geist. Den hat das Universum sich selbst im Laufe der Zeit geschaffen. Und er wurde parallel zur Materie immer komplexer. Auch wenn die Materie des Universums irgendwann einmal verschwinden sollte, der Geist des Universums wird das nicht tun. Das könnte ein Hinweis darauf sein, was der Sinn des Universums ist.«

Hier bildet den Anfang von allem die Materie, nicht der Geist. Dieser aber, als neue Verschlüsselung eines dekodierten Codes, hat die besseren Chancen zu überleben als die Materie.

Und so kann der Quantenphysiker Michael König behaupten, dass unser Persönlichkeitskern aus Elektronen besteht. Dieses Elektronenprodukt beinhaltet alles, was eine Persönlichkeit und ihre Seele ausmacht: »unsere Gefühle, Erinnerungen, Begabungen. All das sind geistige Qualitäten, die irgendwo verortet sein müssen. Sie sind unserer menschlichen Identität zugeordnet. Da die Elektronen Teilchen sind, die solche Dinge speichern können, ist es nur logisch und stringent, dass auf diese Weise eine Seele aufgebaut ist.«[25]

[23] Interview mit Peter Dürr im P.M. Magazin (Mai 2007): »Am Anfang war der Quantengeist«.

[24] http://www.quantengedaechtnis.de/html/ (Letzter Zugriff: 09.11.2014).

[25] Interview mit Michael König bei mystica.tv. Spiritualität, Wissenschaft und Le-

Die Seele ist nach seiner Auffassung eine Zusammensetzung von Elektronen, die nicht verlorengeht und auch nach dem Tod des Körpers weiter besteht.

Es ist zunächst festzustellen, dass hier die Begriffe ›Geist‹, ›Materie‹, ›Energie‹ auf eine für die Naturwissenschaft ungeeignete, der Philosophie entlehnte Weise verwendet werden. Abgesehen davon erinnern die fast widersprüchlichen Erklärungen, die die Naturwissenschaftler liefern, stark an die Zwistigkeiten der Philosophen. Ob die Quantenphysik uns wirklich erklären kann, was Geist ist?

Im Übrigen sind nicht nur die Menschen dekodierte Konkretionen von Elektronen, sondern auch der Stein und der Stuhl, das Haus und der Hund, das Gras und der Baum, mein Freund und mein Feind, der Mensch, der mich hasst, und der Mensch, für den ich mich zum Teufel scheren soll. Werden sie alle innerhalb des Informationsfeldes ›überleben‹? Haben sie alle eine ›Seele‹, einen ›Code‹, ein ›Profil‹, dass immer und überall im Universum präsent sein wird?

Da ich kein Quantenphysiker bin, werde ich in meiner aktuellen Elektronenkonstellation nicht feststellen können, wer Recht hat. Der Zweifel begleitet mich aber auch hier: Mir scheint es, dass die Quantenphysik die gleichen Lösungen bietet, wie andere kulturelle Richtungen, wenn auch mit anderen Bildern. Eher bin ich versucht, den Wortsalat, der sich für mich ergibt, indem die Quantenphysik ihre Kategorien mit Begriffen aus der Philosophie bezeichnet, mit der babylonischen Sprachverwirrung zu vergleichen, von der das Buch Genesis erzählt.

Wir wenden uns also wieder an die Geisteswissenschaften, insbesondere an die Philosophie, und an die Religionen und suchen dort Licht.

Ex oriente lux. Das Licht kommt aus dem Osten. Wir beginnen also mit dem fernen Osten und hoffen, Buddha, der Erleuchtete, wird uns weiterhelfen.

Das hinduistische und buddhistische Samsara

Das hinduistische und buddhistische Samsara kommt der Vorstellung eines geschlossenen Systems, in dem Masse und Energie alles formen und gestalten, sehr nahe.

benskunst, »Die Beschaffenheit der Seele«, http://www.mystica.tv/die-beschaffenheit-der-seele-interview-mit-dr-michael-konig-2/ (Letzter Zugriff: 09.11.2014).

Gleichzeitig versuchen die zwei Religionen mit Samsara eine Antwort auf die Frage zu geben, was nach dem Tod geschieht. Ihre Antworten geben dem Weiterleben nach dem Tod – anders als die im Folgenden zitierten Texte aus dem Alten Testament – eine eindeutig positive Perspektive.

Samsara bedeutet ›Wandel‹, ›Bewegung‹, ›kreisen‹ und wird von einem Rad dargestellt, das das Werden der Natur durch Geburt, leidvolles Leben, Tod und Wiedergeburt symbolisiert.

Sowohl die Welt(en) als auch das Jahr und die Natur mit ihren Einzelerscheinungen wie Pflanzen, Tieren und Menschen sind dem Gesetz des Samsara unterstellt. Das Gleiche gilt für die einzelnen Elemente der Natur (Wasser, Wind, Feuer, Erde).

Für den Menschen bedeutet das, dass er geboren wird, stirbt und wiedergeboren wird in einem von sich aus nie enden wollenden Kreislauf. Nach dieser Deutung der Welt und des menschlichen Lebens besitzt der Tod keine Endgültigkeit.

Das wäre eine gute Nachricht für die Menschheit, stünde nicht die Erfahrung fest, dass das Leben mit Leid verbunden ist. Samsara bedeutet deswegen einen unendlichen Kreislauf von Leid, aus dem der Mensch erlöst werden möchte. Der natürliche Wunsch nach einem Weiterleben nach dem Tod wird überschattet von der Hoffnung, nicht mehr wiedergeboren zu werden.

Beide Religionen sprechen von der Notwendigkeit und der Möglichkeit, den Kreislauf zu durchbrechen, aus ihm auszubrechen, sich von ihm zu befreien und Erlösung von ihm zu erfahren. Die Möglichkeit besteht, sagen sowohl der Hinduismus als der Buddhismus, auch wenn sie nicht einfach zu realisieren ist.

Die Lösungen, die Wege und die Ziele der Erlösung sind in den zwei Religionen allerdings unterschiedlich.

Der *Hinduismus* ist die ältere Religion. Der *Buddhismus*, entstanden vier Jahrhunderte vor Christus im hinduistischen Lebensraum, ist eine Reaktion auf den Hinduismus und bietet einen eigenen Weg zur Erlösung.

Wie auch später festzustellen sein wird, hängt die Frage nach dem Schicksal des Menschen nach dem Tod eng mit dem Gottes- und Weltbild zusammen, das die betreffende Kultur entworfen hat und lebt.

Für den Hinduismus bedeutet Erlösung die Rückkehr des Atman (des menschlichen Kerns) zu Brahman und die Einheit der beiden. Brahman ist nicht Gott, er ist vor allen Göttern, vor der Welt und vor allen Welten, denn ihrer gibt es viele. Brahman ist kein Schöpfer, in ihm ist aber alles vorhanden, und es ist in allem vorhanden, er ist die ›Weltseele‹, um das mit einem westlichen Wort auszudrücken, aus ihm geht alles hervor, die Materie, der Atman der Natur und des Menschen und das Bewusstsein.

Hier ein schöner Text aus den Upanishaden, der die Gegenwart Brahmans in allen Wesen mythisch-bildlich veranschaulicht:

»Am Anfang war hier nur das Selbst; es war wie ein Mensch. Es blickte um sich und sah nichts anderes als sich selbst. ›Das bin ich‹, war sein erstes Wort. Daher erhielt es den Namen ›Ich‹. Darum sagt auch jetzt jemand, der begrüßt worden ist, zuerst, ›ich bin der‹ und nennt dann den andern Namen, den er führt. [...]

Es fürchtete sich. [...] Es überlegte: ›Wenn es nichts anderes gibt als mich, vor wem fürchte ich mich?‹ Da wich seine Furcht; denn vor wem hätte es sich fürchten sollen? Man fürchtet sich doch nur vor einem Zweiten.

Es empfand keine Freude. Darum empfindet ein Einsamer keine Freude. Es wünschte sich einen Zweiten. Es war so groß wie Mann und Frau bei der Umarmung.

Es ließ sich in zwei Teile zerfallen. So entstanden Gatte und Gattin. ›Darum sind wir beide hier nur wie ein Halbstück‹, sprach Yâjnavalkya. Darum wird dieser Raum durch die Frau ausgefüllt. Er nahte ihr. Darauf entstanden die Menschen.

Sie überlegte: ›Wie kann er mir nahen, nachdem er mich aus sich selbst geschaffen hat? Wohlan, ich will mich verbergen.‹

Sie wurde eine Kuh, er ein Stier. Wieder nahte er ihr, darauf entstanden die Rinder.

Sie ward zu einer Stute, er zu einem Hengst, sie zu einer Eselin, er zu einem Esel. Wiederum nahte er ihr. Darauf entstanden die Einhufer.

Sie wurde eine Ziege, er ein Bock; sie eine Schafmutter, er ein Widder. Wieder nahte er ihr, darauf entstanden Ziegen und Schafe. In dieser Weise erschuf es alles, was sich paart, bis hin zu den Ameisen [...]

Das Selbst ist in alles bis in die Nagelspitzen eingegangen. Wie das Messer in der Scheide verborgen liegt, wie das Feuer im Reibholz, so nimmt man es nicht wahr. Denn es ist zerteilt.

Wenn es atmet, ist ›Atem‹ sein Name; wenn es spricht, ist ›Rede‹ sein Name; wenn es sieht, ist ›Auge‹ sein Name; wenn es hört, ist ›Ohr‹ sein Name; wenn es denkt, ist ›Verstand‹ sein Name. All das sind nur Namen für seine Tätigkeiten. Der weiß das nicht, der nur die Einzelerscheinung verehrt. Denn es ist zerteilt und tritt nur als Einzelerscheinung auf.

Er soll nur den Âtman (Seele) verehren, denn in ihm werden alle Einzelerscheinungen (Atem, Rede, Auge) zur Einheit. Darum ist der Âtman ein Weg zu allem. Denn man erkennt durch ihn alles, wie man mit Hilfe der Fußspur jemanden findet.«[26]

Brahman ist in allem, er ist die Weltseele. Alles hat ein eigenes Selbst, einen eigenen Atman. Auch der Mensch hat einen eigenen Atman, was man mit ›Selbst‹ übersetzen kann, oder auch mit ›Seele‹, auch wenn dieses Wort im Westen doch eine unterschiedliche Konnotation hat.

Die Welt aber, bzw. die Welten, denn im Hinduismus bestehen viele Welten, von denen einige vergehen und andere entstehen, ist ohne Beginn und ohne Ende. Brahma (nicht Brahman), der erste der drei Hauptgötter des Hinduismus, erschafft kontinuierlich neue Welten, er ist der Schöpfer. Vishnu ist der Erhalter und will, dass das, was ist, weiter existiert. Shiva ist hingegen der Zerstörer, der alles in den Schatten der Nichtexistenz zurückversetzen möchte. Alle drei Götter sind aber drei Erscheinungen eines einigen Wesens, deshalb werden sie als drei Köpfe eines einzigen Körpers dargestellt. Wenn man will, sind diese drei Götter der Urgrund des Samsara, dem die ganze Welt unterworfen ist.

Die Erlösung, das Austreten aus dem Samsara, besteht darin, dass der Atman durch das gute Karma (die guten Werke, die der Mensch im Leben getätigt hat), endlich gereinigt, nicht mehr Materie annimmt und wiedergeboren wird, sondern sich mit Brahman vereinigt. Die Einheit mit Brahman ist die Erlösung des Atman.

Der Totenkult und die Lehre von der Wiedergeburt sind im Hinduismus besonders eindrucksvoll. Die Hindus verbrennen ihre Toten, nachdem sie den Leichnam gereinigt haben und den Kopf des Verstorbenen aufgebrochen haben, damit der ›Atman‹ aus dem toten Körper befreit wird. Der menschliche Körper besteht aus den Elementen Feuer, Luft, Wasser, Erde und Raum. Nachdem das Feuer durch die Verbrennung des Leichnams sein Werk vollbracht hat, wird die Asche entweder in der Luft oder ins Wasser verstreut, aber auch

[26] Es wird hier der Text übernommen, wie er von Alfred Hillebrandt (1853–1927) wiedergegeben wird. In: www.pushpak.de/upani/upani002.html (Letzter Zugriff: 09.11.2014).

die Bestattung der Asche in der Erde ist im Hinduismus bekannt. Auf diese Weise kehren die fünf Elemente, die den Körper ausmachen, zurück zum Reich, aus dem sie stammen.

Der Atman sucht sich nach seiner Befreiung aus dem Körper eine andere Möglichkeit der Vereinigung mit einem weiteren Körper. Während seines Lebens hat sich der Mensch angestrengt, um in seinem nächsten Leben ein besseres Dasein zu erlangen. Sein Karma, das ist die Summe seiner guten und schlechten Taten, bestimmt den Status bei der nächsten Geburt. Auch die Wiedergeburt in einem Tier ist möglich, wenn der Mensch während seines Lebens kein sehr gutes Karma erlangt hat. Durch ein gutes Karma erstrebt der Mensch die Vereinigung von Atman (dem eigenen Selbst) mit dem Brahman (dem Weltgeist).

Der Hinduismus ist keine dogmatische Religion, keine Religion mit definierten Glaubenssätzen, dafür hat er eine kreative philosophische Tradition entwickelt, bei denen die Meinungen auch über Brahman und Atman doch stark divergieren können.

Die Extreme kann man so beschreiben:

Auf der einen Seite wird Brahman beschrieben als der absolute, unveränderliche Geist, das Selbst der Welt, körperlos und hinter der Materie bestehend. Der Atman ist wie ein Funke von Brahman und teilt seine Eigenschaften, also auch er ist körperlos und unsterblich. Nur durch die Einheit mit Brahman hört er auf, Selbst zu sein.

Am anderen Extrem werden sowohl Brahman als Atman selbst als Materie verstanden, sodass die ganze Welt, auch der Geist, der Atman und die Weltseele, das Brahman, aus Materie bestehen: Der Atman ist Weltteil, ein Körper im Körper, bestehend aus Gefühlen, Psyche und Gedanken. ›Atman‹ enthält wurzelhaft das deutsche Wort ›Atem‹. Und der Atem ist nun nicht unbedingt ein immaterielles Element.

Der Buddhismus ist in seinen Ursprüngen konsequenter und eindeutiger als der Hinduismus. Die Welt und der Kosmos sind Erscheinungsweisen der Energie, sie haben wie im Hinduismus keinen Beginn und kein Ende, aber sie sind keine Schöpfung von Göttern.

Buddha verwirft den Begriff des individuellen Atman, und für ihn ist das Karma eines Menschen nicht entscheidend dafür, wie der Mensch wiedergeboren wird. Für Buddha ist der subjektive Kern der Persönlichkeit (Atman für die Hindus) eine Selbsttäuschung des Menschen. Es gibt kein unveränderliches Individuum, keine ewige Seele, die immer gleich bliebe. Es wandelt sich im Samsara alles, mal wird es besser, mal schlechter, und der ›Anatta‹ (das Nicht–Selbst) verändert sich bei jeder neuen Geburt mit der Materie mit, weil er auch aus Materie besteht.

Buddha wurde in der hinduistischen Tradition geboren und kannte die Vorstellungen über Brahma, Vishnu und Shiva sowie die vielen anderen Götter, die im Hinduismus verehrt wurden. Er verbannt alle Vorstellungen, nicht nur die über die Götter, sondern auch die Vorstellungen von Totengericht, Himmel und Hölle in den Bereich der Einbildungen und Projektionen des Menschen.

Wenn die Menschen sich von ihrem Leid befreien wollen, sollen sie sich auch von diesen Vorstellungen befreien, weil diese im Leben keinen geringen Einfluss auf das Gefühl, das Leiden, oder die Freude der Menschen haben. Sie sind unser Schicksal, aber wir erschaffen sie uns selbst.

Auch Brahman spielt für die Lehre Buddhas keine Rolle, weil nicht er das Ziel der Befreiung und der Erlösung aus dem Samsara ist, sondern das Nirwana. Das Nirwana, das Ziel der Erlösung, ist die Leere. Sie wird erreicht weder durch Zügellosigkeit noch durch Askese, sondern durch den Verzicht. Dadurch, dass der Mensch die Lebensbegierden und den Durst nach dem Leben durch Verzicht und Meditation im Zaun hält, wird er leer und rein. Er kann bereits während seines Lebens diesen Zustand erreichen (so wie Buddha selbst bereits seit dem Tag seiner Erleuchtung in seinem 66. Lebensjahr) oder endgültig dann nach dem Tod, wenn er, durch mehrere Nirwana–Erfahrungen im Leben gereinigt, sich dem Samsara entzieht.

Unklar bleibt, was das Nirwana eigentlich ist. Auch hier gibt es unterschiedliche nachträgliche Interpretationen. Die eine meint, durch den Tod, dem keine Wiedergeburt folgt, durch die Erlösung aus dem Samsara, verlösche der Mensch endgültig, die Befreiung vom Leid sei die Befreiung vom Fortbestehen, die Leere sei das Nichts.

Für andere ist das Nirwana ein reeller Zustand außerhalb der dem Samsara unterstellten Welt, in dem Glück und Frieden herrschen, um bildlich zu reden, dem christlichen Himmel nicht ganz unähnlich.

Wie Buddha selbst sich das Nirwana vorstellt, ist nicht einfach zu rekonstruieren. Hier aber einige Überlegungen.

›Nirwana‹ heißt eigentlich ›erlöschen‹. Das könnte bereits daraufhin deuten, dass der Mensch, der in das Nirwana eingeht, vollständig erlischt. Im Sinne Buddhas gibt es kein unzerstörbares Selbst des Menschen, auch der feinstoffliche Anatta löst sich nach dem Tod auf, und bei der Wiedergeburt entsteht ein ganz neuer Mensch oder ein anderes Wesen: Anders als im Hinduismus, der meint, der Atman eines Menschen bleibe unverändert und nehme neue Materie an, bleibt laut Buddha vom alten Menschen nichts übrig. Wenn dem so ist, dann ist es nicht der Verstorbene, der ins Nirwana eingeht. Der Verstorbene ist ganz erloschen und wird nicht wiedergeboren. Das Nirwana ist der Zustand der Leere. Der Friede und das Glück des Nirwana bestehen nicht darin, dass irgendeine Seele Glück im Nirwana empfindet. Denn Nirwana ist Befreiung von Gefühl und Empfindung, die das Leid des Samsara-Lebens verursachen. Nirwana ist Befreiung von Empfindung, und darin besteht das buddhistische höchste Glück.

Ich habe mir die ›Erlösung‹ des Nirwana im Sinne Buddhas bildhaft auf diese Weise erklärt: Wenn ein Schwerkranker nach langer Krankheit und langem Leid stirbt, sagen die ihm Nahestehenden oft, er sei von seinem Leid erlöst worden. Buddha meinte jedoch, dass unser Leben im Samsara von Leid geprägt ist. Deswegen ist das Nirwana die Erlösung vom Samsara, weil der Mensch stirbt und nicht mehr geboren wird.

Nach dem Pali-Kanon beschreibt Buddha das Nirwana als »einen Bereich, wo weder Erde noch Wasser ist, weder Feuer noch Wind, wo die Sphäre der Unendlichkeit des Raumes und des Bewusstseins nicht mehr besteht, wo nicht irgendwas ist, weder das Unterscheiden noch das Nichtunterscheiden, weder diese Welt noch jene Welt, weder Sonne noch Mond. Das nenne ich weder ein Kommen noch ein Gehen noch die Wiedergeburt. Es ist kein Grund mehr für den Wunsch nach dem Leben: das ist das Ende des Leidens« (Udāna VIII,3).

Der Hinduismus und noch mehr der Buddhismus geben dem natürlichen Kreislauf der Natur eine philosophisch-religiöse Dimension. Es ist nicht nur ein einfaches Sterben und ein wieder zum Leben Erwachen, was die Natur uns tagtäglich oder im Jahreskreis zeigt. Es handelt sich um eine Daseinsbeschreibung: So sind die Welt, die Natur und der Mensch. Es gibt kein Ausbüchsen aus diesem Kreis, der gar kein Teufelskreis ist, sondern die Existenzform von Welt, Natur und Mensch.

Beide Religionen kennen, wie bereits angedeutet, eine einzige Möglichkeit, sich der ständigen Wiederholung des Samsara zu entziehen. Der Hinduismus kennt den Weg der Einheit des Atman mit dem Brahman. Brahman ist kein persönlicher Gott, sondern der Urgrund allen Seins, als solches ewig bestehend. Durch gutes Karma kann sich Atman mit Brahman vereinen und eins mit ihm werden.

Das Nirwana ist nicht die Einheit mit einer Weltseele, sondern ein Zustand der Leere, die vollkommene Abwesenheit von Begierden und Wünschen. Es ist ein Zustand, der auch im Leben eintreten kann, wenn Verzicht so konsequent geübt wurde, dass der Mensch nicht mehr weiß, dass es Begierden und Wünsche überhaupt gibt. Im Nirwana-Zustand sind mit den Wünschen und Begierden auch die dafür selbsterschaffenen Bilder von Gottheiten und das selbsteingebildete Selbst verschwunden.

Das Nirwana kann man mehrmals erleben und nur das tiefere Nirwana-Erlebnis befreit den Menschen von der Notwendigkeit einer neuen Neugeburt.

Für mich, der ich im dualistischen Kulturkreis des Christentums aufgewachsen bin und Religion in einem unlöslichen Zusammenhang mit der Existenz eines Jenseits und eines transzendenten Gottes gesehen habe, war es eine faszinierende Entdeckung festzustellen, dass eine große Religion, der Buddhismus, und Teile des Hinduismus auf die Transzendenz, auf das Jenseits und auf die dort ansässigen Götter verzichten, bzw. behaupten, diese seien Einbildungen des Menschen. Also nicht jeder, der Gott als seine Einbildung und die sogenannte Seele aus Materie bestehend betrachtet, ist ohne Religion. Es gibt Religionen, die nicht an Gott glauben, die Seele als Feinmaterie und das Jenseits als Wunschdenken betrachten. Sie sind deshalb noch Religionen, weil sie nach Wegen der Erlösung des Menschen suchen.

Auch die Religion, nicht nur die Naturwissenschaft, kann sich damit begnügen, den Menschen als Teil der Natur zu sehen, der stirbt, verwertet und assimiliert, kompostiert, zu Dünger wird und mit der ganzen Natur ›wiedergeboren‹ wird, wobei die Naturwissenschaft nicht von Wiedergeburt reden kann, sondern eher von einem neuen Beginn des Naturkreislaufs.

Der Buddhismus ist dem Buddha-Ideal nicht in jedem Fall und für immer treu geblieben. Nicht nur im Hinduismus, auch im Buddhismus spricht man heute vom eigenständigen Selbst, das auch nach dem Tod weiter besteht, und die Götter verehrt man heute wieder, allerdings nicht überall, mit kultischen Handlungen. Schon früh schrieb man Buddha selbst Wunderheilungen zu. Seine Geburt war ähnlich außerordentlich wie die Geburt Jesu, die Mutter Buddhas starb einige Wochen danach, um vom Samsara befreit zu werden, wie die Mutter Jesu von der Erbsünde befreit wurde, und heute steigt der künftige Buddha auf einer dreifachen Leiter vom Himmel hinunter, wie einst der Engel Jahwes Jakob im Traum erschienen ist.

Der Lebensdurst, würde Buddha selbst sagen, hat über den Verzicht gesiegt. Der Mensch kann sich nicht leicht damit abfinden, dass alles wirklich so eindimensional ist, wie es auf der Erde aussieht.

Besonders im Hinduismus, aber doch auch in der späteren Entwicklung des Buddhismus scheint der ewige Kampf zwischen dem Monismus und dem Dualismus durch, zwischen der Auffassung, alles sei aus einer Natur (es gibt verschiedene Arten des Monismus. Wir reden hier von der Auffassung, dass alles aus Materie und einer abgewandelten Form der Materie, der Energie, besteht), und der anderen, dass die Welt aus zwei Naturen bestehe, dass Geist und Materie zwei verschiedenen Bereichen angehören.

Überall, bei Naturwissenschaftlern wie bei Philosophen, schwenkt das Pendel der Meinungen mal in Richtung des monistischen Materialismus, mal in Richtung der Zwei-Prinzipien-Theorie (Materie und Geist). Die Religionen betonen normalerweise die dualistische Sicht.

Buddha selbst ist ein interessantes Beispiel für einen Verzicht auf die Dimension des Göttlichen, und der ursprüngliche Buddhismus ist ein wichtiges Experiment der Religionen, ohne die Götterwelt auszukommen, auch wenn der spätere Buddhismus Buddha nicht in allem treu geblieben ist.

Buddha selbst am nächsten kommt der *Zen-Buddhismus*. Manchmal ist er sogar strenger als Buddha selbst. Der Zen-Buddhismus kennt keine Götter, keine Wiedergeburt. Das Karma spielt keine bedeutende Rolle, und das Nirwana ist kein buddhistischer Himmel, sondern das Nichts, weil Nirwana ›verlöschen‹ heißt.

»Was aber bleibt vom Geist, wenn wir sterben? Zen-Meister Taisen Deshimaru-Roshi (1880–1965) beantwortete diese Frage so: ›Der Geist benötigt eine Form, also einen Körper, um sich zu verwirklichen. Wenn daher der Körper tot ist, stirbt auch das, was wir unter dem Namen ›Geist‹ kennen und kehrt zur kosmischen Ordnung zurück. Unser Ki (chin.: Qi = Lebensenergie) geht mit dem Tod in den Kosmos zurück. […] Die kosmische Energie verändert sich nicht: Sie ist.‹«[27]

Für christlich aufgewachsene Menschen ist das eine ganz sonderbare Vorstellung. Gar nicht weit von der Annahme des Zen-Buddhis-

[27] Artikel von Sonja Neß, eingeführt durch Michael Blume, Religion ohne Gott – Zen-Buddhismus, http://www.scilogs.de/natur-des-glaubens/religion-ohne-gott-zen-buddhismus/ (Letzter Zugriff: 09.11.2014).

mus ist allerdings auch die jüdische Bibel, das Alte Testament, ein vergessener Teil der Gesamtbibel der Christen, auf den diese sich nur selektiv berufen, wenn es ihnen genehm ist.

Staub zu Staub – Bilder aus dem Alten Testament

»Denn Staub bist du und zum Staub wirst du zurückkehren.« Eine erstaunliche Parallele zwischen biblischer Weisheit und den Ansichten einiger Philosophien und der Naturwissenschaften.

Die Voraussetzungen sind allerdings unterschiedlich. Die Welt genügt sich selbst laut Bibel nicht. Ein Schöpfer tut Not, der das Chaos ordnet und aus dem Erdboden Pflanzen, Tiere und den Menschen wachsen lässt und formt. Diese Welt ist von Gott gestaltet. Das Schicksal der Menschen ist aber kein anderes, als das, was davor als Kreislauf der Natur beschrieben wurde. Der Mensch ist aus dem Erdboden geformt und zum Erdboden wird er tot zurückkehren. Denn sterben wird er. Der Mythos des Gartens Eden, der Ursünde des Menschen und der darauf folgenden Bestrafung durch Jahwe, versucht nur ungeschickt und doch prägend wie alle Mythen, die Wirklichkeit zu deuten. Und die Wirklichkeit ist mit den Händen zu fassen: Der Mensch besteht aus Vergänglichkeit, wortwörtlich: aus Staub. Und nach einer belebten kurzen Phase kehrt er zum Erdboden zurück und wird wieder Staub.

Streng genommen bemüht sich Jahwe, als er den Menschen zum Tode bestimmt, nicht im Geringsten, zwischen dem Leib und dem ›Geist‹ von Adam und Eva oder gar dem ›Atem‹ zu unterscheiden, den er ihnen eingehaucht hatte: »Im Schweiß deines Angesichts sollst du dein Brot essen, bis du zum Erdboden zurückkehrst, von dem du genommen bist. Denn Staub bist du, und zum Staub musst du zurückkehren« (Gen 3,19).

Psalm 90 (Vers 3 bis 6) ist nicht weniger drastisch bei der Beschreibung des menschlichen Daseins:

> »Du lässt die Sterblichen wiederkehren zum Staub;
> du sprichst: ›Ihr Menschenkinder, kehret zurück,
> Denn tausend Jahre sind vor dir wie der gestrige Tag, der verging,
> nur einer Nachwache gleich.
> Du nimmst sie jählings hinweg, ein Traum am Morgen;
> sie sind wie das sprossende Gras.

Es kommt hervor und grünt,
abgemäht ist es am Abend und welk.‹«

Der Mensch wird geboren und stirbt, er wird siebzig, einige bringen es auf achtzig (Vers 10), aber diese Jahre vergehen wie ein Seufzer (Vers 9).

Psalm 104 und das Buch Kohelet erinnern sich an die Erschaffung des Menschen durch Jahwe und daran, dass Jahwe in die Nase des aus dem Staub geformten Menschen einen Lebenshauch blies (Gen 2,7). Und so stirbt der Mensch, wenn ihm der Atem genommen wird: »Nimmst du ihnen den Atem, so schwinden sie hin und kehren zurück zum Staub der Erde.« (Ps 104,29) Und der Kohelet: »Der Staub fällt auf die Erde zurück als das, was er war, und der Atem kehrt zu Gott zurück, der ihn gegeben hat« (Koh 12,7).

Den Atem Jahwes, der lebendig macht, als individuellen ›Geist‹ oder als die ›Seele‹ zu deuten, ist nicht korrekt und ein eindeutiger Kurzschluss. Der Atem Jahwes ist das Lebensprinzip – das kann man behaupten – und ohne ihn ist der Mensch, was er ist: Staub. Der Atem, der den Menschen belebt, gehört aber nicht dem Menschen, sondern Jahwe, und er kehrt zu Jahwe zurück. Er ist nicht mit dem Geist und mit der individuellen Seele oder dem Bewusstsein des Menschen zu verwechseln. Diese Begriffe stammen aus einer anderen Kultur und einer anderen Philosophie, die hier bald dargestellt werden sollen, man kann sie nicht aus diesen Texten ableiten.

Wenn man will – aber auch dieser Vergleich ist mehr als gewagt –, und wenn man diese Bibeltexte entmythisieren könnte, dann könnte man meinen, dieser Atem sei wie die Energie, die die Materie belebt: Wenn die Energie ruht, wenn sie sich verändert, wenn sie den Ort wechselt, dann wird die Materie Staub und zerfällt.

Die Bestrafung des Menschen durch den Tod nach dem Sündenfall bedeutet die vollständige Rückkehr zum Erdboden und zum Staub: »Denn er weiß, was wir für Gebilde sind: Wir sind nur Staub.« (Ps 103,14).

Interessant ist das gemeinsame Schicksal von Mensch und Tier: »Mensch und Tier sind aus Staub erstanden, beide kehren zum Staub zurück« (Koh 3,20). Und weiter: »Die ganze Welt ist ja vor dir ein Stäubchen auf der Waage« (Weish 11,12). »Er zieht die Menschen zur Rechenschaft zu recht, sie sind nur Staub und Asche.« (Sir 17,32) »Alle Menschen sind aus Lehm geformt, aus Staub ist der Mensch gemacht« (Sir 33,10).

Das Schicksal des Menschen ist nach diesen Texten aus dem Alten Testament endgültig und deshalb untröstlich. Es herrscht hier die reinste Trostlosigkeit. Der Mensch, genauso wie das Tier, ist Staub und kehrt zum Staub zurück. Der Atem, der lebendig macht, ist ihm zeitlebens nur geliehen und kehrt zu Jahwe zurück.

Nach diesen Texten ist an ein Weiterleben nach dem Tod oder gar an eine Ewigkeit nicht zu denken. Es gibt kein ewiges Leben, gerade weil Jahwe das verhindern will. Der Mensch im paradiesischen Eden-Zustand hatte die Möglichkeit, ewig zu leben. Er hatte die Möglichkeit, von dem Baum des Lebens zu essen und immer weiterzuleben. Nur vom Baum der Erkenntnis hätte er sich zurückhalten sollen. Der Mensch gehorchte nicht. Die Neugier nach dem Wissen lockte Adam und Eva. Und die Erkenntnis von Gut und Böse hätte sie den Göttern gleichgestellt. Nun wollte Jahwe darauf achten, dass der Mensch nicht ewig lebt. Er bestraft ihn mit dem Tod:

»Dann sprach Jahwe Gott: ›Siehe, der Mensch ist wie einer von uns geworden, so dass er Gutes und Böses erkennt. Dass er nun aber nicht seine Hand ausstrecke und auch von dem Baum des Lebens nehme und esse und ewig lebe!‹ Darum entfernte ihn Jahwe Gott aus dem Garten Eden.« (Gen 3,23–24).

Der Traum der Christen, nach ihrem Tod ewig zu leben, muss sich mit dieser Maßnahme Jahwe Gottes auseinandersetzen. Jahwe will nicht, dass der Mensch ewig lebt, und nach seinem Tod bleiben von ihm nur Asche und Staub übrig.

Wie das Christentum auf den Geist gekommen ist

Die Frage nach dem Leben nach dem Tod ist allgegenwärtig in der Kultur- und Religionsgeschichte der Menschheit. Und sie ist immer verbunden und in einem Zusammenhang zu sehen mit der Frage nach Gott und der Kosmologie, mit der Auffassung, wie die Welt, der Kosmos zusammengesetzt ist.

Es ist schwer zu entscheiden, welche Frage die vorrangige ist, welche als erste gestellt und welche als erste beantwortet wird.

Meines Erachtens ist die Frage nach dem eigenen (un-)menschlichen Schicksal die, die sich vordrängt und beantwortet werden will. Der Mensch schreit entsetzt gegen sein vordergründig eindeutiges Schicksal der Selbstauflösung: Mit dem Tod geht das Leben zwar weiter, aber nicht mein eigenes, sondern das Leben derjenigen, die sich aus meinem Fleisch, meinem Blut, meinen Säften, Lymphen, Mineralien und Spurelementen ernähren und satt werden. Die Angst vor dem Tod ist die Angst vor dem Nichts.

Die Antworten sind vielfältig. Einige machen dem Menschen Mut, andere bestätigen den Augenschein. Aber auch die Antworten, die Hoffnungen und Mut machen, sind sehr unterschiedlich.

Betrachtet haben wir, wenn auch sehr kursorisch, die Antworten des Hinduismus und des Buddhismus. Beide reden von einem Leben nach dem Tod. Beim Hinduismus lebt das Individuum (das Atman) weiter, strebt aber eine Erlösung seines Atmans vom leidvollen Samsara von Tod und Wiedergeburt an. Das Individuum verschmilzt mit der Weltseele Brahman. Was bedeutet das für uns selbst, für uns Individuen, wenn es uns endlich gelungen ist, dem Samsara zu entfliehen? Unser Selbst würde mit der Weltseele Brahman verschmelzen.

Der Buddhismus in seiner ursprünglichen Form kennt kein Selbst und deshalb auch kein weiterlebendes Selbst nach dem Tod. Alles, aber auch alles, geht mit dem Tod zu Ende; was wiedergeboren wird, ist etwas (jemand) anderes. Und die Erlösung von diesem leidvollem Kreislauf ist das Nirwana: das Nichts? Nach Buddha wahrscheinlich, ja.

Im Christentum redet man von der ›Seele‹. Mit der Seele ist es so eine Sache. Die Seele ist ein Wort der deutschen Sprache. Im Deutschen gibt es auch das Wort ›Geist‹. Geist unterscheidet sich von der Seele so wie das Allgemeine sich vom Speziellen unterscheidet. In der christlichen Tradition ist auch ein Engel Geist, und Gott ist Geist. Und unsere Intelligenz soll auch Geist sein. Auch unsere Seele, unser Selbst, ist geistiger Natur. Die Seele existiert vor der Geburt, wird uns beim Zeugungsakt direkt von Gott geschenkt und ist auch nach dem Tod unsterblich.

Wie das Christentum zu dieser Auffassung kommt, ist nicht leicht zu rekonstruieren. Denn die Bibel, auf die sich das Christentum beruft, und zwar sowohl das Alte wie das Neue Testament, kennt dieses Wort eigentlich nicht: Diese Anschauung vom Menschen und von der Welt ist der gesamten Bibel fremd.

Nicht ein einziges Mal ist ein Wort, das dem heutigen christlichen Verständnis von ›Seele‹ entspricht, in der Bibel erwähnt. Entsprechend fehlt das Wort ›Seele‹ auch in jeder Bibelkonkordanz, auch modernere Bibelübersetzungen haben es nicht gewagt, biblische Ausdrücke, die sich dafür bieten könnten, mit ›Seele‹ zu übersetzen.

Und deswegen fehlt in der Bibel auch die Auffassung, dass unsere Seele unsterblich oder gar ewig sei. Ewig ist nur Gott. Und unsterblich ist für die Bibel auch nur Gott: »Du allein bist unsterblich« (Tim 6,16).

Unsterblich hätten Adam und Eva sein können, weil sie ursprünglich vom Baum des Lebens essen durften. Aber nicht ihre Seele, sonders sie, wie sie aus Lehm geformt wurden, also als Materie, als Staubwesen. Dann kam der Ungehorsam und Jahwe verwies beide aus der Nähe des Lebensbaums, auf dass sie nicht ewig leben. Viel später wird im Neuen Testament ewiges Leben nicht irgendeiner Seele verheißen, sondern dem Menschen, der in Jesus Christus wiedergeboren wird. Nach Paulus wird der Mensch, der bei der Wiederkunft Christi vom Tod aufersteht, ewiges Leben erhalten. Aber der Mensch muss sterben, bevor er wieder aufersteht und ewig lebt. Das ist die Auffassung des Apostel Paulus, auf die ich später zurückkommen werde.

Wir wollen uns zuerst mit der Seele befassen. Die ›unsterbliche Seele‹ hielt etwa im 3. Jahrhundert nach Christus in die Überlegungen des Christentums Einzug. Man kann also folgerichtig behaupten, dass man ein Christ sein kann, auch wenn man nicht an die Unsterblichkeit der Seele glaubt. Die Katholiken durften bis ins 16. Jahrhundert hinein in diesem Nicht-Glauben verharren, weil die Lehre von der Unsterblichkeit der Seele erst seit dem 5. Laterankonzil (1512–1517) katholisches Glaubensdogma ist. Ein wenig spät, eigentlich.

Andere Christen, zum Beispiel Luther und Karl Barth, betrachteten diesen Glauben als heidnische Auffassung, was sie eigentlich, wie vieles andere im Christentum, auch ist.[28]

Wie bereits dargestellt, wollte der Mensch immer ewig leben. Und ursprünglich hatte sich Jahwe damit einverstanden erklärt, aber nach der Ursünde reute es Jahwe und der Mensch wurde zum Tod verurteilt und durfte nicht mehr vom Baum des Leben essen und ewig leben.

Der Atem, den Jahwe dem Menschen eingehaucht hat, nachdem er den Menschen fertig geknetet hatte, gab der Materie Leben (Gen 2,7). Mit dem Tod kehrt der Atem zu Jahwe zurück (Ps 104, 29). Und Tod ist Tod.

[28] Vgl. http://www.bibelstudien-institut.de/bibelfragen/detail/bq/glaubensfragen/hat-der-mensch-eine-unsterbliche-seele/ (Letzter Zugriff: 09.11.2011).

Die Seele stammt nicht von Gott, sondern von Platon und aus der Gnosis

Nicht aus dem Alten Testament, nicht mal aus dem Neuen stammt die Auffassung von einer unsterblichen Seele. Die zwei Begriffe ›Seele‹ und ›unsterblich‹ sind, wie Luther und Barth feststellten, heidnischen, sprich nicht christlichen, Ursprungs. Woher stammt also diese Auffassung, die erst so spät ›christlich getauft‹ wurde? Eigentlich auch nicht aus dem Hinduismus, der mit dem ›Atman‹ eine Art Selbstbewusstsein des Menschen voraussetzte, das durch die immerwährende Wiedergeburt zu neuem Leben erwacht.

Zwei Kulturströmungen bieten dem Christentum den Mutterboden für die Entstehung der Annahme, die Seele sei unsterblich: die altägyptische Religion und die gnostisch-platonischen Strömungen.

Heutzutage sind die Gemeinsamkeiten zwischen Christentum und der griechischen Kultur viel bekannter als die mit der altägyptischen Religion. Aus diesem Grund betrachten wir zunächst die kulturelle Abhängigkeit des Christentums von der griechischen Philosophie. Auf die altägyptische Religion kommen wir erst danach zu sprechen, weil sie im Zusammenhang mit dem anderen, für Christen typischen Jenseitsbild der Auferstehung, eine eigene Relevanz hat.

Die griechische Philosophie hat besonders durch zwei Persönlichkeiten das Christentum geprägt, durch Platon und Aristoteles. Platons Einfluss kam in den ersten Jahrhunderten nach Christus zur Geltung, Aristoteles wurde stärker im Mittelalter rezipiert. Zwei große Namen stehen auf der christlichen Seite als Pendant zu den zwei griechischen Meistern: Augustinus für die Rezeption des Platon, Thomas von Aquin für die Rezeption des Aristoteles. Diese vier Persönlichkeiten sind selbstverständlich nicht allein für diese Entwicklung verantwortlich, die auch heute noch das Christentum prägt.

In unserem Zusammenhang interessiert Platon viel mehr als Aristoteles. Die Meinung, dass es eine unsterbliche Seele gibt, vertrat Platon. Sein Schüler Aristoteles war gar nicht seiner Meinung.

Platon lebte im 5./4. Jahrhundert vor Christus. Er hatte also nicht mal die Gelegenheit, Christ zu werden, auch wenn er es gewollt hätte. In der Sprache des Urchristentums war Platon ein Heide. Das ist er auch die ganze Zeit geblieben, sodass diejenigen, die meinten, die Lehre von der Unsterblichkeit der Seele sei heidnischen Ursprungs, Recht hatten. Aber gehen wir langsam und behutsam vor.

Wir beginnen mit dem berühmten ›Höhlengleichnis‹ Platons.

Platon selbst lässt seine eigene Meinung gern durch seinen Lehrer Sokrates vertreten, der, genauso wie Jesus, selbst kein einziges Wort niedergeschrieben hat. Sokrates erklärt die platonische Weisheit mittels Dialogen, die eigentlich meistens gar keine echten Dialoge sind, weil Sokrates selbst lange ausführt und erläutert, während seine Schüler entweder kurze Fragen stellen oder von Sokrates gefragt werden, ob sie seiner Meinung sind, und das sind sie natürlich schließlich immer.

Auch das Höhlengleichnis ist Teil eines solchen Dialogs. Sokrates redet diesmal mit seinem Schüler Glaukon.[29] Der Text wird hier gekürzt wiedergegeben. Einige Wörter sind typografisch hervorgehoben, weil Sie Schlüsselbegriffe für die Interpretation bieten. Sokrates erklärt Glaukon gleichnishaft die Beschaffenheit »unserer Natur«.

»Stelle dir Menschen vor, die in einer Art *Höhle* unter der Erde wohnen. Die Höhle hat einen nach oben gerichteten Eingang, durch den *Licht* hereinkommt. Die Menschen sind seit ihrer Kindheit an Beinen und Hals *gefesselt*, so dass sie nur nach vorn schauen und den Kopf nicht umdrehen können; das Licht scheint ihnen von *oben und von einem Feuer* hinter ihnen; zwischen Feuer und Gefesselten befindet sich oben ein Querweg; an diesem entlang eine kleine Mauer, ähnlich wie die, auf der die *Gaukler* vor dem Publikum ihre ›Wunder‹ zeigen. Entlang dieser Mauer tragen Leute allerlei Geräte, die über die Mauer hinausragen, Statuen und Bilder aus Stein, Holz und sonstigen Stoffen. Einige der Vorübergehenden reden, andere schweigen.

– Ein seltsames Gleichnis, sagte Glaukon, und seltsame *Gefangene!*
– Ebenbilder von uns! sagte Sokrates. Solche Gefangene haben bisher nichts anderes gesehen als die Schatten, die von dem Feuer auf die ihnen gegenüberstehende Wand fallen. Das Gleiche gilt für die Gegenstände, die auf der Mauer getragenen werden. Das können auch nur Schatten sein.
– Allerdings, sagte Glaukon.
– Die Gefesselten werden das, was sie sehen, *für wirklich halten.* Und, wenn sie im Kerker miteinander reden und von der gegenüberstehenden Wand ein Echo kommt, meinen sie vielleicht, jemand anderer würde anders reden als die vorübergehenden Schatten?
– Nein, sagte Glaukon.

[29] Politeia, Kap. 7, 514a ff. hier von mir stark vereinfacht und gekürzt.

– Überlege nun, fuhr Sokrates fort, wie ihre *Befreiung von den Fesseln* und die Heilung von ihrem Irrwahn verlaufen. Einer wird entfesselt und gezwungen aufzustehen, den Hals umzudrehen und in das Licht zu sehen. Wegen des Glanzes vor seinen Augen kann er nicht mehr die Dinge anschauen, die er zuvor als Schatten gesehen hatte. Was würde er wohl sagen, wenn ihm einer erklärte, er habe vorhin nur *Nichtigkeiten* gesehen, jetzt aber sei er *dem wahren Sein* schon näher, er sehe richtiger als vorher? Glaubst du nicht, er glaubte immer noch, dass das, was er zuvor gesehen hatte, reeller ist als das, was ihm jetzt gezeigt wird?
– Weitaus, antwortete Glaukon.
– Und wenn einer ihn aus dieser Höhle hinaufzieht, bis er *das Licht der Sonne* schaut, dürfte er da nicht Schmerzen empfinden und darüber verärgert sein, dass er nach oben gezerrt wird und dass die Augen wegen der Blendung gar nichts von dem sehen können, was als wirklich angepriesen wird?
– Ja, sagte Glaukon, jedenfalls kann er nichts sofort sehen.
– Also bedarf er der Gewöhnung, wenn er die Dinge oben schauen soll. Zunächst wird er wohl am leichtesten die Spiegelbilder der Menschen und der übrigen Wesen im Wasser anschauen können, später aber die Menschen selbst. Danach wird er erst nachts das Sternen- und das Mondlicht leichter betrachten als das Sonnenlicht am Tag.
– Ohne Zweifel.
– Und zuletzt, denke ich, könnte er wohl die Sonne selbst anblicken und ihr Wesen anschauen.
– Ja, entgegnete Glaukon, offenbar muss er danach dazu gelangen.
– Wenn der Mensch nun an seinen ersten Aufenthaltsort zurückdenkt und an die damalige Weisheit seiner Mitgefangenen: wird er da wohl sich nicht glücklich preisen, jene aber bedauern?
– Ja, sicher.
– Meinst du dann, dass er sich nach dem früheren Zustand zurücksehnen wird? Oder dass es ihm danach ist, das frühere Scheinwissen zu haben und danach zu leben?
– Ich glaube, sagte Glaukon, er würde eher alles auf sich nehmen, als wieder so zu leben wie früher.
– Bedenke nun, fuhr Sokrates fort, folgendes: *Wenn ein solcher in die Höhle wieder hinabstiege* und sich auf den früheren Platz setzte, wären seine Augen nicht voll Finsternis, da er unvermittelt aus dem Sonnenlicht kommt?

– Ja, ganz sicherlich, sagte Glaukon.
– Wenn er aber in seiner neuen Meinung verharrte, so würde er von seinen früheren Mitgefangenen nur Gelächter hervorrufen; sie würden meinen, er hätte sich dort oben die Augen verdorben und es würde ja nicht einmal lohnen, hinaufzugehen.
– Ja, gewiss, antwortete Glaukon.«

Sokrates selbst gibt eine kurze Interpretation des Gleichnisses:

Es gibt zwei Ebenen: die untere und die obere. Die untere Ebene ist dunkel, einem Gefängnis ähnlich. Die ganze Erde, unsere jetzige Wohnung, ist die untere Ebene, was hier geschieht ist ein Schattenspiel, ist nicht die Wirklichkeit, sie wird uns nur vorgegaukelt. Auch die Sonne ist gegenüber dem wahren Licht nur ein Feuer, ein Schatten des wahren Lichts. Die obere Ebene ist hell und voller Licht. Sie ist die Ebene der Wirklichkeit, der Sitz des wahren Lichtes und der Wahrheit.

In der menschlichen Existenz gibt es drei Phasen: die Phase der Gefangenschaft, die Phase der Befreiung, die Phase der neuen Gefangenschaft.

Unsere jetzige Welt ist wie das unterirdische Gefängnis. Dort sitzen wir gefesselt und gefangen. Wir sehen nur Schatten, die durch das von oben kommende Licht und durch die Sonne (das Feuers) auf die Wand projiziert werden.

Die zweite Phase ist die Zeit der Befreiung. Wenn unsere ›Seele‹ aus dem Gefängnis (des Körpers) befreit wird, kann sie erst allmählich die Idee des Guten und zum Schluss das Gute selbst erblicken. Aber nach einiger Zeit der Anpassung wird sie fähig, die wahre Wirklichkeit zu sehen.

Eine eventuelle Rückkehr der Seele in das Gefängnis, in die Materie (das ist eine mögliche dritte Phase unserer Existenz), wirkt wie eine Strafe.

Für das Wort ›Seele‹ steht im Griechischen das Wort ›Psyche‹. Das Wort ›Seele‹, ein typisches deutsches Wort, gibt es bei Platon nicht. Das Griechische benutzt dafür das Wort ›Psyche‹. Die ›Psyche‹ kennt die deutsche Sprache inzwischen auch, und die deutschen Psychologen bemühen sich sehr um sie. Das deutsche Wort ›Psyche‹ hat aber nicht den gleichen Sinn wie ›Seele‹ und hat eine teilweise andere Bedeutung als die ›Psyche‹ im Griechischen.

Platon unterscheidet drei Teile der Psyche: den triebhaften, den fühlenden und den vernünftigen Teil. Die drei Teile seien in den verschiedenartigen Wesen, die die Erde bevölkern, unterschiedlich verteilt: die triebhafte sei stärker in den Pflanzen, die fühlende stärker bei den Tieren, auch bei den Menschen seien alle drei Aspekte der Psyche präsent, und sie geraten miteinander in Konflikt, deswegen solle der Mensch dafür sorgen, dass die Vernunft die Steuerung der andern Teile übernimmt. Ursprünglich meinte Platon, alle drei Teile, also auch die Psyche der Pflanzen und der Tiere seien unsterblich. Später aber, in seinem Werk *Timaios*, vertrat er die Auffassung, nur die Vernunft-Psyche sei unsterblich, die anderen zwei Teile würden mit der Materie sterben.

In seiner dualistischen Sicht der Welt gibt es für Platon also zwei Erden: Die ›wahre Erde‹ bildet sozusagen die zweite Etage der Welt, die untere Erde ist die, die wir wahrnehmen und auf der wir leben. Diese Erde ist unser Diesseits, die obere ist das Jenseits.

Oben, auf der ›wahren Erde‹ wohnen die körperlosen Ideen glücklich und nehmen Anteil an dem, was Platon[30] das Unsichtbare, das Göttliche, das Unsterbliche und das Vernünftige nennt, eine Art Weltseele, die Psyche von allen Dingen[31] (ähnlich wie wir sie aus dem Hinduismus kennen), der alle Ideen entstammen. Die Weltseele sowie alle Ideen und Seelen, die von ihr ausgestrahlt werden, sind immaterieller Art, sie werden ausgesendet auf die untere Erde, die aus Materie besteht, um dort die Materie zu beseelen.

Die Verbindung von Idee und Materie wird von Platon wie eine Art ›Inkarnation‹ verstanden. Die Idee ist ›präexistent‹, existierte bereits vor der Verbindung mit der Materie, und wird auch nach der Trennung von der Materie im Augenblick des Todes weiter existieren (›postexistent‹).

Diese Verbindung ist keine einfache und keine sehr glückliche, weil die Materie mit ihren Begierden und ihren Beschränkungen die freie Entfaltung der Seele bremst und verhindert. Die Materie ist für die Seele ein Gefängnis, ein Grab. Deswegen strebt die Seele nach oben zurück, zu ihrer ursprünglichen oberen Erde. Dort angelangt wird sie auf der Basis der Entscheidungen, die sie während der Verbindung mit einem Körper getroffen hat, beurteilt und zu einer erneuten Verbindung mit der Materie bestimmt. Hat sie schlechte Entscheidungen getroffen, wird sie zu einer schlechteren Verbindung bestraft.

Platon kennt also, wie der Hinduismus und der Buddhismus, auch die Wiedergeburt. Für Platon aber ist die Idee das Eigentliche, das

[30] Phaidon, Nr. 29.
[31] Timaios, Nr. 69.

Selbst eines Menschen, sodass dieselbe Idee wieder eine andere materielle Form annehmen kann. (Platon ist dem Hinduismus dadurch näher als dem Buddhismus.)

Platon hat im *Phaidon* versucht, die Unsterblichkeit der Psyche zu begründen. Die Begründung ist aber nicht sehr überzeugend, bzw. sie scheitert an der Unlogik der Argumentation. Wer will, kann dort die ›Beweisführung‹ in voller Länge lesen[32]. Diese ›Beweise‹ sind schwer nachzuvollziehen. Schwer nachvollziehen konnte diese Auffassung auch Platons Schüler Aristoteles, der eine Zeit lang Platons Akademie in Athen besuchte, später aber eine eigene Schule gründete.

Auch für Aristoteles hat jedes Ding eine Psyche. Die Pflanze eine vegetative, die Tiere eine fühlende und bewegende, die Menschen haben darüber hinaus eine denkende Vernunft-Psyche. Anders als bei Platon aber ist die Psyche, auch die des Menschen, nicht als eigenständiges Wesen denkbar. Sie ist die Vollendung und Verwirklichung der Materie (die Entelechie) und verhält sich zum Körper wie die Form zur Materie: Die Psyche eines Kruges ist die Form des Krugs und seine Funktionalität, die Psyche eines Baumes ist die Form und die Funktion des Baumes. Beides, Psyche und Materie gehören unzertrennlich zusammen. Wenn der Krug zerbricht, ist auch seine Psyche dahin, wenn der Baum stirbt, stirbt auch seine Psyche.

Die Lehre des Aristoteles, dass Form und Materie unzertrennlich zueinander gehören und deren Trennung nur den Verfall des Objektes bedeutet, gilt auch für die menschliche Seele: Der Tod bedeutet den Verfall des ganzen Menschen.[33]

Im Mittelalter haben Thomas von Aquin und nach ihm die Scholastik die Philosophie des Aristoteles in die christliche Philosophie und Theologie stark integriert. Das gilt aber nicht in Bezug auf die Auffassung von der Seele. Hierfür hat das Christentum, besonders die katholische Ausformung des Christentums, Platons dualistische Sicht der Welt, deren Einteilung in Jenseits und Diesseits, dessen Auffassung, dass die Seele sich vom Körper trennt, unsterblich bleibt und zurück ins Jenseits kehrt, übernommen. Das Reich der körperlosen Seelen wurde als Himmel, das himmlische Paradies, umgedeutet.

Fallengelassen hat die katholische Kirche die Vorstellung von der Seele der Tiere, der Pflanzen und Elemente, und die Theorie der Wiedergeburt. Gefördert wurde die Übernahme dieser Philosophie beson-

[32] Phaidon, Nr. 19ff.

[33] Siehe seine Schrift Über die Seele – Peri Psyches –, drittes Buch.

ders durch die Theologie des Augustinus und die gnostische Tradition, die auch von Augustinus selbst theologisch verarbeitet wurde.

Jenseits und Diesseits – Platon, die Gnosis, Plotin und das Christentum

Weder beim *Hinduismus* noch beim *Buddhismus* kann man von einer dualistischen Weltsicht reden. Die Welt ist in sich geschlossen, gefangen in einer radförmigen Wiederholung von Zugrundegehen, Sterben und Wiedergeburt. Das gilt für die einzelnen Wesen wie für verschiedene Universen und Welten, die neben- oder nacheinander bestehen. Beide Religionen kennen den Zustand der Freiheit und des Glücks (Einheit mit Brahman oder das Nirwana) und den Zustand der Bestrafung, aber es geschieht alles innerhalb der bekannten oder zugänglichen Welt. Sogar die Hölle ist im Buddhismus bekannt, die Feuerhölle und die Kältehölle, sie sind aber – laut dem Tibetanischen Totenbuch – Bewusstseinszustände des Menschen.

Bei Platon finden wir eine ausgeprägte Vorstellung eines kosmologischen Dualismus.

Die Kosmologie Platons bietet – wie bereits skizziert – nicht nur ein Oben und Unten, es werden zwei Welten vorausgesetzt. Die Welt, in der wir leben, kann man Diesseits nennen, das Jenseits ist die Welt der Ideen.

Das Jenseits, so wie die Ideen selbst, kennt keinen Anfang und kein Ende. Das Diesseits, unser Kosmos, ist das Werk eines Demiurgen (wörtlich: Handwerker). Er erschafft den Kosmos nicht aus dem Nichts, sondern bildet ihn aus dem Chaos heraus. Der Demiurg versucht den Kosmos nach dem Bild der Welt der Ideen nachzubilden. Er meint es gut mit dem Kosmos, mit der diesseitigen Welt, denn er will die bereits existierende Ur-Materie bezwingen. Aus diesem Grund beseelt der Demiurg den Kosmos mit einer ›Weltseele‹. Der platonische Dualismus wird dadurch überbrückt.

Unüberbrückbar bleibt aber der Unterschied zwischen Materie und Idee. Die Materie ist eine Last, die die Idee mit sich schleppen muss, in der sie sich stets nach ihrer ursprünglichen Welt sehnt. Der Dualismus besteht darin, dass beide Elemente wesensungleich sind. Nicht nur besteht der Unterschied darin, dass die Idee ›unsterblich‹, die Materie aber sterblich ist. Die Welt der Ideen ist das Licht, die Welt der Materie ist die Dunkelheit. Die Welt der Ideen ist Geist, die

Welt der Materie ist Verderblichkeit. Die Welt der Ideen ist die Welt des Guten, die Materie ist der Sitz des chaotischen Elements und des Schlechten.

Platon geht aber in seiner kosmologischen Vorstellung noch weiter: Die richtige Welt ist die Welt der Ideen, das Jenseits. Das Diesseits, unsere materiebehaftete Welt, ist eine Scheinwelt, die wir für wirklich erachten, weil wir nur Schatten auf der Wand unserer Höhle sehen können.[34]

Natürlich ist Platon nicht der Erfinder des Dualismus, er hat ihn aber gleichnishaft, bildlich und argumentativ zugleich systematisch dargelegt, gleichzeitig hat er eine Erklärung der Existenz des Schlechten in unserer Welt gegeben.

Die Gnosis ist gleichfalls eine uralte Strömung der Geistesgeschichte der Menschheit, sie nimmt philosophische, religiöse und kultische Formen an. Ihre Ursprünge sieht man sogar bei Zarathustra, dessen Lebenszeit schwer einzuordnen ist, einige wollen sogar, dass er im 18. Jahrhundert vor Christus gelebt hat.

Die Weltanschauung des Zarathustra unterscheidet sich in einem wichtigen Punkt wesentlich von der Philosophie Platons. Beide denken dualistisch, aber bei Zarathustra und bei den vorchristlichen gnostischen Strömungen ist der Dualismus anders charakterisiert als bei Platon. Geist und Materie, Licht und Dunkelheit, Diesseits und Jenseits sind nicht nur anders und graduell besser oder schlechter, das Diesseits ist keinesfalls eine Scheinwelt und nicht nur minderwertig. Die Materie, das Fleisch, die hiesige Welt ist böse. Die Gnosis denkt auch moralisch dualistisch. Die Welt ist geprägt durch den Kampf zwischen Gut und Böse. Diese haben ihren Ursprung in den Taten des Guten Geistes und seines Zwillingsbruders, des Bösen Geistes. Durch sie wird die ursprünglich gute Schöpfung des ›Weisen Herrn‹ entzweit.

Die Menschen müssen sich im Laufe ihres Lebens zwischen dem Guten und dem Bösen, zwischen Ahura Mazda und Angra Mainyu, entscheiden. Ahura Mazda, der weise Herr und Schöpfer, zwingt sie nicht, er lässt ihnen die freie Entscheidung. Durch Gedanken, Worte und Taten (die Wortwahl erinnert die Katholiken unweigerlich an die Formulierung in der ›Beichte‹: »Ich habe gesündigt in Gedanken, Worten und Werken«) können sie sich für das Gute entscheiden und damit helfen, das Böse zu besiegen. Beim Jüngsten Gericht (wieder

[34] Vgl. Politeia, Buch 7.

ein Element, das wir im Christentum wiederfinden) werden die Menschen beurteilt, und wenn sie für gut befunden werden, werden sie fähig sein, die Einsicht Gottes zu erlangen.

Die Gnosis geht von einem einzigen allumfassenden guten Gott aus. Um das Böse in der Welt zu erklären, wird der Begriff des Demiurgen eingesetzt. Dieser ist nicht wie bei Platon ein guter Handwerker, der versucht, die hiesige Welt nach der Ideenwelt nachzubilden, sondern eine unvollkommene Gestalt, die die Welt unvollkommen und mit einem Hang zum Bösen und zum Übel bildet.

Der Demiurg bildet die Welt der Materie. Gnostische Kreise sehen die Materie als böse an. Deshalb ist für sie auch der menschliche Körper böse.

Sowohl in der Welt als auch im Menschen ist allerdings ein geistiges Prinzip vorhanden. Dessen muss sich der Mensch bewusst werden, damit er sich vom Körper befreien kann.[35] Diese Prinzipien gelten mit den nötigen Differenzierungen für die Gesamtgnosis.

Interessant sind natürlich nicht nur die gnostischen Ausrichtungen aus der Perserzeit, wie der Zoroastrismus, sondern besonders die Gnosis, die sich parallel zum Christentum in den ersten Jahrhunderten nach Christus entfaltete und mit der sich das Christentum auseinandersetzen musste. Sie wies immer noch persische Elemente auf, zugleich bekam sie neue Nahrung durch die jüdische Apokalyptik, die Heilslehren aus Indien (Hinduismus und Buddhismus) und eventuell auch aus Ägypten, wo sich die koptische Gnostik gut entwickeln konnte.

Der Kern der neuen Gnosis war immer ein stark ausgeprägter Dualismus zwischen den sich gegenseitig abgrenzenden, sich bekämpfenden Reichen des Lichtes (des Guten) und der Finsternis (des Bösen).

An der Spitze des Reiches des Lichtes steht der Gott des Lichtes. Sein Gegenspieler ist der Schöpfer der Welt der Materie und der Finsternis. (Wie bereits gesagt, der Demiurg wird als Schöpfer der Materie zum Gegenspieler des Lichtgottes.)

Die Welt des Guten und des Lichtes und die des Bösen und der Finsternis sind entweder durch ihren ständigen Kampf oder durch einen schicksalhaften Fehler des Lichtgottes in Berührung gekommen und haben sich vermengt. Deshalb wird das Licht in der Finsternis gefangen gehalten. Andere gnostische Richtungen sprechen von einem gefallenen Lichtwesen (einem gefallenen Engel), der für diese

[35] Vgl. http://de.wikipedia.org/wiki/Gnosis#Hauptmerkmale_der_Gnosis (Letzter Zugriff: 09.11.2014).

Vermengung von Licht und Finsternis verantwortlich ist. Das Licht der Seele des Menschen ist im Kerker des menschlichen Körpers gefangen gehalten. Sie schläft darin. Aber sie kann durch die Erkenntnis (die Gnosis) wieder erwachen.[36]

Ein Erlöser wird die Welt des Lichtes aus der Welt der Finsternis befreien. Gnostische Richtungen nennen oft Jesus als den Erlöser aus dem Reich der Finsternis. So etwa Markion.

Markion, der zwischen dem ersten und dem zweiten Jahrhundert nach Christus lebte und stark von der Gnosis beeinflusst war, identifizierte den Demiurgen mit Jahwe aus dem Alten Testament. Er unterscheidet scharf zwischen dem Gott des Bösen aus dem Alten Testament und dem Gott des Lichtes und der Liebe des Neuen Testaments. Das Alte Testament und seinen Gott lehnt Markion als das Reich der Finsternis und des Bösen ab. Jesus Christus ist für ihn der Gott der Liebe selbst. Er hat nur scheinbar eine materielle Gestalt, er ist die Lichtgestalt, die das Reich des Guten durch die Erlösung aus dem Reich des Alten Testaments begründet.[37]

In den ersten Jahrhunderten nach Christus gab es eine parallele Entwicklung der Gnosis, des Platonismus, der mit großem Einfluss von Plotin vertreten wurde, und des Christentums. Die drei Richtungen entwickelten sich nicht nur parallel, sie beeinflussten sich gegenseitig.

Mani und Plotin sind Zeitgenossen gewesen. Mani hat im dritten Jahrhundert nach Christus (216–276) gelebt, Plotin ebenfalls (205–270). Mani entstammt der gnostischen Tradition, Plotin der platonischen.

Mani ist in Persien geboren und mit der persischen, zoroastrischen gnostischen Tradition in Kontakt gewesen. Er ist in einem christlich-jüdischen Milieu aufgewachsen, hat die Auseinandersetzungen zwischen Judentum und Christentum miterlebt und besonders die apokalyptischen Züge beider Religionen in seine Konzeption aufgenommen. Darüber hinaus war er in Indien, und dort nahm er Kontakt mit dem Hinduismus und Buddhismus und deren Erlösungslehren auf. Wenn man will, vertritt er also eine synkretistische Mischung von Elementen aus verschiedenen Erlösungslehren.

Das Grundprinzip ist auch bei Mani der Dualismus zwischen dem Licht und der Finsternis.

[36] Vgl. http://www.kfvr.de/gnosis/definition.html (Letzter Zugriff: 09.11.2014).
[37] Vgl. http://de.wikipedia.org/wiki/Marcion (Letzter Zugriff: 09.11.2014).

Drei Perioden kennzeichnen die Heilsgeschichte der Welt. Die erste ist die ursprüngliche Zeit, in der Licht und Finsternis getrennt waren. Die gegenwärtige Zeit ist gekennzeichnet durch die Vermengung beider Welten. Die zukünftige Zeit wird durch die absolute Trennung des Lichtes und der Finsternis gekennzeichnet.

Die Erlösung kommt durch die Gesandten des Lichtgottes. Er sendet zunächst seinen Sohn, um gegen die Finsternis zu kämpfen, danach schickt er einen zweiten Gesandten, der bei der Erschaffung der Welt Licht (Sonne, Mond ...) und Finsternis (Nacht) im Ansatz trennt, dann einen dritten, der Adam und Eva über ihre Rolle aufklärt, und endlich Jesus, den Lichtmenschen, der endgültig Licht und Finsternis trennt.[38]

Mani macht sich den Begriff der Weltseele, die vor ihm sowohl von Platon als auch vom Hinduismus vertreten wurde, zu eigen. Die Weltseele, der Intellekt, der ›Nous‹, ist der Gott des Lichtes. Die Seele des Menschen ist ein Funke dieses Lichtes im Körper. In der Welt verursacht die Fortpflanzung eine Zerteilung und dadurch eine Schwächung des Lichtes. Fortpflanzung ist nach Mani deshalb schlecht, die Jungfräulichkeit eine Grundforderung des Lichtes. Die Seele des Menschen irrt durch die Welt und befindet sich »auf der Pilgerfahrt ins Lichtreich«.[39]

Mehr als ein halbes Jahrtausend nach Platon arbeitet *Plotin* an der gedanklichen Reorganisation und Klärung der Platonischen Auffassung über die Welt der Ideen und der Materie. Er betrachtet sich nicht als einen originellen Philosophen, sondern als Interpreten Platons. Ein Jahrhundert später wird er von Augustinus als der Platon redivivus, als wiedererstandener Platon begrüßt.

Plotin denkt stringent und baut eine konsequente Kosmologie auf. Zwei Sphären unterscheidet er, wie Platon: Die geistige Welt und die Welt der Materie. Die geistige Welt ist der materiellen wesenhaft übergeordnet. Stufenweise entfaltet sich das geistige Prinzip und verliert seine Einfachheit, um komplexer zu werden.

Ganz oben in der Welt des Geistes ist das Eins und Einfache, ein rein geistiges Wesen, das Grundprinzip allen Seins. Es kennt nicht nur keine Materie, sondern auch keine Differenzierung. Es ist weder gut noch schlecht. Es ist auch nicht Gott.

[38] Vgl. http://de.wikipedia.org/wiki/Manichäismus (Letzter Zugriff: 09.11.2014).

[39] Die Gnosis, Band 3: Der Manichäismus. Einleitung von Alexander Böhling, Zürich 1995, S. 37 und 51.

Aus ihm werden alle weiteren geistigen und materiellen Wesen durch Emanation ins Sein berufen. Die nächste Stufe bildet der *Nous* (der Intellekt), der durch Emanation die Ideen ausstrahlt. Die weitere Stufe wird von den Psychen gebildet. Die Psychen sind immer noch geistiger Natur. Unter dieser Stufe beginnt die Welt des Sinnlichen und der Materie.

Es ist ein Prozess von oben nach unten, wobei oben und unten nicht örtlich, sondern als Wertstellung gemeint sind.[40]

Die Psychen bringen ihrerseits die sensitive, materielle Welt hervor. Die Materie ist für sich unförmig und als solche nicht existent, sie ist ein Produkt der Psychen. Diese bringen in die nicht wahrnehmbare Urmaterie die Ideen und dadurch formen sie die einzelnen Dinge, die Pflanzen, die Tiere und die Menschen.

Die Psychen haben eine zweifache Neigung, Sie sind geistiger Natur und als solche tendieren sie dazu, sich mit dem Nous wieder zu vereinen. Auf der anderen Seite neigen sie dazu, die Materie zu beleben und in ihr zu verbleiben. Irgendwann wollen sie aber wieder zum Nous zurück. Wenn es ihnen gelingt, sterben die einzelnen Wesen. Die Psychen müssen aber nicht immer beim Nous oder bei der Weltseele bleiben, sie können sich wieder in die Materie eingeben und neu geboren werden.

Die Vereinigung der Psyche mit der Materie wird von Plotin – ähnlich wie im Höhlengleichnis Platons – nicht als Vereinigung von zwei Teilen verstanden. Vielmehr hüllt sich die Psyche wie mit einem Kleid aus Materie ein, sie ›inkarniert‹, nimmt Materie, Fleisch an, das sie bei ihrer Rückkehr zum Nous wieder fallen lässt. Die Psychen, die Ideen und der Nous oder einzelne Lichtwesen sind unsterblich, sie streben wieder nach oben.

Wie bei Platon so auch bei Plotin werden ›Gut‹ und ›Böse‹ weniger oder, wenn überhaupt, dann nur abgeleitet, moralisch verstanden. Vielmehr ist das Gute wesenhaft gut, d. h. vollkommen. Der Geist ist das Gute an sich, je einfacher der Geist, desto höher und besser. Deshalb ist das Eine das höchste Gut. Der Nous, die Ideen und die Psychen tragen mit sich einige Entfaltungen, sie sind mit einigen Falten behaftet. Sie nehmen aber immer noch teil am Guten.

Die Materie, weil sie sich am anderen Ende der Skala befindet und höchstdifferenziert ist, ist der Inbegriff des Schlechten, das heißt besonders: der Unvollkommenheit, der Abwesenheit des Guten.

[40] Vgl. http://de.wikipedia.org/wiki/Plotin (Letzter Zugriff: 09.11.2014).

Die zeitgenössische Gnosis unterscheidet sich darin von Plotin so wie die früheren gnostischen Strömungen von Platon. Die Gnosis versteht Gut und Schlecht, viel stärker moralisch als Plotin, als Gut und Böse. Die Materie ist nicht nur unvollkommen, sondern korrupt und verdorben. Die negative Einstellung einiger Religionen gegenüber der Sexualität hat ihre Wurzel besonders im gnostischen Dualismus.

Das Christentum hat, wie von den meisten Kulturen, in denen es gewachsen ist, auch von Platon, Plotin und der Gnosis wesentliche Auffassungen übernommen, die den Alltag des Menschen, den Kult und besonders die Vorstellung der weiteren Existenz einer unsterblichen Seele nach dem Tod geprägt haben.

Eine zentrale Rolle spielt das Gottesbild als des Gottes des Lichtes, dem der gefallene Engel der Finsternis, der Satan oder der Teufel, sich entgegenstemmt, um die Seelen dem Reich des Lichtes zu entziehen und sie in die Höllenfinsternis zu zerren. Und eine zentrale Rolle spielt Jesus, der Sohn des Lichtgottes, der vom Reich des Lichtes in die Finsternis der Materie herabsteigt, bei uns ›zeltet‹, sich in Materie hüllt[41], um die Menschen zu Söhnen des Lichtes zu machen und in das Reich des Lichtes zurückzuführen.

Leider wird er in der Finsternis der Materie nicht aufgenommen; »allen aber, die ihn aufnahmen, gab er Macht, Kinder Gottes zu werden, denen, die an seinen Namen glauben, der nicht aus dem Blut und nicht aus dem Willen des Fleisches und nicht aus dem Willen des Mannes, sondern aus Gott geboren wurde. Und der Logos ist Fleisch geworden und hat unter uns gewohnt, und wir haben seine Herrlichkeit gesehen.«[42]

Hier zeigt sich der Dualismus zwischen Licht und Finsternis, zwischen Logos (nous, Intellekt, Verstand) und Materie, zwischen Diesseits und Jenseits. Und wir arme Seelen pendeln zwischen diesen zwei Welten.

Das heutige Christentum ist ohne Platon, Plotin und die Gnostik eigentlich nicht denkbar. Spuren davon, wie im Philipperbrief und im Johannesevangelium, stammen, auch wenn abgemildert, eher aus der orientalischen Gnostik und eventuell von Platon, die bereits vor diesen Schriften in der Kulturgeschichte anzutreffen sind.

Die christliche Rezeption des Platonismus sowie die spätere gnostische Rezeption in den ersten Jahrhunderten des Christentums ver-

[41] Phil 2,6ff.
[42] Joh 1,12ff.

danken wir besonders Augustinus und seinen Zeitgenossen, die sich intensiv mit Plotin und der damaligen Gnosis auseinandersetzten, sie ablehnten, aber von ihr nicht frei blieben.

Augustinus wurde im Jahr 354 n. Chr. geboren und lebte 150 Jahre später als Plotin und Mani. Augustinus hat sich also nicht mit Mani selbst, sondern mit dem Manichäismus auseinandergesetzt. Augustinus war in seiner Jugend selbst Schüler der Manichäer. Daran sollte man immer denken, um die Theologie des Augustinus und seinen Einfluss auf das Christentum einzuordnen. Später wandte sich Augustinus vom Manichäismus ab und rechtfertigte dessen Verfolgung, aber bei ihm blieben deutliche manichäische Spuren zurück: die Lehre der zwei Reiche, die Existenz der Hölle, die Erbsündenlehre und die Feindseligkeit gegenüber der Materie im Allgemeinen und der Sexualität im Besonderen. Diese gnostisch-manichäischen Spuren vererbte Augustinus dem Christentum erfolgreich bis heute.

Der Platonismus (die Lehre des Platon und des Plotin) und das Christentum sind untrennbar miteinander verbunden. Und die Gnosis, auch in ihrer manichäischen Ausprägung, hat auch das Christentum angesteckt.

Augustinus schreibt der Seele weitergehende Eigenschaften zu: Sie sei unsterblich, nicht nur weil sie geistiger Natur sei, sondern weil sie an der ewigen Wahrheit teilhabe. Sie gebe der Materie nicht nur Gestalt, sondern sei die eigentlich Tätige in der Materie, und sie sei ewig, weil sie nicht erschaffen wurde, aber ihr Sein vom ewigen Sein (Gott) ableite.[43] Seit einiger Zeit nannte man die griechische Psyche ›anima‹, ein Wort, das im deutschen Wort ›animieren‹ (beseelen, bewegen) nachwirkt.

Diese Auffassung über die Seele hat sich bis heute im Christentum festgehalten und wird mit Sicherheit weiterbestehen, obwohl – wie bereits angemerkt wurde – sie nicht biblischen Ursprungs ist. Sie ist, wenn man will, heidnischen Ursprungs, weil sowohl Platon als auch Plotin keine Christen waren.

Gnosis und Christentum – zwischen Nähe und Distanz

Sichtlich gnostische Spuren waren bereits in den ersten Jahrzehnten nach Christus feststellbar. Schon in der nicht-kanonischen christli-

[43] Vgl. http://de.wikipedia.org/wiki/De_immortalitate_animae (Letzter Zugriff: 09.11.2014) und Aurelius Augustinus, Soliloquia.

chen Literatur waren sie präsent, so wie im Thomasevangelium und im Perlenlied.

Im Thomasevangelium ist die Seele ein Schatz im Elend des Körpers. Sie ist für das Reich des Lichtes bestimmt, muss aber eine Zeitlang in der unreinen Materie bleiben.

Im Perlenlied[44] wird von einem Königsohn erzählt, der aus dem Osten in den unreinen Westen (Ägypten) geschickt wird, um eine von der Schlange festgehaltene Perle zu befreien. Der Königsohn vergisst zwischendurch seinen Auftrag und seinen Ursprung als Königssohn und verdingt sich dem König des unreinen Ägyptens. Bis er durch einen Brief seines Vaters an seinen Stand und seinen Auftrag erinnert wird und die Perle befreit und sie zu seinem Vater mitnimmt.

Die Symbolhaftigkeit dieser Erzählung (Mythos), die eher als eine Allegorie zu bezeichnen wäre, ist vielfältig. Sowohl der Königssohn als auch die Perle befinden sich in einem Zwischenzustand der Unreinheit und Versklavung (in der Fremden und im Haftzustand), bis sie befreit werden (der Königsohn durch einen Brief seines Vaters, die Perle durch den Königssohn).

Die Perle ist das Symbol der in die Materie verstrickten Seele, Ägypten das Symbol des Reiches des Fleisches (des Körpers), die Schlange ist Herrscher dieser Welt und bewacht die Perle; ein Erlöser steigt aus dem Osten (dem Reich des Vaters = des Königs = Gottes) herab, um der Schlange die Perle wegzunehmen. Er streift der Perle das schmutzige Gewand ab und bringt sie dem Vaterkönig in strahlendem Lichtkleid, das die Erlösung symbolisiert.

Die hier erwähnte Vermengung von Geist (Idee, Seele) und Materie (Fleisch, Körper) ist für die Gnosis ein Zwischenzustand der Unfreiheit und der Verunreinigung. Materie und besonders die Sexualität stellen in der Gnosis ein Problem für die Seele dar. Ziel ist, durch den Verzicht auf die Fortpflanzung die Wiedervereinigung mit dem Urmenschen zu erlangen, der weder weiblich noch männlich ist.

Die Beziehung zwischen der Gnosis, der Philosophie Plotins und dem Christentum in den ersten drei Jahrhunderten nach Christus ist sowohl durch enge Nachbarschaft als auch durch Versuche, sich voneinander abzusetzen, gekennzeichnet.

Einen wichtigen Unterschied zwischen Platon und Plotin auf der einen Seite und der Gnosis auf der anderen, können wir auf diese Weise kurz charakterisieren: Platon und Plotin vertraten eine philoso-

[44] Otto Betz (Hg.), Da gedachte ich der Perle. Thomasevangelium und Perlenlied, Düsseldorf 2006, S. 17ff.

phische Richtung, die auf rationale Art abgelehnt oder angenommen werden kann. In der Philosophie erwirbt man Erkenntnisse durch Lernen und Einsicht.[45] In der Gnosis bekommt man sie durch Offenbarung. Die Philosophie ist eine Wissenschaft, die Gnosis eine Religion.

Und hier trennen sich nicht nur Plotin und die Gnosis, sondern jede Religion von der Philosophie. Diese Eigenart hat die Gnosis mit dem Christentum gemeinsam. Beide sind Religionen. Und beide stehen sich nicht nur zeitlich nahe, sondern auch gedanklich.

Folgende Hauptmerkmale charakterisieren die Gnosis:

»1. Zwischen dieser Welt und dem unfassbaren Gott, dem ›Urgrund‹, ist ein unüberbrückbarer Gegensatz.

2. Das ›Selbst‹, das ›Ich‹, der ›Geist‹ oder die Seele ist unveränderlich göttlich.

3. Dieses Ich ist aber in diese Welt geraten und von ihr gefangen und betäubt worden und kann sich nicht selbst daraus befreien.

4. Erst ein göttlicher ›Ruf‹ aus der Welt des Lichtes löst die Bande der Gefangenschaft.

5. Aber erst am Ende dieser Welt kehrt das Göttliche im Menschen in seine Heimat zurück.«[46]

Diese Merkmale sind im Christentum mit einigen wenigen Adaptionen nicht minder zutreffend.

Manche gnostischen Systeme kennen auch die Gestalt eines Erlösers. Der Erlöser kommt aus der Welt des Lichtes (Gottes), nimmt einen Leib an und führt unsere geretteten Seelen ins Reich des Lichtes zurück. Im Christentum übernimmt diese Rolle selbstredend Jesus. Sowohl in der Gnosis als auch im Frühchristentum (etwa bei Paulus) hat man aber zwischen dem Erlöser und dem obersten Gott zu unterscheiden gewusst.

Natürlich haben sich die zwei Religionen in anderen Punkten unterschieden, so brauchte die Gnosis keine Sakramente, weil die Erlösung nicht durch Sakramente, sondern durch Verzicht auf diese Welt geschieht. Aber beide sind gemeinschaftlich organisiert und kultisch tätig (so z. B. auch der Mithraskult).

Nahe Verwandte sind sich ähnlich, auch wenn sie sich nicht immer lieben. Dass Gnosis und Christentum sich ähneln, belegen unter anderem drei dicke Bände mit gnostischen Texten christlicher Autoren

[45] Vgl. Die Gnosis, Zeugnisse der Kirchenväter. Übersetzt und erläutert von Werner Foerster, Zürich 1995, S. 7.
[46] Ebd. S. 17.

und Gemeinden: Texte der Kirchenväter, manichäische Texte, koptische und mandäische Quellen.[47] Es sind insgesamt beeindruckende 1200 Seiten. Und diese drei Bände bringen nur eine Teilauswahl zur Kenntnis. Besonders die christlichen Texte aus den ersten drei Jahrhunderten nach Christus sind vom gnostischen Geist durchdrungen.

Nebenbei bemerkt: Die Abwertungen der Materie, des Fleisches, der Sexualität und des Diesseits gegenüber dem Geist und dem Jenseits stammen hauptsächlich aus der Gnosis und haben im Christentum eine bleibende Heimat gefunden.

Es geht in diesem Buch um das Schicksal des Menschen nach dem Tod. Die heutige christliche Lehre über die Unsterblichkeit der Seele wäre ohne Platon, Plotin und Gnosis nicht denkbar.

Was wir in der Bibel zum ›Jenseits‹ zu finden glauben

Hier ist es nicht wichtig, die Gnosis und deren Meinungen zu bewerten. Die Gnosis mag auch heute eine Berechtigung haben, weil sie verspricht, Sehnsüchte des Menschen zu erfüllen. Deswegen sind gnostische Ausformungen heute in der Gesellschaft stark vertreten. Die Nichtbeachtung dieser Dimension des Menschen (die Sehnsucht nach dem Anderen) führt heute die Massen von den Kirchen weg in die esoterische Bewegung.

Aber nochmals: Es geht nicht um Wertungen, sondern um die Frage, wie das Christentum zu diesen Erklärungen der Weltzusammenhänge gekommen ist. Also wie kam das Christentum auf den Geist und auf die Seele und das Jenseits? Sind diese Vorstellungen in den ›Heiligen Schriften‹ des Christentums zu finden oder stammen sie von anderen Kulturkreisen?

Es ist (fast) immer so, dass Deutungen und Meinungen anderer Menschen, besonders Lehren anderer Religionen von uns kritisch angesehen werden, die eigenen jedoch weniger. Das ist einerseits psychologisch verständlich. Wenn man aber sich Rechenschaft über eigene Fragen, Sehnsüchte und Vorstellungen geben will, dann hilft diese Haltung nicht.

Zwei im Islam vorhandene Bilder des Paradieses sind bekannt: Im Paradies fließt Wein in den Bächen, und die Gerechten werden dort von Jungfrauen bedient. Über diese Bilder neigt man unter den Chris-

[47] Vgl. Die Gnosis, drei Bände, Zürich 1995.

ten vielleicht eher zu Spott, sie sind aber mit Sicherheit nicht im Mindesten bereit, über ähnliche christliche Bilder vom Jenseits zu spotten. Beide bildhaften Vorstellungen stammen aber aus der gleichen menschlichen Tätigkeit der Projektion von irdischen Wünschen auf ein Jenseits, das keiner kennt.

Ein weiser islamischer Dichter, Oman Khayyam, der im 11. Jahrhundert nach Chr. gelebt hat, soll gesagt haben: »Du behauptest, durch die Bäche wird Wein fließen – ist das Paradies eine Schänke? Du sagst, jeder Gläubige wird zwei Jungfrauen bekommen – ist das Paradies etwa ein Bordell?« – Eine selbstkritische, gesunde Einstellung zur Fragwürdigkeit unserer Bilder vom Jenseits, die leider auch heute noch nicht von allen Muslimen akzeptiert wird. Ähnlich ergeht es allerdings anderen Kritikern und Propheten in allen Religionen.

Fundamentalismus ist das Für-Wahr-Halten einer selbstfabrizierten Wirklichkeit, die keine ist. Wie wir nicht nur aus der jüngsten Geschichte des Islams, sondern auch aus der Geschichte des Christentums wissen, kann der Fundamentalismus schlimme Folgen haben – für Leib und Seele.

Die Gegenüberstellung von Jenseits und des Diesseits existiert in der Bibel nicht. Heutzutage bedeuten im Christentum einige Ausdrücke wie ›Himmel‹ und ›Paradies‹ so viel wie das Jenseits, den ›Ort‹ oder den ›Zustand‹, wo Gott ist und wo die Seelen – die guten natürlich – nach dem Tod des Menschen sein werden. Nicht alle Seelen werden im Himmel sein. Die, die auf Erden böse waren, landen in der Hölle, wo Gott abwesend ist, wo die Seelen einen barmherzigen Gott nicht mehr erfahren und für die ganze Ewigkeit gequält werden.

Der stratosphärische Himmel wurde lange als Bild für den jenseitigen Himmel angesehen, als der Wohnort Gottes. Auch der Berg war bereits der Wohnort der Götter, z. B. in der griechischen Mythologie der Olymp. Der Berg hat es aber nicht geschafft, sich zu einem Bild der jenseitigen Wohnung Gottes zu mausern.

In der Bibel ist der Himmel der natürliche Himmel über uns und hat nicht den heutigen Sinn vom Jenseits. Diese Bedeutung hat das Wort erst nach dem Kontakt mit anderen Philosophien und gnostischen Strömungen erhalten. Wir wissen inzwischen, woher diese Bedeutung stammt. Letztlich aber benutzen sowohl die Philosophen Platon und Plotin wie auch die Gnosis mythische Bilder, die gern die Welt deuten wollen, aber diese Bilder müssen selbst gedeutet werden, um verstanden zu werden.

Das Wort ›Paradies‹ ist in der Bibel drei Mal zu finden, alle drei Mal seltsamerweise im Neuen Testament. Im Alten Testament ist nicht vom Paradies die Rede, sondern vom Garten Eden, was zunächst nicht das Gleiche ist wie das christliche Paradies.

Im Lukasevangelium bittet der ›gute Schächer‹ Jesus darum, an ihn zu denken, wenn er in seinem Reich sein wird. Und Jesus verspricht ihm: »Wahrlich ich sage dir, heute wirst du mit mir im Paradies sein«.[48]

Davor hatten sich die Umstehenden darüber unterhalten, dass Jesus früher damit angegeben haben soll, König der Juden zu sein. Und ein König hat bestimmt irgendwo ein Reich.

Hatte der gute Räuber etwa den Glauben an ein Jenseits im platonischen und im heutigen christlichen Sinn, dass die Seele sich vom Körper trennt und in das Himmelreich wandert? So mag der heutige Christ denken. Das Judentum zur Zeit Jesu hatte eher die Vorstellung einer Schattenwelt nach dem Tod (die Scheol) entwickelt, wo die Toten wie Schatten weit weg von Gott wohnen. Was meinte also Jesus mit dem Wort ›Paradies‹, wenn er das Wort überhaupt benutzt haben sollte?

Das zweite Mal wird das Wort von Paulus erwähnt: Er siedelt das Paradies im dritten Himmel, also in der höchsten Stratosphäre an. Aber auch Paulus schafft es nicht, sich ein transzendentes Paradies vorzustellen.[49]

Und in der Apokalypse wird das Paradies ziemlich eindeutig mit dem Garten Eden des Alten Testaments identifiziert: »Dem Sieger werde ich zu essen geben vom Baum des Lebens, der im Paradies Gottes ist« (Offb 2,7). Der Sieger kehrt zurück zu dem Ort, aus dem er herausgeworfen wurde. Weder der paulinische Himmel noch das Paradies der Offenbarung sind das jenseitige Paradies, der christliche transzendente Himmel. Diese sind eindeutig nicht aus der Bibel abzuleiten.

Es gibt eine Erklärung, warum nur im Neuen Testament und nicht im Alten Testament das Wort ›Paradies‹ erwähnt wird: ›Paradies‹ ist die griechische Übersetzung (›Paira daisa‹) des altiranischen Begriffs ›Guan Eden‹, auf Hebräisch Gan Eden, einem Ort, den die Bibel sehr wohl kennt – der Garten Eden –, in dem der Mensch und Gott zusammen lebten, ein Ort am Rand der Steppe, nicht im Himmel, sondern zwischen den mesopotamischen Flüssen, wo ihn das Genesis-

[48] Vgl. Lk 23,42f.
[49] Vgl. 2 Kor 12,4.

buch originär ansiedelt. Dorthin will der biblische Mensch natürlich zurück, weil dort seine Heimat ist, aber der ganze Mensch, nicht nur seine Seele oder seine von der Materie befreite ›Idee‹. Es geht um den ganzen Menschen, der seiner Heimat, seines Gartens, seines Ackerbodens, des Angesichts Gottes verlustig wurde und sich danach zurücksehnt.

Am allerwichtigsten ist hier festzuhalten, dass nirgendwo in der Bibel von einer Trennung von Leib und Seele die Rede ist, wie in der griechischen Philosophie und später im Christentum.

Die christliche Vorstellung der Trennung von Leib und Seele stammt aus der griechischen Philosophie und aus der Gnosis. Deswegen ist die Meinung richtig, dass diese Lehre nicht christlichen, sondern heidnischen Ursprungs ist.

Was ist die ursprüngliche Meinung der Bibel über das Schicksal des Menschen nach dem Tod?

Im Alten Testament herrscht darüber zunächst keine Klarheit. Klar ist, dass Jahwe den ursprünglich für die Ewigkeit bestimmten Menschen wegen dessen Ungehorsam dem Tod geweiht hat. Er darf nicht mehr vom Baum des Lebens essen. Und eindeutig ist auch die Aussage: »Denn Staub bist du, und zum Staub wirst du zurückkehren«(Gen 3,19).

Aber auch die Autoren der Bibel, können sich mit der Endgültigkeit dieses Schicksals nicht abfinden. Im Alten Testament herrscht darüber lange keine Einhelligkeit. Wohl ist der Pessimismus, die Meinung, dass der Tod endgültig sei, vorherrschend.

Auch die Stellen, die christliche Deuter als Belege für ein Weiterleben des Geistes (sie schreiben ungeschützt ›der Seele‹) angeben, belegen nichts. Es wird auch der außerbiblische Satz aus dem Babylonischen Talmud zitiert: »Gib ihn [den Geist] Gott so rein zurück, wie er ihn dir einst gegeben.« Diese Aussagen sind auch im Alten Testament zu finden, und sie wurden hier bereits erwähnt.[50] Sie besagen aber nur, dass im Augenblick des Todes der Geist Jahwes zu Jahwe zurückkehrt. Eher erinnert diese Aussage an die Rückkehr des Atman zu Brahman. Man könnte diesen Satz ganz profan so übersetzen: Wenn der Mensch den letzten Atem aushaucht, stirbt er.

Folgende Stelle wird gelegentlich als Beleg für den Glauben an die Existenz einer ewigen Seele angeführt:

[50] Psalm 104,29; Koh 12,7

»Darum freut sich mein Herz [wörtlich: meine Nieren], es frohlockt meine Herrlichkeit,
und auch mein Leib wird ruhen in Frieden.
Denn nicht dem Totenreich [Hebräisch: Scheol] gibst du meine Seele [Hebräisch: Nephesh] anheim,
deinen Heiligen lässt du nicht schauen die Grube.
Den Weg des Lebens weisest du mich,
von deinem Angesicht die Fülle der Freude.«
Psalm 16,8–11

Mit keinem Wort wird aber von der Seele im christlichen Sinn gesprochen oder gar davon, dass sie unsterblich wäre. Denn ›Nephesh‹, als die fühlende Psyche des Menschen, war ein anderes Wort für den Menschen selbst. Hier wird gesagt, dass Gott den gerechten Menschen vor dem Scheol (hier Synonym für ›die Gruben‹) retten wird.

Eine Parallele findet man im Totenbuch der Ägypter:

»Osiris NN wird nicht von RE ferngehalten, [...]
Osiris NN wird nicht im finsteren Tal wandeln,
Osiris NN wird nicht in den See der Verdammten hineingehen.
Osiris NN wird keinen Augenblick in der Hitze verbringen.«
Spruch 130

Der Totenkult und die Religion des Alten Ägypten bieten dem Christentum eindeutig mehr Parallelen zum einem Leben nach dem Tod als das Alte Testament.

Die Auferstehung von den Toten

Stammt der Gedanke der Auferstehung von den Toten aus der Bibel?

In der Bibel entwickelte sich im Laufe der Zeit eine andere Antwort auf die Sehnsucht des Menschen nach ewigem Leben: die Auferstehung der Toten.

Im Alten Testament ist diese Antwort eher selten und weitgehend in den späteren, hellenistischen Schriften zu finden. Meistens wird diese Hoffnung nicht einmal allen Menschen oder dem Einzelnen gegeben, sondern dem Volk Israel.

So bei Jesaja 26,19: Hier spricht der Prophet dem Volk Israel zu, indem er sagt, dass Jahwe die Toten (das Volk Israel) auferwecken wird: »Deine Toten leben wieder auf, und ihre Leichen werden wieder auferstehen. Erwachet und jubelt, die ihr im Staub ruht!«

Oder Ezechiel 37,12: »So spricht Jahwe Elohim: Siehe ich öffne eure Gräber und hole euch heraus aus euren Gräbern, mein Volk, und bringe euch in das Land Israel«.

Die Auferstehung ist hier aber eher ein Bild, um dem Volk Israel, das ›tot‹ darniederliegt, Hoffnung zu geben.

Beim Propheten Daniel (12,2) könnte die Vorstellung der Auferstehung der Toten für viele Menschen gelten, wenn auch nicht für alle: »Viele von denen, die im Staub der Erde schlafen, werden aufwachen, die einen zum ewigen Leben, die anderen zur Schmach, zur ewigen Schande«.

Etwas klarer spricht das zweite Buch der Makkabäer (7,9), aber auch hier sind nicht unbedingt alle Menschen gemeint, sondern die bedrängten Israeliten: »Du kannst uns das irdische Leben rauben. Aber der König des Weltalls wird uns zu einem ewigen Leben auferwecken, da wir für seine Gesetze sterben.« Ein wenig weiter (2 Makk 7,14) wird klar, dass Jahwe nur für die Israeliten eine solche Lösung parat hält: »Trostreich ist es für uns, durch Menschenhand zu sterben, wenn wir die von Gott gegebene Hoffnung hegen dürfen, von ihm auferweckt zu werden. Für dich gibt es freilich keine Auferstehung zum Leben.«

Meines Erachtens handelt es sich bei diesem ›zweiten Leben‹ nach der ›Auferstehung‹ nicht einmal um ein Zustand im Jenseits, sondern ein zweites Leben auf Erden.

Das ist alles, wenn ich mich nicht irre. Mehr ist im Alten Testament, in der ›Schrift‹, nicht zu finden. Ehrlich gesagt, ist das sehr wenig.

Das Neue Testament wird sich jedoch auf ›die Schrift‹ berufen, wenn der Glaube an die Auferweckung Jesu von den Toten verkündet wird, weil der neue Bund die Beglaubigung des alten braucht, und die wenigsten merken, dass in der ›Schrift‹ nicht viel zu finden ist. So zum Beispiel die Behauptung, Jesus sei auferweckt worden »am dritten Tag nach der Schrift«. Findet man im Alten Testament äußerst wenig über die Auferstehung von den Toten, so findet sich über den ›dritten Tag‹ noch weniger.

So in Hosea 6,1f: »Lasst uns zu Jahwe zurückkehren! Denn er hat zerrissen, er wird uns auch heilen [...] Er wird uns beleben nach zwei Tagen und am dritten Tag wird er uns aufrichten«. Ob Hosea jedoch hier tatsächlich von einer Auferstehung der Toten reden will, ist mehr als zweifelhaft. Eher spricht er von der Verheißung, dass Jahwe sein Volk erretten wird, wenn es zu ihm zurückkehrt.

Interessanter ist das Buch Jona (2,1–11). »Da bestellte Jahwe einen Fisch, um Jona zu verschlingen, und Jona war drei Tage und drei Nächte im Bauch des Fisches. Und Jona betete zu Jahwe [...] Und Jahwe gebot dem Fisch, und er spie den Jona aufs Land.«

Selbstredend kann man auch hier nicht von einem Auferstehungsglauben reden. Aber die Jona-Parabel, auch wenn sie nicht auf Jesus hin geschrieben wurde und der literarische Jona nicht unbedingt als Vorbild Jesu verstanden werden wollte, kann im Nachhinein als Bild für die Auferstehung verwendet werden, Jona als Bild für Jesus und der Fisch als Bild für das Grab.

Von dem, was uns das Neue Testament über den Auferstehungsglauben bietet, findet sich im Alten Testament nicht viel.

Innerhalb des Judentums des ersten Jahrhunderts unmittelbar vor und nach Christi Geburt ist die Idee der Auferstehung allerdings eher präsent, sie ist hauptsächlich von der pharisäischen Schule vertreten, der auch der Apostel Paulus angehörte. Das mag erklären, warum die Vorstellung der Auferstehung Jesu von den Toten im Neuen Testament eine Vorrangstellung besitzt.

Ein Zeugnis davon gibt uns die Apostelgeschichte: Der Gefangene Paulus verteidigte sich vor der Judenversammlung, der Sadduzäer und Pharisäer angehörten, mit der Behauptung, er sei angeklagt, weil er an die Auferstehung von den Toten glaube: Da »brach zwischen den Pharisäern und Sadduzäern Streit aus [...] Die Sadduzäer leugneten nämlich die Auferstehung sowie das Dasein von Engeln und Geistern, die Pharisäer nahmen aber beides an« (Apg 23,6, siehe auch Apg 26,8). Über den Streit zwischen Sadduzäern und Pharisäern schreibt auch das Matthäusevangelium (22,23ff).

Im pharisäischen Judentum entwickelt sich zudem eine ähnliche Sichtweise wie im Neoplatonismus und im Christentum, wohl mit eigenen Akzenten: Die Seele ist vor der Geburt ein geistiges Wesen, nach der Geburt wird sie Teil der physikalischen Welt. Nach dem Tod verweilt sie im ›Gan Eden‹ (Garten Eden) oder im Gehinom (das biblische Gehenna). Der Gan Eden, eine spirituelle Deutung des Garten Edens im Buch Genesis, ist der Zustand der geistigen Freude nach dem Tod. Das Gehinom ist der Zustand des Schmerzens wegen der schlechten Taten auf Erden. Dieser Zustand wird aber nur für die ganz Bösen ewig dauern, für die anderen maximal 11 Monate. Am Ende der Zeiten wird der Messias kommen, der uns eine neue Welt schenkt.

Ansonsten bleibt auch im späteren Judentum die Frage nach einem Leben nach dem Tod ohne eine eindeutige Antwort. Nach dem Tod verweilen die Toten in einer Schattenwelt, im Scheol. Das richtige Leben ist das irdische. Hier hat der Mensch die Chance, Gutes zu tun und sich durch Nachkommenschaft eine Zukunft zu geben.

Im Judentum, besonders in der Kabbala und bei orthodoxen Juden, ist auch die Wiedergeburt eine mögliche Vorstellung des Weiterlebens nach dem Tod.

Man sollte es sich auch als gläubiger Christ also eingestehen, dass das Alte Testament, auf das sich das Neue beruft, keine richtige Vorstellung von einem Leben nach dem Tod hat. Es hat ja sogar Mühe, eine Antwort auf den Wunsch des Menschen, beinahe aller Menschen, zu geben, nicht zu sterben, auch wenn er weiß, dass er sterben wird. Speziell auf die Vorstellung einer Auferweckung der Toten bezogen bietet uns das Alte Testament eine sehr magere Ausbeutung.

So ist der Verweis des Neuen Testaments auf die ›Schrift‹ brüchig. Diese Rückversicherung dient nur zur Untermauerung des ganz Neuen, welches das Neue Testament bieten und sein will: Die neue Welt ist angebrochen, der Messias ist geboren, gestorben, von den Toten auferweckt, in den Himmel aufgefahren, wo er zur Rechten des Vaters ist. Dafür braucht der Neue Bund die Bestätigung des Alten, auch wenn das Alte Testament immer etwas anderes im Sinne hatte als die Autoren des Neuen.

Für das Alte Testament ist etwas anderes wichtig. Nur Jahwe ist ewig, und nur Jahwe ist unsterblich. Wir sind nicht Jahwe und nicht ewig. Er selbst wollte es nicht.

Das Neue Testament setzt gegenüber dem Alten Testament und dem Judentum allgemein auch bei diesem Thema ganz neue Akzente. Sie sind dafür gedacht, das Christentum vom Judentum abzusetzen.

Jesus der Christus ist die Mitte und das Herz der neuen Religion. Bereits in den ersten drei Evangelien (Matthäus, Markus und Lukas) ist Jesus die Verwirklichung all der Verheißungen der ›Schrift‹. Er ist der neue Mose, der neue Adam, der Messias, der Wundertäter, der stirbt und aufersteht. Das Johannesevangelium geht noch weiter. Es übernimmt Bilder und Symbole des Platonismus und der Gnosis, sieht Jesus als den Logos, der vom Reich des Lichtes in die Finsternis kommt, Fleisch wird und denen, die an ihn glauben, die Möglichkeit gibt, selbst Kinder Gottes und des Lichtes zu werden.

Paulus redet zum Teil anders: Für ihn ist Jesus der auferstandene Herr, der zu Rechten des Vaters eingesetzt wird und uns unsere eigene Auferstehung bringt. Er hat für die Sünde Adams und ›für uns‹ gelitten und ist dafür gestorben. Damit hat er uns auf diese Weise das neue Leben in Christus gebracht und geschenkt.

Im Fokus des Neuen Testaments steht nicht direkt mein Schicksal, das Schicksal anderer Menschen, aller Menschen. Im Fokus steht der neue Protomensch: Jesus, der neue Adam. Erst mit ihm und durch ihn hat der gewöhnliche Mensch Anteil an dessen Los.

In den Evangelien, zumal in den synoptischen Evangelien Matthäus, Markus und Lukas, bilden der Tod und die Auferstehung Jesu den Mittelpunkt der Aufmerksamkeit der ›Guten Nachricht‹ (Euangelion). Durch die Wundertätigkeit Jesu (Mt 10,8; 11,5), als Vorzeichen und Vorwegnahme der eigenen Auferstehung, werden einzelne Menschen vom Tod auferweckt: die Tochter des Jairus (Mk 5,21ff), der Junge von Nain (Lk 7,11ff) und Lazarus (Joh 11,17ff).

Erst nach dem Tod Jesu und nach seiner Auferstehung werden auch die Toten an der Auferstehung teilhaben: »Die Gräber öffneten sich, und viele Leiber entschlafener Gerechten wurden auferweckt. Sie kamen nach seiner Auferweckung aus den Gräbern hervor, gingen in die heilige Stadt und erschienen vielen« (Mt 27,52f).

Jesus ist der erste der Auferweckten, nach ihm werden andere ›Gerechte‹ von den Toten auferweckt. Denn Jesus ist der Erstling der Auferstandenen, er ist – und da trägt das Johannesevangelium sehr dick auf – selbst die Auferstehung und das Leben (Joh 11,25).

Die Auferstehung Jesu wird in den Evangelien nicht erzählt, es wird auch nicht ikonografisch dargestellt, wie der ins Leben gerufene Jesus aus dem Grab steigt: Das ist der Fantasie der späteren christlichen Kunst überlassen. Die Evangelien sind also viel weniger realistisch, als wir es gerne hätten. Sie verkünden eher, sie erzählen von einem leeren Grab und von Erscheinungen des Auferstandenen vor den Frauen und vor den Jüngern.

Was die Evangelien mythisch erzählen, wird in den Paulusbriefen systematisiert. Paulus spricht eigentlich weniger von Auferstehung, eher von der Auferweckung Jesu. Derjenige, der handelt, ist Gott, der Vater. Wobei selten die Aktivform (»Gott hat den Herrn auferweckt« – 1 Kor 16,16), sondern meistens die Passivform verwendet wird, die im Theologenjargon sogenannte ›göttliche‹ Passivform: »Jesus ist von den Toten auferweckt worden.«

Die zentrale Aussage findet sich in ersten Korintherbrief 15,3:

»An erster Stelle habe ich euch überliefert, was ich auch übernommen habe, nämlich: Christus ist für unsere Sünden gestorben nach der Schrift, er ist begraben worden und am dritten Tag auferweckt worden nach der Schrift.«

Diese Überlieferung ist die Mitte des neuen Glaubens, der neuen Religion, die sich mit, durch und Kraft Paulus' langsam festigte.

Der zweite Teil des neuen Glaubens ist, dass der durch Gott von den Toten auferweckte Herr auch uns durch seine Macht auferwecken wird (1 Kor 6,14):

»Nun ist Christus von den Toten erweckt worden als Erstling der Entschlafenen. Denn da der Tod durch einen Menschen gekommen ist, so auch durch einen Menschen die Auferstehung der Toten. Wie nämlich in Adam alle sterben, so werden in Christus alle lebendig gemacht« (1 Kor 15,20).

Ungläubig schauen einige der Anhänger der neuen Religion Paulus an. Sie wollen wissen, wie das zu geschehen hat, wenn der Leib schon längst in Staub verfallen ist. Paulus weiß es auch nicht, er spricht nun selbst in Bildern, vom Samenkorn und vom späteren Weizen, er verheddert sich auch in der Formulierung, sieht selbst nicht ganz klar:

»Nicht alles Fleisch ist das gleiche Fleisch, [...] auch gibt es himmlische und irdische Körper. [...] Der Glanz der Sonne ist nicht der Glanz des Mondes, und anders ist auch der Glanz der Sterne: So verhält es sich mit der Auferstehung der Toten. Gesät wird in Verweslichkeit, auferweckt in Herrlichkeit. Gesät wird ein sinnenhafter Leib, auferweckt ein geistiger Leib« (1 Kor 15,39ff).

Man könnte dazu bemerken: Selig der, der es verstehen kann. Auf jeden Fall scheint Paulus die Auferweckung des alten, zum Staub zerfallenen Leib auszuschließen. Er redet von einer uneigentlichen Auferstehung der Toten, oder von einer Auferstehung in Anführungszeichen. Von welcher Auferstehung redet er?

Seine Hörer bleiben immer noch skeptisch, und vielleicht wird der eine oder andere seine Zweifel geäußert haben, was Paulus, durch seine Vision bei Damaskus von jeglichem Zweifel befreit, nicht duldete:

»Wenn verkündigt wird, dass er (Jesus) von den Toten auferweckt wurde, wie können dann etliche von euch behaupten: ›Eine Auferstehung von den Toten gibt es nicht‹? Wenn es keine Auferstehung von den Toten gibt, dann ist Christus nicht auferweckt worden. Ist aber Christus nicht auferweckt worden, so ist damit auch unsere Predigt nichtig, und nichtig ist euer Glaube« (1 Kor 15,12ff).

Paulus übt sich in Logik, aber bei der Beweisführung beißt sich die Schlange in den berüchtigten Schwanz, und so entsteht ein circulus vitiosus, der die Beweisführung ins Nichts führt. Man könnte schlicht darauf erwidern: Na und? Das ist kein Argument.

Wichtig ist aber festzuhalten: Paulus formuliert einen neuen Glauben für eine neue Religion: die Auferweckung Jesu Christi, seine Einsetzung als Herr zur Rechten des Vaters, und durch ihn unsere Auferweckung von den Toten. Christus ist der neue Adam, er macht alles wieder gut, was Adam schlecht gemacht hat. Kam der Tod durch Adam, so kommt durch Jesus das Leben. Der Tod wegen des Ungehorsams Adams wird überwunden durch den Gehorsam Jesu Christi, der gestorben ist für die Sünde Adams und für unsere Sünden. So kommt alles, was durch die Sünde der ersten Menschen ins Wanken geraten war, wieder in Ordnung.

Einige Bemerkungen an diesem Ort, bevor wir das Thema anders beleuchten: Die gängige Vorstellung unter den Christen ist, dass Jesus mit seinem irdischen Leib auferstanden ist. Diese Vorstellung stützt sich mitunter auf Textstellen des Neuen Testaments. Darauf weisen die Erzählungen vom leeren Grab hin. Darauf deutet die Erzählung vom ungläubigen Thomas hin, den Jesus aufgefordert hat, den Finger in die Wunde zu legen, um sich zu überzeugen, dass er auferstanden war (Joh 20,24ff). Und darauf scheint auch Paulus hinzudeuten, wenn er meint, der Auferstandene sei »dem Kephas erschienen, dann den Zwölfen. Danach ist er mehr als fünfhundert Brüdern auf einmal erschienen; die meisten von ihnen leben jetzt noch, einige aber sind entschlafen. Danach ist er Jakobus erschienen, dann allen Aposteln. Zuletzt aber von allem ist er auch mir erschienen, gleichsam der Fehlgeburt.« (1 Kor 15,5–8).

Und eine weitere ›Feststellung‹ festigt diesen Glauben: das leere Grab (siehe etwa im Lukasevangelium das Kapitel 24). Es sind zunächst die Frauen, die das berichten. Aber die Jünger Jesu meinen, Frauen seien nicht unbedingt sehr glaubwürdig, wenn sie etwas erzählen. Also rennt der Fels selbst, Petrus, zum Grab, und er kann nur staunen.

Was ist nun richtig: Werden die normalen Menschen einen leichten, luftigen Scheinkörper bei der Auferstehung tragen, und nur Jesus hat das Privileg gehabt, seinen eigenen irdischen Körper in seinen neuen Lebensstand mitzunehmen?

Was ist der Unterschied zwischen der paulinischen ›leiblosen‹ Auferstehung und dem Weiterleben der Seele? Paulus mag von Auferstehung reden, der alte Leib, der zu Staub zerfallen ist, ist aber kein Subjekt der Auferstehung: Der Staub wird Staub bleiben. Was wird also auferstehen? Von der Seele redet Paulus nicht, er redet von ›uns‹. Was meint er damit?

Eine weitere Bemerkung: Nach Paulus ist nicht die Existenz der Seele für die neue Religion der Christen wichtig. Wir wissen nicht mal, ob Paulus diese philosophischen Spekulationen kannte. Wahrscheinlich ja. Der Glaube an die Existenz der Seele ist aber für Paulus anscheinend nicht notwendig. Zentral ist für ihn der Glaube an die Auferstehung. Wenn dieser Glaube nichtig wäre, dann wäre alles nichtig: die Auferweckung Jesu Christi und, was für das Selbstbewusstsein des Paulus noch schlimmer sein könnte, sogar der Sinn seiner Verkündigung. Aber: Wenn es so wäre, dass Christus nicht wirklich auferstanden ist und dass Paulus selbst eine irrige Meinung vertrat oder uns nur Bilder des Trostes vor Augen geführt hat, die nicht unbedingt der Wirklichkeit entsprechen, was dann? Fragen über Fragen.

Viele Menschen glauben nicht an die Auferstehung Jesu und an die Auferstehung von den Toten. Auch viele Christen nicht (mehr). Viele sind bereit, diese Mythen als Bilder zu betrachten, die uns Trost und Zuversicht geben und unsere Hoffnung lebendig halten, sie sind aber nicht bereit, das Bild als Wiedergabe von natürlichen Vorgängen zu verstehen. Die Welt wird von diesem Glauben oder Unglauben nicht wirklich beeindruckt, die Weltgeschichte läuft weiter – wie vor dem Tod Jesu und für viele Menschen, die an Gott nicht glauben, sogar nach seinem Tod.

›Gestorben‹, ›begraben‹, ›auferweckt‹, ›Herr‹, ›zur Rechten des Vaters, ›eingesetzt‹ ›neues Leben‹ ... Handelt es sich hierbei um Begriffe, die Paulus und das Neue Testament insgesamt für sich originär beanspruchen können, besonders, weil sie all diese Begriffe und Eigenschaften auf Jesus beziehen? Kann das Neue Testament zu Recht die Originalität des Auferstehungsgedankens für sich in Anspruch nehmen, da nachweislich in der ›Schrift‹ wenig oder kaum etwas davon zu finden ist? Wohl kaum.

Die Barke der Sonne: Die ägyptische Vorstellung vom Leben nach dem Tod

Eine Bekannte, die sich in orientalischen Kulturen viel besser auskennt als ich, weil sie sie studiert hat, seit Jahrzehnten dort lebt, arabische Schriftsteller ins Deutsche übersetzt und mit einem arabischen Orientalisten verheiratet ist, machte mir ein Kompliment zu meinem Buch *Gott, Götter und Idole* und meinte, mit der Analyse und Schlussfolgerungen, die das Alte Testament betreffen, ebenso von der, die die Götter anderer Religionen betreffen, sei sie voll einverstanden. Bei Jesus aber sei sie der Meinung, ich läge falsch. Ein Gott, der leidet und stirbt, sei glaubwürdig. Und Jesus sei der einzige Gott, der gelitten und gestorben ist.

Diese Meinung meiner Bekannten kam mir wieder in den Kopf, als ich auf meiner geistigen Fahrt durch das Totenreich der Ägypter auf den Gott Osiris stieß.

Das Totenbuch der Ägypter ist an und für sich kein einfach zu lesendes Buch, ich hatte Mühe, die Hauptlinien zu koordinieren. Mit Hilfe der Kommentare von Erik Hornung[51], besonders von seinem Buch *Tal der Könige*[52], verstand ich die Hauptzüge der ägyptischen Götter- und Totenwelt besser. Erleuchtet wurde ich aber von einem

[51] Das Totenbuch der Ägypter. Eingeleitet, übersetzt und erläutert von Erik Hornung, Zürich 1979. (Künftig zitiert als: Das Totenbuch der Ägypter.)

[52] Erik Hornung, Das Tal der Könige, Zürich 1982. (Künfig zitiert als: Das Tal der Könige.)

wunderbaren Buch von Eugen Drewermann *Ich steige hinab in die Barke der Sonne.*[53] Das Buch zeigte mir augenscheinlich die Zusammenhänge zwischen Osiris und Jesus: Die Augen gingen mir auf. Eigentlich spät. Denn diese Bücher hatte ich in meinem beruflichen Leben selbst verlegt und sogar gelesen. Aber manchmal fehlt einem der entscheidende Funke, damit Licht in die dunkle Kammer des Gehirns kommt.

Ich komme natürlich bald ausführlicher auf die Inhalte dieser Bücher zu sprechen. Wichtig scheint mir noch ein Hinweis auf ein weiteres Buch. Es handelt sich um das Buch des Ägyptologen und Theologen Manfred Görg, *Mythos, Glaube und Geschichte.*[54] In diesem Buch werden gerade die Zusammenhänge aller Glaubenssätze zwischen dem christlichen Credo und der Religion des Alten Ägyptens ausführlich dargestellt. Gern hätte ich ein weiterführendes Gespräch mit dem Autor geführt, denn ich wollte mit ihm einige Fragen klären. Aber er ist leider vor unserem Gespräch verstorben. Deswegen kann ich hier nur meine Fragen formulieren. Einen kurzen Überblick über die Abhängigkeit des christlichen Glaubensbekenntnisses von anderen Religionen des Orients, besonders von der ägyptischen, bietet auch, vermutlich von Manfred Görg inspiriert, Hubertus Halbfas in seinem Buch *Religiöse Sprachlehre.*[55]

Warum zitiere ich plötzlich und ungewohnt so viele Bücher? Keinesfalls um kulturelle Tiefe zu bezeugen, sondern um die Überraschung zu zeigen, die mich selbst übermannte, als mir diese Zusammenhänge klarer wurden. Und sie haben mit unserem Thema sehr stark zu tun.

Eugen Drewermann schreibt: »Immer wieder hat man in der christlichen Theologie die Gestalt Jesu als des Messias Israels *vom Alten Testament her* zu verstehen versucht, doch immer wieder scheiterte dieser Versuch [...] an der Unvereinbarkeit der altorientalischen Königsvorstellung mit dem Gedanken von Leid und Erniedrigung. Man half sich [...] mit den Leidenspsalmen und der Gestalt des Gottesknechtes, [...] doch das Ergebnis blieb immer dasselbe: Man glaubte es dem Christentum selber als etwas exklusiv Einzigartiges

[53] Eugen Drewermann, Ich steige hinab in die Barke der Sonne, Olten 1989. (Künftig zitiert als: Ich steige hinab.)

[54] Manfred Görg, Mythos, Glaube und Geschichte. Die Bilder des christlichen Credo und ihre Wurzeln im Alten Ägypten, Düsseldorf 1998. (Künftig zitiert als: Mythos, Glaube und Geschichte.)

[55] Hubertus Halbfas, Religiöse Sprachlehre. Theorie und Praxis, Ostfildern 2012, S. 351ff. (Künftig zitiert als: Religiöse Sprachlehre.)

zuschreiben zu müssen, dass es – im erklärten Widerspruch zur jüdischen Synagoge – *seinen* Messiaskönig als leidenden Christus darstellte, der gerade durch sein Leiden und sein Sterben den Tod überwunden habe. Religionsgeschichtlich müssen wir indessen anerkennen, dass die alten Ägypter in der Gestalt des *Re-Osiris* eben diesen Kontrast von Leid und Verklärung, von Himmelsabstieg und Rückkehr zum Himmel [...] in den Mittelpunkt all ihres religiösen Fühlens und Denkens gestellt haben.«[56]

Jesus ist also nicht der einzig leidende Gott und nicht der erste.

Die Berührungen zwischen der Sonnen-Religion des Alten Ägyptens und der christlichen sind vielfältig. Und es gibt einiges an guter Literatur dazu. Der Versuch, hier einen Überblick zu geben, könnte nur scheitern und dem Reichtum der Kultur des Alten Ägyptens gar nicht gerecht werden.

Wichtig sind hier die Fragen, die mit dem Los des Menschen nach dem Tod zu tun haben. Die Antworten, die Jesus als die zentrale Gestalt des Christentums einerseits und die mythische Gestalt des Sonnengottes im Alten Ägypten, Re/Osiris, zu diesen Fragen geben, sind nicht unähnlich.

Zunächst ein kleiner Einblick in die Genealogie der ägyptischen Götter, gerade so viel, wie es zu Beginn nötig ist. Wir können bei Bedarf immer wieder ergänzen.

Zu Beginn war ein chaotischer Ozean, aus dem eine geordnete Erde entstand, auf der der Urhügel wuchs. Aus ihm wird Re, Sonne und Sonnengott zugleich, geboren. Re schuf, bzw. gebar die Luft (Schu) und das Wasser (Tefnut). Schu und Tefnut bekamen Zwillinge: Nut (Himmel) und Geb (Erde). Diese wiederum bekamen vier Kinder: zunächst Osiris und seine Schwester Isis und dann Seth und seine Schwester Nephtys. Osiris und Isis wurden bereits im Mutterleib ein Paar, später heirateten sie, Seth vermählte sich seinerseits mit Nephtys. Soviel für jetzt. Zwei weitere Namen werden bald hinzugefügt. Anubis und Horus.

Hier beginnt eine schicksalhafte Geschichte, die in Wirklichkeit nie geschehen sein mag, im Mythos spricht sie uns gleichwohl stark an.

Durch eine schicksalhafte Verwechselung von Isis und Nephtys, der Schwester und Frau seines Bruders Seth, zeugte Osiris mit Nephtys ein Kind: Anubis. Aus Angst vor Seth versteckt Nephtys das Kind. Isis findet es, nimmt es zu sich und pflegt es. Anubis, der Gott mit

[56] Ich steige hinab, S. 131f.

dem Schakalskopf, wird der Gott der Balsamierung und der Seelenbegleiter. Wir werden ihn wieder treffen.

Seth ist die Schattenseite, die Kehrseite des Osiris. Osiris ist der Gott des Guten und der Fruchtbarkeit, der die Fluten des Nils regelt und Leben und Nahrung schenkt. Seth ist der Gott des Schlechten, der auch Osiris, seinem Bruder, aus Neid nachsetzt und töten will. Und es gelingt ihm. Seth zerstückelt ihn und verstreut die Teile im Nil. Isis findet die Leichenteile, setzt sie zusammen und, mit Hilfe von Anubis, balsamiert sie diese ein und formt aus ihnen die erste Mumie.

Im Mythos und im Totenbuch der Ägypter ist die Mumie das Zeichen des Lebens.

Isis fand alle Leichenteile bis auf den Penis von Osiris. Sie bastelte einen Ersatzpenis und vereinigte sich mit Osiris. Aus dieser Vereinigung wird ein Sohn geboren: Horus, der falkenköpfige Gott, der auf seiner Krone die Sonnenscheibe trägt. Aus Angst vor Seth wird er im Nildelta versteckt. Seth findet seinerseits die Mumie des Osiris und zerstückelt sie erneut und verstreut die Stücke überall. Aber Isis findet sie wieder und setzt die einzelnen Stücke zusammen. Osiris ersteht zu neuem Leben und wird der Gott der Totenwelt.

Horus ist inzwischen erwachsen und will an Seth Rache nehmen. Er findet ihn, kämpft gegen ihn und besiegt ihn. Zunächst einigt er sich mit ihm, Seth bleibt der König Oberägyptens, und er selbst wird König Unterägyptens. Später wird Horus aber auch Oberägypten an sich reißen. Seit dem Zeitpunkt trägt er eine Doppelkrone (ähnlich der Mithra, die die katholischen Bischöfe heute auf ihren Kopf setzen), als Symbol, dass er über ganz Ägypten herrscht.

Es gibt mehrere Erzählvarianten dieses Mythos. Gleichwohl bleiben die wesentlichen Elemente unverändert.

Es bleibt die Feststellung: Ein Gott glänzt nicht durch Glück und Freude, er leidet und stirbt: »In Osiris verkörpert ein Gott das Todesgeschick in seiner schlimmsten, brutalsten Form. Er ist von Seth und seiner Bande ermordet, ins Wasser geworfen, zerstückelt, einer regulären Bestattung und damit der sicheren körperlichen Fortdauer entzogen worden. Ein Bild der völliger Hilflosigkeit ...«[57]

Aber der Tod ist nicht endgültig, Osiris wird auferweckt aus dem Tod, wird eine Mumie und der Gott der Unterwelt, wo die Toten alle hinkommen.

[57] Das Totenbuch der Ägypter, S. 31.

Osiris ist das mythische Vorbild für Jesus, der getötet, gestorben und auferweckt wurde.

Die Mumie ist die Vorbereitung auf das Weiterleben und dessen Vorwegnahme. Denn der Tod war für die Ägypter das Ende eines Schattendaseins auf Erden und der Beginn einer Reise im Totenreich in der Nachtbarke des Sonnengottes, einer Reise, die mit der Tagesbarke im Himmel beendet wird.

Die Einbalsamierung des Leichnams dauert 70 Tage. Zuerst werden das Hirn und die Eingeweide dem Körper entnommen und in Krügen aufbewahrt und auf die Reise ins Totenreich mit verschickt. Die Mumie wird so vorbereitet, dass sie eine starre Hülle des Verstorbenen darstellt und den Leichnam für die Zeit danach unversehrt erhält – ein Zeichen der Ewigkeit –, bis der Tote in die Barke der Sonne einsteigt und zum Himmel fahren kann.

Die Mumie wird nicht nur einbalsamiert, sondern in Tücher gewickelt. Der Mund der Mumie wird nachträglich wieder geöffnet, damit der Tote atmen kann. Und die Mumie nimmt die Form des Urhügels an, aus dem Re, der Sonnengott entstanden ist.

Die Mumie ist also gleichzeitig Vorbereitung auf das Leben nach dem Tod und Symbol des Urhügels, der Schöpfung und der Auferstehung.

Es schließt sich der Kreis von Leben und Tod: Jedes Leben entsteht vom Urwasser (Nun), so wie die Körperteile des Osiris im Urgewässer wieder gefunden wurden. Die Mumie des Verstorbenen symbolisiert das Ur-Ei, aus dem Re, der Sonnengott, entstanden ist.

Die Mumie des Osiris wurde von Anubis gefertigt, und am Kopf und Fuß der Mumie standen die zwei Schwestern des Osiris: Isis und Nephtys. Ein frappant ähnliches Bild findet sich im Neuen Testament. Es handelt sich um die Szene, als Maria Magdalena am Ostermorgen sich ans Grab Jesu begibt. Auch hier soll Eugen Drewermann zitiert werden. Das Johannesevangelium »lässt zwei Engel in weißen Kleidern dasitzen, den einen zu Häupten, den anderen zu Füßen der Stelle, wo der Leichnam Jesu gelegen hatte. [...] Johannes lässt die zwei Engel ›dasitzen‹ an genau markiertem Ort, und es ist natürlich von größter symbolischer Bedeutung zu sehen, wo ein ›Engel‹ sich aufhält: es sind in Joh 20,12 gerade die Stellen, an denen [...] die beiden Göttinnen Isis und Nephtys« [58] bei der Osirismumie standen.

[58] Ich steige hinab, S. 143.

Die Ähnlichkeiten der Erzählungen sind zahlreich. Rein theoretisch können alle einem Zufall zu verdanken sein. In der Kulturgeschichte sind aber Erzählungen und Mythen oft ein Gewebe von zusammenhängenden Deutungen. Nach Ägypten sind nicht nur die Söhne Jakobs ausgewandert. Dort hat Israel lange gelebt, in einem Land, in dem sie nicht nur aus den Fleischtöpfen gegessen haben, sondern sich auch von der Kultur und Religion des Landes geistig ernährt haben. Auch Jesus ist nach Ägypten symbolisch geflüchtet. Seine Anhänger haben altägyptische Bilder und Mythen verwendet, um ihn darzustellen.

Da es aber zunächst nicht um Jesus selbst geht, sondern um Vorstellungen des Lebens nach dem Tod, wollen wir hier das Bild der altägyptischen Vorstellungen abrunden. Ich selbst finde die altägyptischen Mythen der Totenwelt faszinierend und sehr reichhaltig. Es ist kaum möglich, sie hier in aller Kürze darzustellen.

Ähnlich wie bei Platon und viel früher als bei ihm ist auch für das Alte Ägypten das Leben auf Erden eine Vorstufe des späteren Lebens. Die Erde ist das Diesseits. Hier bereitet sich der Mensch auf das Leben im Jenseits, im Reich der Toten vor. Auch die Ägypter kennen also diese Unterscheidung zwischen Jenseits und Diesseits. Wenn der Mensch stirbt, stirbt er nur anscheinend. Seine Mumie nimmt nicht nur das mit, was er in diesem Leben lieb hatte, sondern das, was er im Jenseits, im Reich der Toten braucht. Der Mumie wird der Mund geöffnet, damit sie atmen kann, und Speise begleiten sie ins Jenseits, damit sie essen kann. Nach siebzig Tagen ist sie bereit, in das Reich der Toten einzusteigen.

Das, was wir im Deutschen ›Seele‹ nennen, ist bei den Ägyptern ein nicht einfacher Begriff. Sie wird auch anders dargestellt als im Hinduismus, Buddhismus oder bei den Griechen. Sechs Namen stehen für sechs Funktionen, die *Chet,* den Körper auf Erden, und *Sah,* den mumifizierten Körper im Reich der Toten, ›beseelen‹: Der Lebenskraft spendende *Ka,* der *Ba*, der den Kern der Persönlichkeit bildet, der *Ib* oder Herz, Sitz des Fühlens und des Denkens, *Ren,* der Name, der nicht nur auf Erden, sondern auch für die Identifizierung des Toten wichtig war, der *Schut* oder Schatten, der Begleiter des Körpers auch in der Unterwelt, und der *Ach*, der verklärte Mensch nach seiner Wiederauferstehung.

Der Aufenthalt im Reich der Toten ist nicht einfach. Schon im Augenblick des Todes entflieht der *Ba* mit Re, dem Sonnengott, in den Himmel. Und sein Leben spendender *Ka* wacht über die Gaben, die dem Toten mitgegeben werden. Aber wenn Re, der Sonnengott, nachts in die Unterwelt kommt, lassen sich *Ka* und *Ba* überzeugen, wieder in den Körper einzusteigen. Sodass der Mensch weiterlebt. Er wird sogar verjüngt und erhält neue Kraft. Er trinkt lebendes Wasser, erhält Nahrung von der Baumgöttin (eine interessante Parallele zum Baum des Lebens und zum Baum der Erkenntnis im Buch Genesis).

In der Unterwelt verspürt der Mensch das Bedürfnis, sich mit Osiris zu treffen, um sich mit ihm zu vereinen. Aber, um dieses Ziel zu erreichen, wird der Mensch Prüfungen ausgesetzt, die er überwinden muss. Erst am Ende dieser Prüfungen begegnet er dem Gott Anubis, der das Herz des Verstorbenen (*Ib*) auf die Waage der Gerechtigkeit (*Maat*) legt. Wenn das Herz des Menschen mit der Maat im Einklang steht, kann er vor Osiris treten. Ansonsten erwartet ihn die Untiefe, in der ein Tierungeheuer ihn verschlingen wird.

Osiris ist das Urbild für jeden Verstorbenen. Jeder Verstorbene ist ein Osiris und geht den gleichen Weg wie er. Der Verstorbene identifiziert sich mit Osiris, aber er bleibt ein *Osiris NN*, Osiris selbst ist der alleinige Herrscher des Reichs der Toten.

Irgendwo im Westen gibt es einen Eingang in die Unterwelt, in das Reich der Toten. Dort gehen die Verstorbenen ein, und dort, im Westen, geht auch der Sonnengott Re unter.

In seiner Barke überquert Re die Unterwelt und trifft selbst auf Osiris. Auf diese Weise begegnen sich das Licht und die Finsternis. In Wandmalereien sowie auf Sarkophagen wird die vorübergehende Vereinigung von Re und Osiris dargestellt, auf dem Grab der Nefertari als Gestalt mit Widderkopf zwischen Isis und Nephtys.[59]

Manchmal wird auch Osiris selbst als Sonne dargestellt.

Der Sonnenuntergang wird zum Symbol des Todes und des Übergangs in das Reich der Toten. Auf seiner Reise in der Unterwelt nimmt Re die *Ach* der *Verklärten* mit zurück in seinen Himmel.

Der Ausgang der Barke der Sonne ist im Osten, wo das Urwasser, das Meer (*Nun*) ist. Dort sehen die Ägypter auch die Sonne aufgehen, und mit ihm beginnen auch die Verklärten ihre Himmelfahrt.

Im Himmel, im Schoß von *Nut*, der Himmelskönigin, leuchten die *Ba* der Verklärten als Stern am Himmel. Der Sonnenaufgang im Osten ist das Symbol der Auferstehung, der Himmelfahrt der Verklärten.

[59] Vgl. Das Tal der Könige, S. 184.

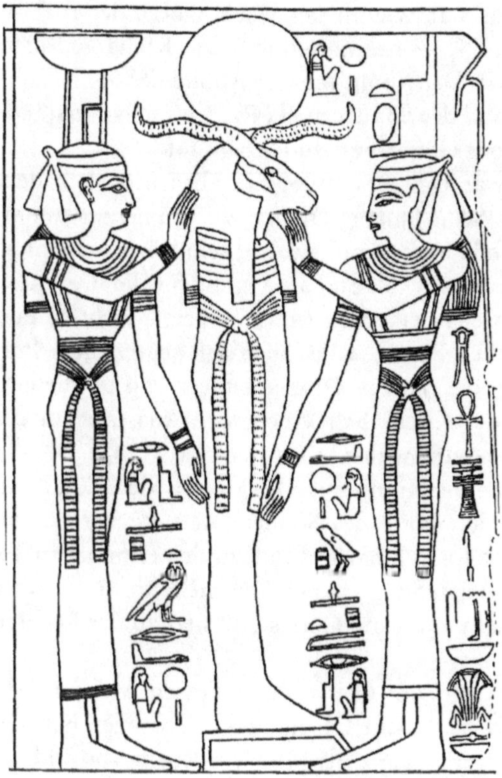

Abbildung 89 aus dem Totenbuch der Ägypter *zeigt das Verschmelzen von Osiris und Re in einer einzigen Gottesgestalt: Orisis ist für einen Augenblick Re und Re ist Osiris.*

Der Mythos geht über das Symbol hinaus: Alles wird zur Gottheit: Osiris, der Gott der Unterwelt, Anubis, der Gott der Mumien und des Totengerichts, Isis und Nephtys, Maat, Nut. Und auch der Verstorbene und nun Auferweckte wird ein Abbild der Götter.

Selbstredend steht am Anfang und bei der Entwicklungen dieser mythischen Vorstellungen nicht unbedingt die Frage, was das Schicksal des normalen Menschen, oder wie man heute sagt: des ›normal Sterblichen‹, nach dem Tod sei.

Auch im Alten Ägypten wurde Theologie nicht auf der Straße und auf dem Markt betrieben, sondern am Hof des Königs und durch die dort tätigen Priester. Den Anfang bildet also eine Hoftheologie, die sich naturgemäß mit dem Leben und dem Tod des Königs befasste.

Der König (der Pharao) hatte es auch damals besser als die normal Lebenden und Sterblichen.

Die Macht des Königs war, wie oft bei Machthabern der Fall ist, theokratisch begründet. Die Götter hatten ihn zum König gemacht, ihn auf den Thron gesetzt. Der König war das Abbild des Sonnengottes auf Erden. Er war Kind des Sonnengottes Re. Und selbstverständlich sind tote Abbilder der Götter nur zum Schein tot.

Die Mumifizierung war eine Bestattungsart, die anfänglich dem König vorenthalten war. Seine inneren Organe wurden herausgenommen und an einem besonderen Ort aufbewahrt, sein Körper einbalsamiert, in Leinentücher eingewickelt und als Mumie für die ›Ewigkeit‹ aufbewahrt und ins Jenseits befördert. (Auch andere Mächtige und selbstredend die römischen Päpste wünschten sich später diese Praxis. Noch heute werden die inneren Organe einiger Päpste, die einbalsamiert wurden, in der Kirche San Vincenzo e Anastasio in der Nähe des Trevi-Brunnens aufbewahrt.)

Dort bei seiner Zusammenkunft mit Osiris wird der König ein Abbild des Osiris, mit der Barke des Sonnengottes Re wird er im Osten aus dem Reich der Toten hinausgeführt, in den Himmel aufgefahren. Nach seiner Auferstehung, seiner Himmelfahrt und seiner Verklärung lebt er als Stern und Kind Gottes und sitzt an der Rechten des Gottes Horus.

Denn Horus ist der Gott, der Osiris gegen dessen Mörder Seth gerächt hat und der ihm die Macht Oberägyptens entzogen hat, der selbst Herrscher und Gott über ganz Ägypten wurde, ein Vor-Bild der Pharaonen, der erste von ihnen.

Die altägyptische Theologie des Todes und des ewigen Lebens galt ursprünglich für den König.

Im Tal der Könige finden sich beeindruckende Denkmäler dieser Hoftheologie, die den König als Abbild des Sonnengottes darstellen. Im Leben hat er mit Beschränkungen und Schranken zu Rande zu kommen. Der Tod macht ihn von allen Schranken frei. In den Texten der Pyramiden wird »beschrieben, wie der tote König zum Himmel emporsteigt und sich dort [...] den Eintritt in die Welt der Götter verschafft. Seine himmlischen Apotheose gipfelt darin, dass er sich die Zaubermacht der Himmelsbewohner einverleibt und dadurch seine göttliche Macht bis zur äußersten Grenze steigert«[60].

Hierzu ein Text, der die Vergöttlichung des Königs schildert[61]:

»Meine Glieder sind Götter
Ich bin nämlich ein Gott,

[60] Das Tal der Könige, S. 86.
[61] Ebd., S. 87.

kein Glied von mir ist ohne Gott.
Ich trete ein als Gott,
und ich komme heraus als Gott,
die Götter haben sich in meinen Leib verwandelt.«

Der König ist selbst Re, sein Abbild, und er wandelt mit Re:

»Ich bin du und du bist ich,
dein Ba ist mein Ba,
dein Lauf ist mein Lauf in der Unterwelt.
Meine Fahrt ist deine Fahrt, Re«.[62]

Wie man auch heute schön sagt: Nomen est Omen, der Name ist Schicksal: *Ramses*, der Name eines bekannten Pharaos, bedeutet: »Re hat ihn geboren«, »Ich bin Re«.

Re selbst bekommt im Alten Ägypten im Laufe der Zeit und seinen unterschiedlichen Funktionen entsprechend, andere Namen. Einer davon ist: Atum, Aton.

Tutanchamun, auch ein bekannter Pharao (um 1330 v. Chr.), dessen Gegenstände, die ihn auf die Reise in die Unterwelt begleitet haben, von Ausstellung zu Ausstellung in der ganzen Welt gezeigt werden, hieß ursprünglich *Tutanchaton*, und der Name heißt »Lebendes Abbild des Aton«. (Tutanchaton, das lebende Abbild des Aton, dessen Ba bereits seit etwa 3340 Jahren zur Rechten des Horus sitzt, war in jungen Jahren auf den Thron gestiegen und ist mit 19 Jahren, wie man heute durch 3D-Rekonstruktionen seines Skeletts, begründet zu wissen glaubt, vom Pferd gestürzt und auf Grund einer Fraktur am linken Oberschenkel gestorben. Sein Leichnam wurde höchstwahrscheinlich schlecht einbalsamiert. Seine Mumie klebte am Holzsarg, sodass man die Beinknochen mit einem Messer abtrennen musste, um die Mumie zu befreien. Durch die 3D-Rekonstruktion hat man herausgefunden, dass wegen seines jungen Alters sein Brustkorb leicht gekrümmt war, sein Schädel eine noch nicht ganz zusammengewachsene Spalte zeigte und ein Weisheitszahn schief im Gebiss gewachsen war. Alles in allem ein schwaches Abbild des Sonnengottes. In einem eiferten aber seine Eltern den Eltern von göttlichen Horus nach: wie Osiris und Isis waren sie auch Geschwister.)

Echnaton (um 1350 v. Chr.) ist der Inbegriff des Dieners des Sonnengottes Aton. Der Name heißt: ›Der dem Gott Aton dient‹. Echna-

[62] Ebd., S. 103.

ton hatte Aton einen besonderen Dienst erwiesen. Zu seiner Zeit wurden im Ägypten viele Götter verehrt, und wie es häufig der Fall ist, verehren die Menschen jeweils den Gott, der ihnen helfen soll, und da die jeweiligen Götter die jeweilige Macht der lokalen Prinzen theokratisch begründeten, so kämpften mit religiöser Überzeugung (Glaube) und Inbrunst (Frömmigkeit) alle gegen alle. Das konnte Echnaton nicht erlauben – besonders sich selbst zuliebe. Und er wählte die richtige Strategie. Er schaffte alle anderen Götter ab und erklärte Aton, seinen Gott, für den einzig wahren. In den Annalen heißt es nun: Echnaton hat den Monotheismus gegründet, und zwar noch vor Moses (wenn es stimmt, etwa um 1300 v. Chr.), der anscheinend die Strategie des Echnaton gut verstanden hatte: Wenn nur dein Gott wahr ist, dann hast du immer recht.

Schön ist sein Sonnengesang auf jeden Fall, wir bringen ihn hier wenigstens auszugsweise: Er bietet eine lyrische Zusammenfassung der altägyptischen Sonnenmystik.

»Schön erscheinst du im Horizont des Himmels, du lebendige Sonne, die das Leben bestimmt!

Du bist aufgegangen am Osthorizont und hast jedes Land mit deiner Schönheit erfüllt.

Schön bist du, groß und strahlend, hoch über allem Land.

Deine Strahlen umfassen die Länder bis ans Ende von allem, was du geschaffen hast.

Du bist Re, wenn du ihre Grenzen erreichst
und sie niederbeugst für deinen geliebten Sohn.
Fern bist du, doch deine Strahlen sind auf Erden;
du bist in ihrem Angesicht, doch unerforschlich ist dein Lauf.

Gehst du unter im Westhorizont, so ist die Welt in Finsternis, in der Verfassung des Todes.

Die Schläfer sind in der Kammer, verhüllten Hauptes, kein Auge sieht das andere. [...]

Die Finsternis ist ein Grab, die Erde liegt erstarrt,
ist doch ihr Schöpfer untergegangen in seinem Horizont.

Am Morgen aber bist du aufgegangen im Horizont und leuchtest als Sonne am Tage;

du vertreibst die Finsternis und schenkst deine Strahlen.
Die beiden Länder sind täglich im Fest, die Menschen sind erwacht
und stehen auf den Füßen, du hast sie aufgerichtet.
Rein ist ihr Leib, sie haben Kleider angelegt,
und ihre Arme sind in Anbetung bei deinem Erscheinen [...]

Die Vögel sind aus ihren Nestern aufgeflogen, ihre Schwingen preisen deinen Ka. [...]
Die Fische im Strom springen vor deinem Angesicht,
deine Strahlen sind im Innern des Meeres.
Der du den Samen sich entwickeln lässt in den Frauen,
der du »Wasser« zu Menschen machst,
der du den Sohn am Leben erhältst im Leib seiner Mutter
und ihn beruhigst, so dass seine Tränen versiegen – du Amme im Mutterleib! –
der du Atem spendest, um alle Geschöpfe am Leben zu erhalten.
Kommt (das Kind) aus dem Mutterleib heraus, um zu atmen am Tag seiner Geburt,
dann öffnest du seinen Mund vollkommen und sorgst für seine Bedürfnisse. [...]
Wie zahlreich sind deine Werke, die dem Angesicht verborgen sind,
du einziger Gott, dessen gleicher nicht ist!
Du hast die Erde geschaffen nach deinem Wunsch, ganz allein,
mit Menschen, Vieh und allem Getier,
mit allem, was auf der Erde ist, was auf den Füßen umherläuft,
und allem, was in der Höhe ist und mit seinen Flügeln fliegt. [...]
Du schaffst den Nil in der Unterwelt und bringst ihn herauf nach deinem Willen,
die Menschen am Leben zu erhalten, da du sie geschaffen hast.
Du bist ihrer aller Herr, der sich abmüht an ihnen,
du Herr aller Lande, der für sie aufgeht,
du Sonne des Tages, gewaltig an Hoheit! [...]
Wie wirksam sind deine Pläne, du Herr der Ewigkeit! [...]
Deine Strahlen säugen alle Felder – wenn du aufgehst, leben sie und wachsen für dich.
Du schaffst die Jahreszeiten, um alle deine Geschöpfe sich entwickeln zu lassen –
den Winter, um sie zu kühlen, die Sommerglut, damit sie dich spüren.
Du hast den Himmel fern gemacht,
um an ihm aufzugehen und alles zu schauen, was du geschaffen hast.
Einzig bist du, wenn du aufgegangen bist, in all deinen Erscheinungsformen

als lebendiger Aton, der erscheint und erglänzt, sich entfernt und sich nähert;

du schaffst Millionen von Gestalten aus dir allein«.

Es ist nur ein Teil eines längeren Hymnus an den Sonnengott. Die Fortsetzung bringen wir später, wenn der Statthalter des Sonnengottes auf Erden nicht mehr der Pharao ist, sondern Jesus, der auferstandene Herr.

Wir kommen also auf diesen Hymnus wieder zurück.

Das christliche Credo und die ägyptische Sonnenreligion

Für den Apostel Paulus ist Jesus der erste der vom Tod Erstandenen, der Erstling der Entschlafenen (1Kor 15,20) und derjenige, in dem die Hoffnung auf die Auferstehung der an ihn Glaubenden begründet ist.

Wir reden also über den Tod Jesu, seinen Einzug in das Reich der Toten, seine Auferstehung, seine Himmelfahrt, seine Einsetzung zur Rechten Gottes und seine Tätigkeit als Richter der Lebenden und der Toten.

All diese Phasen – den Tod, den Aufenthalt im Reich der Toten, die Himmelfahrt und die Einsetzung des Auferweckten zu Rechten des Gottes Horus – haben wir bereits bei der Darstellung des Schicksals des Osiris kennengelernt.

Der natürliche Gang der Dinge (der Sonnenuntergang, die Finsternis der Nacht, der Sonnenaufgang, der Sternenhimmel) ist die Basis für eine erste Ebene der metaphorischen Übertragung: Vom Herrscher des Himmels, der Sonne, wird auf den Herrscher Ägyptens geschlossen. Der Pharao ist die Sonne, das Abbild der Sonne, ja der Sonnengott selbst. Natur und Geschichte werden zum Mythos. Die Sonne wird Gott, und ihre unterschiedlichen Phasen geben dem Sonnengott unterschiedliche Namen, die unterschiedlichen göttlichen Erscheinungen entsprechen.

Der Mythos ermöglicht uns Menschen so zu sein wie der Sonnengott, dadurch, dass er die Ebene der geschichtlichen Wirklichkeit auf eine höhere Ebene hebt. Alle Menschen haben die Möglichkeit, nach ihrem Tod, ihrer Auferstehung und ihrer Himmelfahrt ein Stern am Himmel zu werden, dort bilden sie den Sternenmantel der Nut, der Himmelskönigin.

Der Erstling von uns ist, nach den Worten des Paulus, Jesus, und er wird im Neuen Testament, besonders aber bei der späteren theologischen Entfaltung des Christentums zum neuen Sonnengott erhoben. Die Konkretionen dieser theologischen Entwicklung finden wir im Glaubensbekenntnis.

Im Folgenden stellen wir Jesus in den breiteren Kontext des christlichen Glaubensbekenntnisses und suchen naheliegende Parallelen in der altägyptischen Religion und Theologie.

Als Basis für unseren Vergleich mit der altägyptischen Religion nehmen wir den Text des apostolischen Glaubensbekenntnisses, eine in der Liturgie bevorzugte Formulierung des längeren Nicäno-Konstantinopolitanischen Glaubensbekenntnisses, das in den ersten Konzilien des Christentums, Nicea (325) und Konstantinopel (381) festgeschrieben wurde. Hier ist der ganze Text des apostolischen Glaubensbekenntnisses in der ökumenischen Fassung, mit einer leichten katholischen Akzentuierung, die aber für unsere Zwecke nicht weiter relevant ist.

Ich glaube an Gott,
den Vater, den Allmächtigen,
den Schöpfer des Himmels und der Erde.
Und an Jesus Christus, seinen eingeborenen Sohn, unsern Herrn,
empfangen durch den Heiligen Geist,
geboren von der Jungfrau Maria,
gelitten unter Pontius Pilatus,
gekreuzigt, gestorben und begraben,
hinabgestiegen in das Reich des Todes,
am dritten Tage auferstanden von den Toten,
aufgefahren in den Himmel;
er sitzt zur Rechten Gottes, des allmächtigen Vaters;
von dort wird er kommen,
zu richten die Lebenden und die Toten.
Ich glaube an den Heiligen Geist,
die heilige katholische Kirche,
Gemeinschaft der Heiligen,
Vergebung der Sünden,
Auferstehung der Toten
und das ewige Leben. Amen.

Wir folgen dem Duktus und der Struktur des Glaubensbekenntnisses und verweilen besonders bei den Aussagen über Gott und Jesus, besonders über sein Leiden, seinen Tod und seine Auferstehung. Hingegen vernachlässigen wir an dieser Stelle die Glaubenssätze über die Kirche und die Gemeinschaft der Heiligen.

Das Aufzeichnen der Parallelen zwischen dem christlichen Glaubensbekenntnis und der altägyptischen Religion ist auch bei Themen, die der Fragestellung des Buches (was erwartet uns nach dem Tod) entlegen zu sein scheinen, nicht irrelevant. Längere Reflexionen können eventuell ermüden, sie bringen uns aber nicht weg vom Hauptthema. Wichtig ist es, sich zu vergegenwärtigen, dass nach Meinung des Neuen Testaments, ausdrücklich des Paulus von Tarsus, Jesus Christus der Dreh- und Angelpunkt ist, an dem Antworten auf die Fragen über Leben, Tod und Leben nach dem Tod festgemacht werden. Gibt das Neue Testament mit der Gestalt Jesu eine originäre Antwort auf diese Fragen? Das Ergebnis wird sein: eher nicht. Deshalb möchte ich hier gerne weiter ausholen.

Ich glaube an den einen Gott, den Vater, den Allmächtigen, den Schöpfer des Himmels und der Erde.
Hierzu wurde auf den monotheistischen Ansatz des Echnaton hingewiesen, der eine große Parallelität zur monotheistischen Entwicklung in Israel aufweist.

So wie in den Schöpfungserzählungen im Buch Genesis, so wird auch im Alten Ägypten die schöpferische Kraft des Sonnengottes hervorgehoben. Es gibt assoziative Parallelen sowohl bei der Schöpfung durch das Wort (es ist der Geistgott Amun, der durch sein Wort alles erschafft), als auch bei der handwerklichen Erstellung der Welt. Zunächst ein Text zu der letzten Schöpfungsart (siehe dazu den sogenannten zweiten Schöpfungsbericht im Buch Genesis):

»Du bist der Meister der Töpferscheibe,
dem es gefällt, auf der Scheibe zu bilden,
der wohltätige Gott, der das Land belebt,
der die Keime der Erde in Berührung bringt.
Du bist der Allmächtige,
du hast die Menschen auf der Scheibe gebildet, täglich,
in deinem Namen, Chum, der Töpfer.«[63]

[63] Mircea Eliade, Die Schöpfungsmythen, Zürich 1964, S. 94.

Und hier ein Text aus einem anderen Hymnus an den Sonnengott, in dem dessen schöpferische Tätigkeit angepriesen wird:

Sei gegrüßt, RE in seinem Aufgang,
und ATUM in seinem Untergang!
Du gehst auf, du gehst auf,
du erglänzt, du erglänzt,
du bist erschienen als König der Götter.
Du bist der Herr des Himmels und der Herr der Erde,
der die Oberen und die Unteren erschaffen hat.
Einzigartiger Gott, bei der Schöpfung entstanden,
der die Länder schuf und die Völker hervorbrachte. [...]
Himmel und Erde grüßen dein Angesicht. [...]
Göttlicher Jüngling, Erbe der Ewigkeit,
der sich selber zeugte und gebar!
Der einzig Große mit erhabener Gestalt,
König der Länder, Herrscher von Heliopolis,
Herr der Zeit und erfahren in Ewigkeit!
Die Neunheit jubelt bei deinem Aufgang,
die in der Nachtbarke erheben dich.[64]

Die erste Schöpfungserzählung in der Bibel ähnelt dem bereits zitierten Sonnenhymnus des Echnaton noch mehr:

»Wie zahlreich sind deine Werke, die dem Angesicht verborgen sind,
du einziger Gott, dessen gleicher nicht ist!
Du hast die Erde geschaffen nach deinem Wunsch, ganz allein,
mit Menschen, Vieh und allem Getier,
mit allem, was auf der Erde ist, was auf den Füßen umherläuft,
und allem, was in der Höhe ist und mit seinen Flügeln fliegt.«

Und an Jesus Christus, seinen eingeborenen Sohn, unseren Herrn
Zur Gottessohnschaft Jesu gibt es viele parallele Bilder im Alten Ägypten, und wir haben sie hier bereits lange geschildert: Der Pharao ist Sohn und Abbild des Sonnengottes. Er ist Re (›Ramses‹) und sein Abbild (›Tutanchaton‹).

[64] Das Totenbuch der Ägypter, Spruch 15.

Im Alten Ägypten übt der Sonnengott die Schöpfertätigkeit aus, seine Söhne (die Könige Ägyptens) sind sein Abbild, sein Antlitz auf Erden. So ist auch Jesus Licht vom Licht, wahrer Gott vom wahren Gott.

Empfangen durch den Heiligen Geist, geboren von der Jungfrau Maria

Mag sein, dass manche sich fragen werden, was die Jungfrauengeburt Jesu mit seinem Tod und seiner Auferstehung zu tun hat. Das Außergewöhnliche zeigt sich bereits in den Anfängen. Könige haben eine privilegierte Geburt, Söhne Gottes sind keine gewöhnlich Sterblichen.

Die Parthenogenese, die Geburt durch eine Jungfrau, ist keinesfalls vom Christentum erfunden.

Jesus ist nicht der Erste gewesen, der durch göttliche Intervention von einer Jungfrau geboren wurde. Vier Elemente kommen in diesem weit verbreiteten Mythos zur Sprache: Es handelt sich immer um die Geburt eines besonderen Menschen, meistens eines Königs, eines Pharaos, eines Helden. Deswegen ist die göttliche Mitwirkung wichtig. Denn gezeugt wird nicht nur das Kind eines Königs, selbst ein künftiger König, sondern auch der Sohn eines Gottes. Die Mutter ist Jungfrau (eine besonders im Alten Testament vorkommende Variante zur Jungfräulichkeit ist die Unfruchtbarkeit der Frau). Und dieser besondere Mensch, der unter ganz besonderen Umständen gezeugt und geboren wird, hat eine ganz wichtige Aufgabe für andere Menschen, für sein Volk.

Dieser Mythos ist im Alten Orient sehr präsent. Dort wurden Herrscher oft als Gott oder Gottessöhne angesehen, als ein Same der Gottheit. In Persien wurde der Retter der Endzeit durch den Samen Zarathustras gezeugt, der in eine badende Jungfrau eingedrungen war. Und selbstredend war dieser Mythos auch bei den Griechen vorhanden: Platon wurde von Apollon und der noch jungfräulichen Frau des Ariston gezeugt. Auch Alexander der Große wurde von Zeus und einer Jungfrau gezeugt.

Eine Parallele zu einem alttestamentlichen Text (Jesaja 9,1ff) findet man bei Vergil, der die Geburt eines Kindes von einer Jungfrau ankündigt, mit dem ein neues Zeitalter beginnen wird. Bei Jesaja wird auch die Geburt des Frieden bringenden Kindes erwähnt: »Ein Kind ist uns geboren, ein Sohn ist uns geschenkt [...] Man nennt seinen Namen: Wunderrat, starken Gott [...]«. Beide Texte, auch der von

Vergil (etwa 49 v. Chr.), wurden von den Christen gern auf Jesus hin gedeutet.

Mögen die von Göttern gezeugten Herrscher und Helden noch so zahlreich sein. Uns interessiert hier vor allem die Parallele zwischen dem christlichen Glaubensbekenntnis und dem Alten Ägypten.

Sehr anschaulich ist die Parallelisierung, die Manfred Görg und Hubertus Halbfas aufzeigen.

Auf der einen Seite steht die ägyptische Königin Hatschepsut. Sie ist mit einem noch nicht geschlechtsreifen Mann verheiratet. Ihr wird die Geburt eines neuen Gottessohnes (eines Pharao) angekündigt. Es folgt die Zeugung unter der Mitwirkung des Gottes Amun (er ist der Gott des Windes – das weckt Assoziationen mit den Heiligen Geist, auch er ist Gottes Wind, ruach elohim) und der neue Gottessohn und Pharao wird geboren.

Auf der anderen Seite stehen die Ankündigung und die Geburt Jesu im Text des Lukasevangeliums.[65]

Jesus ist selbstverständlich auch Sohn eines Königs (Davids), zugleich Sohn des Höchsten, der ihm den Thron Davids anvertrauen wird (Lk 1,26–38; 2,1–14).

Die Parallelen sind so stark, dass man vermuten könnte, Lukas habe eine ägyptische Vorlage für seine Komposition, auch wenn er sich auf das Alte Testament beruft.

»Rein zeitlich gesehen ist der nichtchristliche Anteil an der Überlieferungsgeschichte größer als der christliche«, meint Manfred Görg. In Alexandrien wurde die hebräische Bibel ins Griechische übersetzt und das Wort ›*alma*‹, das ›junge Frau‹ heißt, wurde mit dem griechische Wort *parthenos* (Jungfrau) wiedergegeben.[66]

Nicht nur die Theologie des Paulus und des Johannesevangeliums und nicht nur das Lukasevangelium verdanken viel von ihrem Gedankengut und ihrer Bilder der altägyptischen Kultur. Auch das Matthäusevangelium ist den altägyptischen theologischen Wurzeln Israels sehr nahe. Als Entstehungsort dieses Evangeliums wird oft Syrien genannt, aber einige meinen, Matthäus habe im ägyptischen Alexandrien das Evangelium geschrieben. Und in seinem Evangelium werden Bilder verwendet, die der altägyptischen Theologie und Kultur nahe sind.

Als das Kind Jesus von Herodes bedroht ist und fliehen muss, flieht es nach Ägypten, so wie Jahrhunderte davor sein Volk.

[65] Vgl. Religiöse Sprachlehre, S. 362ff.
[66] Mythos, Glaube und Geschichte, S. 115.

In Heliopolis findet man heute eine frühe Darstellung der Heiligen Familie. Dorthin, so will die frühe christliche Tradition, die noch heute von den Koptischen Christen forttradiert wird, soll Jesus mit Maria und Josef geflüchtet sein.

Heliopolis ist der Ort, wo – nach der altägyptischen Kultur – das Chaos herrschte, dann der Urhügel der Schöpfung entstanden ist. Von diesem Urhügel ist Re, der Sonnengott, aufgegangen und dort war auch die Phönix, der Vogel und Gott der Erneuerung, zu Hause.

Der Name Heliopolis wurde durch einen Hieroglyphen wiedergegeben, der eine Säule darstellte, auf der ein Kreuz aufgesetzt war.[67]

Das Matthäusevangelium kennt die ›heilige Familie‹ nicht so wie das spätere Christentum. Josef wird dort ja gar nicht als Vater Jesu angesehen, dafür wird die Jungfrau Maria umso profilierter dargestellt.

Das spätere ikonographische Bild der Mutter Gottes mit dem Kind Jesus im Arm erinnert sehr stark an das Bild der Göttin Isis mit dem göttlichen Horuskind im Arm – ein Motiv, das den Ägyptern wohl bekannt war.

Isis wurde im Alten Ägypten, ähnlich wie später Maria, folgendermaßen benannt: »Liebreiche Mutter, thronende Göttin, Himmelskönigin, Meeresgöttin, Gnadenspenderin, Unbefleckte, Sancta Regina; sie war die Mutter des Grünens und Blühens (Maienkönigin), aber auch die Mater Dolorosa (Schmerzensmutter), die den toten Sohn beweint. Sie gebar als Jungfrau und unterwegs, hält das Gotteskind (Horus oder Harpokrates genannt) auf dem Schoß oder reicht ihm die Brust; und Statuetten der Mutter mit dem Säugling waren im Alten Ägypten weit verbreitet. Sie vererbte ihren blauen Mantel auf künstlerischen Madonnendarstellungen an Maria ebenso, wie ihre Isisattribute Halbmond und Stern(e). Auch sie führte die Titel ›Mutter Gottes‹ und ›Gottesgebärerin‹ (Deipara, Theotokos), die sie 431 auf dem Konzil von Ephesus an Maria, die Mutter Jesu, abtreten musste.«[68]

Wurde ein Ereignis (Kindheit Jesu) von Matthäus erst später mit Bildern aus der ägyptischen Kultur verglichen, oder wurde diese Darstellung der Kindheitsgeschichte des Matthäusevangeliums erst durch die altägyptischen Bilder möglich?

[67] Vgl. http://ilnavigatorecurioso.myblog.it/archive/2012/08/28/l-influenza-egizia-sulla-cultura-globale-sul-cristianesimo-e.html (Letzter Zugriff: 09.11.2014).
[68] http://glauben-und-wissen.de/M24.htm (Letzter Zugriff: 09.11.2014).

Natürlich hat sich die christliche Überlieferung über Jesus nicht nur der altägyptischen Mythen bedient. Eine kulturell sehr nahe Tradition war der Mithraskult. Mithras war auch in einer Grotte geboren und wurde von Hirten besucht.

In der Nähe oder oberhalb der Grotte in der Nähe von Bethlehem, in der nach der christlichen Tradition (in den Evangelien wird das Wort Grotte oder Höhle nicht erwähnt) Jesus geboren worden ist, ließ im zweiten Jahrhundert nach Christus der Kaiser Hadrian eine Kultstätte zu Ehren des Adonis errichten. Unklar ist wohl, ob der Adoniskult in der Nähe von Bethlehem ursprünglicher ist als der Jesuskult. Die Nähe der zwei Traditionen und Kulte ist jedoch interessant.

Mit dem Stern von Bethlehem könnte auch der Isis-Stern gemeint worden sein. Das Rätsel des Sterns von Bethlehem wäre so leicht verständlich: Der Stern der Isis (Sirius) ging vor dreitausend Jahren im Alten Ägypten in der Zeit der Sonnenwende im Dezember, also etwa um den 25. Dezember, auf. Auf dieses Datum, das von Matthäus selbst nicht erwähnt wird, kommen wir noch zu sprechen.

Ein weiteres interessantes Detail: Die Weisen aus dem Orient bringen Geschenke mit: Gold, Weihrauch und Myrrhe. Gold ist das Sonnensymbol und Symbol der Gottheit, Myrrhe war Bestandteil eines Salböls, das für die Salbung der Priester und im Alten Ägypten zur Einbalsamierung des Leichnams verwendet wurde. Und der Weihrauch hieß im Alten Ägypten *sintr,* was wohl heißt: »das, was zu Gott macht.«

Ob diese Parallelen alle nur Zufälle sind?

Gerade die Geburtserzählungen begründen im Alten Ägypten und ebenso im Neuen Testament erzählerisch die Gottessohnschaft des Pharaos (Königs) und Jesu.

Das christliche Credo ist zu einer Zeit entstanden (300–500 n. Chr.), in der nicht nur Rom und Konstantinopel um die theologische und kirchenpolitische Vormacht kämpften. Ein drittes christliches Zentrum, Alexandrien, spielte dabei auch eine entscheidende Rolle und setzte mit Hilfe Roms und gegen Konstantinopel nicht selten die eigenen theologischen Ansichten durch. Hauptakteure im Konzil von Nicäa und in der Zeit danach waren etwa Arius und Alexander sowie Athanasius, alle drei aus Alexandrien. In Ephesos betätigte sich der Patriarch von Alexandrien, Kyrillos, gegen den Patriarchen von Konstantinopel, Nestorius. Dort plädierte der Bischof von Alexandrien gegen Nestorius dafür, dass Maria, der Mutter Jesu, der Titel ›Theotokos‹, ›Mutter Gottes‹ verliehen wird.

Mutter Gottes war im Alten Ägypten naturgemäß die Himmelskönigin Nut, Mutter der Geschwister Osiris, Isis, Seth und Nephtys. Neben Nut wurde Isis als Gottesmutter verehrt. Deren Statue, die stillende Isis, wird als »Vorform der frühesten Madonnendarstellungen betrachtet«[69].

In Luxor zeigt eine Tafel die Königsmutter und den Gott Amun, den ägyptischen Geistgott, wie sie einander gegenübersitzen. »Das ist die Form, in der die Ägypter den geheimnisvollen Charakter der Empfängnis durch den Geist Gottes auszudrücken pflegten [...] Die Vorstellung, dass eine menschliche Mutter zur Trägerin göttlichen Lebens wird, reicht in Ägypten bis ins 3. Jahrtausend v. Chr. zurück.«[70]

Natürlich war Ägypten zur Zeit der ersten christlichen Konzilien längst von der griechischen Denkweise eingeholt worden. Aber die altägyptische Religion durfte noch lange nicht ohne Einfluss gewesen sein.

Mit Hilfe alexandrinischer Interpretationen wurde zur Zeit der ersten christlichen Konzilien Maria, die ›Mutter Gottes‹ als die neue Isis, die altägyptische Mutter des Gottes Horus, angesehen. Mit dieser Namensänderung und Übernahme der Isistradition wurde auch eine Reihe von Gebeten an die Göttin Isis problemlos auf Maria umgemünzt, aus den Isisbezeichnungen wurde eine Litanei zu Ehren Marias.

In der Zwischenzeit war in der hellenistisch geprägten Welt auch die Göttin Artemis, die jungfräuliche Muttergöttin der Griechen, als die hellenistische ›Nachfolgerin‹ der Isis angesehen. Ihr Name klang im Übrigen dem der mesopotamischen Göttin Astarte (Ishtar), auch sie Muttergöttin und Fruchtbarkeitsgöttin, so nah.

Der Bischof von Konstantinopel, Nestorius, der aus Antiochien, und nicht aus Alexandrien stammte, warnte auf dem Konzil zu Ephesos davor, Maria als Mutter Gottes zu erklären, aus der berechtigten Befürchtung, dass sich ein Kult heidnischer Herkunft im Christentum einnisten könnte.

Aber die Verbreitung der Isisverehrung, im Mittelmeerraum, und auch in Rom, und die – gerade in Ephesos – verbreitete Verehrung der Göttin Artemis bereiteten den Boden für die Verwandlung der Göttin Isis in die Mutter Gottes Maria. Das Reichskonzil, das in dem

[69] Mythos, Glaube und Geschichte, S. 109.
[70] Ebd., S. 105.

artemis- und marienfreundlichen Ephesos stattfand (431), besiegelte diese Verwandlung.

Nach vielen Intrigen und Ränkespielen verkündete das Konzil, dass Maria zu Recht als ›Gottesgebärerin‹ zu bezeichnen sei. Das geschah zur großen Freude der Einwohner von Ephesos, die begeistert auf die Straße gingen und riefen: ›Gelobt sei die Gottesgebärerin!‹. Ähnlich klang der bisherige Ruf der gleichen Epheser: ›Groß ist unsere Artemis!‹

Man könnte hier weitere Parallelen anführen. Das würde uns jedoch von unserem Thema (dem Tod, und was später kommen mag) weiter entfernen.

Festhalten möchte ich hier zweierlei:

Bereits das Alte Testament und das Judentum haben sich nicht selten von der Hoftheologie des Alten Ägypten beeinflussen lassen. Die in Entstehung befindliche neue Religion, das Christentum, hat diese Theologie genutzt, um ihren neuen Gottessohn, Jesus, auf den Thron Davids zu setzen. Und nicht nur das: Er durfte nach seiner Auferstehung zudem zur Rechten des Vaters sitzen.

Gelitten unter Pontius Pilatus. Gekreuzigt, gestorben und begraben

Dass der Gott der Christen nicht der einzige Gott gewesen ist, der gelitten und gestorben ist, haben wir bereits durch die Parallelität mit dem gewaltsamen Tod des Osiris gezeigt und das wollen wir hier nicht wiederholen. Die Nähe des christlichen Glaubens zur altägyptischen Religion ist frappant.

Herabgestiegen in das Reich der Toten

Am allerwenigsten wird im Neuen Testament vom Hinabsteigen des verstorbenen Jesu in das Reich der Toten gesprochen. Wenn man will, wird dieses ›Ereignis‹ explizit nur im ersten Petrusbrief erwähnt: »Auch Christus ist einmal um der Sünden willen gestorben, ein Gerechter für Ungerechte, damit er uns zu Gott führt; getötet wurde er dem Fleisch nach, zum Leben auferweckt dem Geiste nach. Er ging auch hin und predigte den Geistern im Kerker« (1 Petr 3,18ff).

Vielleicht deuten auch die bereits erwähnten Texte im Neuen Testament, in denen das Wort ›Paradies‹ zu lesen ist auf das Hinabsteigen des toten Jesus in das Schattenreich der Toten, in den Scheol, hin.

In der lateinischen Version des Glaubensbekenntnisses steht: ›descendit ad inferos‹, was ursprünglich ins Deutsche mit ›hinabgestiegen in die Hölle‹ übersetzt wurde. Zwischen den ›inferos‹ und der

Hölle gibt es aber durchaus Unterschiede. Die Hölle ist der lateinische ›infernus‹, die ›inferi‹ sind eher die Vorhölle, also die Scheol, das Reich der Toten, was zutreffender ist als ›das Reich des Todes‹, das in der jetzigen Übersetzung des apostolischen Glaubensbekenntnisses steht.

Auch hier bedient sich die Verkündigung des christlichen Glaubens der Bilder des Alten Ägyptens. Nach der altägyptischen Mythologie ist das Hinabsteigen in das Reich der Toten der völlig normale Vorgang eines jeden Toten, insbesondere des Pharaos und des getöteten Gottes Osiris.

In das Reich der Toten steigen die Toten hinab. Im Sinne der altägyptischen Mythologie warten sie dort auf die Barke der Sonne, damit sie mit auf die Barke genommen werden. Dies galt früher für die Pharaonen, in der späteren Ausformungen der Religion im Alten Ägypten galt dies für alle, auch für die Normalsterblichen.

In das Reich der Toten steigt auch Osiris ab, nicht nur weil er gestorben war, sondern um dort der Gott des Reiches der Toten zu werden.

Und in das Reich der Toten steigt auch Re, der Sonnengott, ab, um dort zu ruhen in der Nacht und um von dort die Verstorbenen als Verklärte Achs (verklärte ›Seelen‹) mit in den Himmel zu nehmen.

Diese letzte Implikation des Abstiegs Jesu Christi in das Reich der Toten, seine Mission, Verstorbene mit in den Himmel zu nehmen, findet man nicht mal im Glaubensbekenntnis. Es entspricht aber dem traditionellen Bild der christlichen Theologie, das sich eindeutig am allerbesten durch die altägyptischen Bilder erklären lässt.

Die sogenannte Katabasis Christi, das Hinabsteigen Christi in die Unterwelt, um von dort mit den befreiten und wieder auferstandenen Menschen (gemeint sind besonders die Verstorbenen, die vor Christus gut und gottesfürchtig gelebt hatten) wieder aufzusteigen, hat eine lange mündliche, schriftliche und ikonografische Tradition.

Die Parallelität mit der Theologie des Sonnengottes ist nicht zu übersehen, auch wenn andere Götter aus vielen Mythologien der ganzen Welt in gleicher Mission in das Reich der Toten hinabgestiegen sind, um dort einen oder mehrere Verstorbene zu befreien: Orphäus etwa, der in den Hades (eine ähnliche Welt wie die Scheol oder die ägyptische Unterwelt) hinabsteigt, um Eurydike zu retten.

Aber auch bei den Sumerern sind die Götter nicht schlechter als anderswo: Gilgamesch steigt in die Unterwelt ab, um dort Utnapishtim zu treffen.

Adonis, eine Gottheit, die aus der syrischen-phönizischen Gegend stammt, später von den Griechen und den Römern verehrt wurde, ist, wie Osiris, ein weiterer Gott, der gewaltsam getötet wurde und von seiner Mutter und/oder Frau Aphrodite aus dem Totenreich gerettet wurde. Adonis und Aphrodite (sie hieß auch Ishtar) sind eine hoch interessante Parallele zu Osiris und seiner Schwester bzw. Frau Isis.

Als der Leichnam von Osiris von Seth zerstückelt und ins Meer verstreut wurde (das ist bereits ein gewaltiges Bild von Tod und Abstieg in das Reich der Toten), suchte seine Schwester bzw. Frau Isis die Teile in der Nähe von Byblos, der Gegend, in der damals die Göttin Ishtar oder, wie man sie anders kennt, Astarte, Mutter bzw. Frau von Adonis bekannt und verehrt wurde. Dort, im heutigen Libanon, gibt es ein Adonis-Tal. Und Byblos ist nicht weit von der Gegend, in der Jesus lebte, starb und in das Reich der Toten hinab stieg.

Adonis muss ursprünglich nicht unbedingt die griechische oder heutige Bedeutung (ein Adonis sein) gehabt haben. ›Adoni‹, wie er ursprünglich hieß, erinnert stark an das semitische ›adonai‹, das Wort, das die Juden aussprachen, als sie vier Buchstaben des hebräischen Wortes für ›Jahwe‹ lasen. ›Adonai‹ heißt eben: ›Mein Herr‹.[71]

Man könnte fast behaupten, das Hinabsteigen eines Gottes in die Unterwelt ist bald ein Mythem (ein Grundmythos) der Menschheit, gleichzeitig der Ausdruck und eine gewaltiges Bild für den Wunsch der Menschheit, ein uns zugewandter Gott möge uns nach unserem Tod besuchen und uns von ihm befreien. Typisch christlich ist der Mythos gar nicht, wohl aber typisch menschlich.

Am dritten Tag auferstanden von den Toten

Über die Auferstehung Jesu habe ich bereits gesprochen. Auch dort haben wir die altägyptischen Analogien bestaunt. Paulus schreibt nicht nur, dass Jesus der Erstling der Auferstandenen ist, sondern dass wir alle in ihm, in Christo, wie Paulus sich ausdrückt, auferstehen werden, ja vor-bildlich durch unsere Taufe bereits auferweckt wurden. Er ist derjenige, der unsere Auferstehung von den Toten begründet.

Schon während seines irdischen Lebens hatte Jesus gezeigt, dass er »die Auferstehung und das Leben ist«: etwa durch die Auferweckung des Jüngling zu Naim (Lk 7,11) oder der Tochter des Jairus (Mk 5,21–

[71] Vgl. Archéologie et Patrimoine Nr. 3, Janvier 1996, S. 13f.

43): »Talita kum. Mädchen, steh auf. Und sofort stand das Mädchen auf und ging umher«.

Zu diesem Aufruf Jesu zur Tochter des Jairus lassen sich einige Parallelen aus der altägyptischen Tradition heranziehen, etwa dieser Satz aus dem Totenbuch der Ägypter: »O Osiris NN[72], erhebe dich auf deiner Bahre, dass du herausgehst« (Spruch 70).

Die anschaulichste Antizipation (Vorwegnahme) der eigenen Auferweckung von den Toten zeigte Jesus in Kapharnaum, als er seinen verstorbenen Freund Lazarus auferweckte (Johannes 11,38ff):

»Jesus ergrimmt in seinem Inneren und kommt zum Grab. Es war eine Höhle, und ein Stein lag davor. Jesus sagt: ›Hebt den Stein weg.‹ Martha sagt zu ihm: ›Herr, er riecht schon. Er ist schon vier Tage tot.‹ [...] Nun hoben sie den Stein weg. Jesus [...] rief mit lauter Stimme: ›Lazarus, komme heraus!‹ Da kam der Tote heraus, Füße und Hände in Binden gewickelt, und sein Gesicht war mit einem Schweißtuch umbunden. Jesus sagt zu ihnen: ›Bindet ihn los und lasst ihn gehen!‹«

Eine beeindruckende Szene. Einmalig, werden viele Christen sagen. Dem ist aber keinesfalls so. Ähnliches, fast ein Vorbild, findet sich auch in *Tal der Könige*. Dort wird beschrieben wie die Mumie durch Osiris (also ein Toter durch einen Gott) lebendig wird:

»Das Aufrichten und Wiederaufleben des Körpers, vom Gotteswort im Gang gebracht, vollzieht sich in mehreren Phasen. [...]

Zunächst liegen die Mumienhüllen starr auf ihrer Totenbahre oder stehen aufrecht in verschlossenen Schreinen, deren Türen durch den Anruf des Sonnengottes aufgesprengt werden, so dass sein Licht eintreten und die Finsternis vertreiben kann. [...]

Jetzt kommt Bewegung in die todesmatten Körper und bald haben sie sich umgedreht und beginnen, den Kopf zu heben.

Die Mumienbinden werden gelöst und entfernt, [...] die Gliedmaßen kommen hervor und bewegen sich, die Beine schreiten ungehindert aus, der Phallus richtet sich auf und zeigt die wiederkehrende Potenz. Alle Fähigkeiten und Funktionen erwachen neu, und aus der Mumienhülle steigt ein ›verklärter‹ Jenseitsleib.

Das Fleisch dieses neuen Lebens ist ›fest‹; Augen, Ohren und Herz sind ihm ›zurückgegeben‹. [...] Die Vereinigung mit dem Ba, bringt Leben, Atemluft und Bewegung. Jetzt ist der Tote ein Ach, ein ver-

[72] Osiris NN ist der Verstorbene, der einen Namen zur Wiedererkennung führt. Jeder Verstorbene ist ein Osiris, gleichwohl ein wenig anders als Osiris selbst.

klärter Geist, mit ungeheuerlich gesteigerten körperlichen Möglichkeiten, dem die Räume des Alls offen stehen.«[73]

Auch diese Szene ist nicht minder beeindruckend, und hätte man den Mut, Osiris und Jesus die jeweils andere Rolle zuzuschreiben (Jesus erweckt die Mumie, Osiris Lazarus), da würde sich rein dramaturgisch nicht viel ändern.

Über die Auferweckung am dritten Tag haben wir bereits geschrieben. Der Prophet Hosea wird herbeizitiert: »Nach zwei Tagen gibt er uns das Leben zurück, am dritten Tag richtet er uns wieder auf, und wir leben vor seinem Angesicht« (Hos 6,1f), aber das Zitat überzeugt nicht ganz als Beleg dafür, dass Jesus am dritten Tag auferweckt wurde ›nach der Schrift‹, als Verwirklichung einer Prophezeiung der jüdischen Schrift.

Jona, der drei Tage im Bauch des Fisches verbringt, bevor er von ihm wieder ans Ufer gespuckt wird, erinnert seinerseits stark an die Reise des Verstorbenen in der Barke der Sonne in der Unterwelt, aus der er wieder ans Licht kommt. Und die Zeitspanne, die er im Bauch des Fisches verbringt, ist vielleicht zufällig die gleiche wie die Tage, die Jesus im Reich der Toten verbrachte.

Aber es gibt bereits noch frühere Parallelen aus anderen Mythologien. Man könnte etwa eine mythische Vorstellung aus der persischen Kultur herbeiführen, die meinte, die Seelen werden drei Tage lang in der Nähe der Verstorbenen gehalten, um dann von drei Göttern über eine Brücke auf einen Berg gebracht zu werden, wo sie vor einem Gericht stehen werden.

Auffällig ist jedenfalls die Übereinstimmung zwischen der altägyptischen und der christlichen Vorstellung, dass die Verstorbenen auferweckt werden. Dies belegen die folgenden Texte aus dem Totenbuch der Ägypter:

> »Ich steige hinab zu meinem Sitz, der in der Sonnenbarke ist.
> Ich gehe nicht fehl wegen Schifflosigkeit,
> denn mein Sitz ist in der großen Sonnenbarke.«
> *Spruch 67*

[73] Das Tal der Könige, S. 137.

Die Vignette 52 aus dem Totenbuch der Ägypter *zeigt die Sonnenbarke. Der Sonnengott Re und seine Begleiter heißen den Verstorbenen willkommen und laden ihn zum Mitfahren ein. Die Inschrift besagt, dass Re an den Ort fährt, wo es ihm gefällt.*

»RE hat mir seine Arme entgegengestreckt,
und seine Mannschaft wird mich nicht abwehren.«
Spruch 100

»Osiris NN wird nicht von RE ferngehalten, [...]
Osiris NN wird nicht im finsteren Tal wandeln,
Osiris NN wird nicht in den See der Verdammten hineingehen.
Osiris NN wird keinen Augenblick in der Hitze verbringen.«
Spruch 130

Aufgefahren in den Himmel

Die Himmelfahrt Jesu wird im Neuen Testament nur an drei Stellen erwähnt, also viel seltener, als man denkt: Der Autor des Lukasevangeliums und der Apostelgeschichte beschreibt sie als sichtbares Ereignis und als Abschluss des irdischen Lebens Jesu nach seiner Auferstehung: »Er führte sie hinaus bis in die Nähe von Betanien, erhob seine Hände und segnete sie. Und es geschah, während er sie segnete, schied er von ihnen und wurde in den Himmel emporgehoben. Sie warfen sich anbetend vor ihm nieder und kehrten in großer Freude nach Jerusalem zurück« (Lk 24,50ff).

In der Apostelgeschichte wird ähnlich berichtet, gleichzeitig wird die Wiederkunft Jesu angekündigt: »Und als er dies gesprochen hatte, ward er vor ihren Augen emporgehoben, und eine Wolke entzog ihn von ihren Blicken. Und während sie unverwandt zum Himmel hinaufschauten, in den er auffuhr, siehe, da standen zwei Männer in weißen Gewändern bei ihnen, die sprachen: ›Ihr, Männer von Galiläa, was steht ihr da und schaut zum Himmel hinaus? Jesus, der von euch weg hinaufgenommen wurde, wird ebenso kommen, wie ihr ihn habt zum Himmel auffahren sehen‹« (Apg 1,9ff).

Vor einer dritten und letzten Stelle im Markusevangelium reden wir bald. Ansonsten ist von der Himmelfahrt Jesu im ganzen Neuen Testament nichts zu sehen und zu lesen. Nicht mal bei Paulus und auch nicht im Johannesevangelium.

Die Sure 4,158 des Korans übernimmt diese Tradition und erwähnt die Himmelfahrt des Isa.

Die Himmelfahrt anderer Helden und Götter ist selbstredend auch in anderen Mythologien bekannt. Auch das Alte Testament kennt sie: Henoch könnte in den Genuss der Himmelfahrt gekommen sein, wenn man einen Satz in Genesis 5,24 wohlwollend interpretiert: »Die ganze Lebensdauer Henochs betrug dreihundertfünfundfünfzig Jahre. Henoch wandelte mit Gott, dann war er nicht mehr, denn Gott hatte ihn hinweggenommen«.

Ein klarerer Fall ist die Himmelfahrt des Elija (2 Kön 2,11). Denn Jahwe schickte ihm einen Feuerwagen, und entrückte ihn in den Himmel vor den Augen seines Schülers Elischa.

Der feurige Wagen und die feurigen Rosse, die Elija in den Himmel mitnahmen, erinnern irgendwie an die Sonnenbarke der Ägypter. Ein Zufall oder ein kultureller Zusammenhang?

Jüdische Legenden kennen die Himmelfahrt des Moses und die Himmelfahrt des Jesaja. Mithras, auch er Sohn des Sonnengottes, teilt mit anderen Sonnenkindern und selbstredend mit Jesus diese einmalige Erfahrung der Himmelfahrt. Und auch Mohammed genoss dieses seltene Privileg, in den Himmel zu fahren.

Die Himmelfahrt ist für die altägyptische Mythologie kein Privileg der Götter. Sie wird uns vorgezeichnet von der Fahrt der Sonnenbarke. Die Sonne sinkt im Westen und durchquert die Nachtwelt, um sich zu erholen, und im Osten steigt sie wieder aus dem Meer heraus und in den Himmel hoch. Das ist auch der Weg des Sonnengottes, Re, weil die Welt göttlich ist. Re steigt im Westen hinab in mit seiner Barke. Im Reich der Toten begegnet er Osiris und er nimmt ihn und alle Osiris NN mit gen Osten, wo er wieder in den Himmel aufsteigt.

Im Himmel sind die Verstorbenen Osiris NN lebendig, sie sind Sterne am Himmel.

Für die alten Ägypter waren die blinkenden Sterne am Himmel Seelen, verklärte und vergöttlichte Tote. Sie selbst würden eines Tages das Licht und das Fleisch des Osiris sein und ihre Tote als Lichtgeister in der Tiefe des himmlischen Sarkophags wiedererkennen.

»Ja, die Myriaden von Sternen, die so ungleichmäßig funkelten, waren Seelen und Götter und Tote. Einst hatten sie die Erde der Menschen verlassen, diese Seelen, diese Götter oder Toten, und jetzt hatten sie seit Jahrmillionen Teil an den Wirbeln der Milchstraßen.« »Die Eingeweihten wussten, dass Re die privilegierten Seelen zu sich rief, dass er sie um sich zu habe wünschte und sie wie einen Samen in sich hinein nehmen wollte.«[74]

»Wer fliegt (sc. stirbt), der fliegt. Er ist nicht mehr auf Erden, er ist im Himmel [...] Er ist zum Himmel gestürmt als Reiher, er hat den Himmel geküsst als Falke, er ist zum Himmel gestürmt als Heuschrecke« (Pyramidentext).[75]

Der Tod ist eine Verwandlung ins Licht. *Osiris sein. Ein Stern sein.* Der Tote ist den Göttern gleich. Und das ist der Traum der Menschheit.

Die Himmelfahrt verwandelt die Verstorbenen in Licht, entrückt deren *Ach* zu den Sternen. Die Himmelfahrt bewirkt die Verklärung der Menschen. Die Ägypter veranschaulichten dies mit dem Bild von dem goldenen *Ba,* »vom Seelenvogel aus Gold, der sich im Augenblick des Todes aus dem Leib des Verstorbenen erhebt und zurückfliegt zum Himmel, zurück zu den Sternen, zum Ursprungsort seines Wesens.«[76]

»*Golden* war das Wesen des Ba-Vogels, weil sich in ihm die Strahlen der Sonne kondensierten, und die Menschen erscheinen in dieser Hinsicht als Kinder des Lichtes (vgl. 1 Thess 5,5), als Söhne und Töchter der Sonne. Neben dem Ba-Vogel war oft die Hieroglyphe für *Weihrauch (sintr).* ›Weihrauch‹ heißt: *das, was zu Gott macht.*«[77]

»Der Himmel war kein Ort oder Raum, er war eine gütige Göttin, die himmlische *Nut.* Sie ist eine große Liebende, die in den Urzeittagen den Erdgott *Geb* umfangen hielt, ehe der Windgott *Schu* den Himmel und die Erde voneinander trennte. Seither wölbt die Himmelsgöttin *Nut* sich mit ihrem Gewand aus Sternen von Sonnenunter-

[74] Ich steige hinab, S. 83.
[75] Ebd. S. 85.
[76] Ebd. S. 93.
[77] Ebd. S. 94.

gang zu Sonnenaufgang über die Erde, um Abend für Abend die Sonne mit ihrem Mund aufzunehmen und sie jeden Morgen neu als den kleinen *Chepri*-Knaben zur Welt zu bringen: der Erdgott *Geb* aber reckt sich in männlicher Begierde ihr entgegen, um den Urfrevel der Trennung zu überwinden. [...] Auch der Verstorbene, sein Ba-Vogel, wird von *Nut* empfangen. ›Du stirbst, damit du lebst‹.«[78] Soweit Eugen Drewermann.

Die Darstellung der Verklärung Jesu auf dem Tabor (Lukas 9,28ff) ist vielleicht auf dieses Verklärungsbild aus dem Alten Ägypten zurückzuführen. Mit Sicherheit hängt aber der Gedanke aus dem Johannesevangelium (so auch im Prolog) und aus dem ersten Thessalonikerbrief (5,5), die Christen seien Kinder des Lichtes, Söhne und Töchter des Lichtes, mit der altägyptischen Auffassung zusammen, dass die Menschen Kinder der Sonne und des Lichtes sind und Sterne am Himmel werden.

Er sitzt zur Rechten Gottes, des Vaters

Die dritte Stelle, die im Neuen Testament die Himmelfahrt Jesu nennt, ist im Markusevangelium zu finden. Dieser Text erweitert den Horizont der Himmelfahrt Jesu um ein weiteres wichtiges Element: Jesus sitzt nach seiner Himmelfahrt zu Rechten Gottes: »Nachdem der Herr Jesus zu ihnen gesprochen hatte, wurde er hinaufgenommen in den Himmel und setzte sich zur Rechten Gottes« (Mk 16,19).

In der Apostelgeschichte wird auch die Himmelfahrt Jesu erwähnt: »Der Gott unserer Väter hat Jesus auferweckt [...] Er hat ihn zu seiner Rechten als Führer und Heiland erhöht« (Apg 5,31).

Hier wird zudem die Vision des ersten christlichen Märtyrers, Stephanus, erzählt:

Stephanus »blickte zum Himmel auf, sah die Herrlichkeit Gottes und Jesus zur Rechten Gotts stehen« (Apg 7,55).

Im Römerbrief wird Jesus aufgrund der Auferstehung zum Gottes Sohn eingesetzt (Röm 1,3), zur Rechten Gottes, damit er für uns eintritt (Röm 8,34).

Paulus verkündet »die Frohbotschaft Gottes, [...] von seinem Sohn, der nach dem Fleisch aus dem Geschlecht Davids hervorgegangen, machtvoll nach dem Geist der Heiligkeit aufgrund der Auferstehung von den Toten als Gottessohn eingesetzt ist« (Röm 1,1–4).

[78] Ebd. S. 94f.

»Christus Jesus, der gestorben ist, oder mehr noch, der auferweckt wurde, der zur Rechten Gottes ist, er ist es, der für uns eintritt« (Röm 8,34).

»Wenn ihr also mit Christus auferweckt seid, so sucht, was oben ist, wo Christus ist, sitzend zur Rechten Gottes, nicht nach dem, was auf Erden ist« (Kol 3,1f).

Im Neuen Testament, besonders in der Briefliteratur, sind weitere Stellen zu finden, in denen Jesus nach seiner Auferstehung oder nach seiner Himmelfahrt zur Rechten Gottes, des Vaters eingesetzt wird: Kol 3,1; 1 Petr 3,22.

Beeindruckend ist besonders der Text aus dem Brief an die Philipper, der, ähnlich wie im Prolog des Johannesevangeliums, die ›Inkarnation‹, das Fleischwerden des Sohnes Gottes, des Lichtes, seinen gewaltsamen Tod und seiner Erhöhung und Einsetzung als Herr verkündet:

> »Er, der in Gottesgestalt war,
> erachtete das Gottgleichsein nicht als Beutestück;
> sondern er entäußerte sich selbst,
> nahm Knechtsgestalt an und wurde dem Menschen gleich.
> In seiner äußeren Erscheinung als ein Mensch erfunden,
> erniedrigte er sich selbst und wurde gehorsam bis zum Tod,
> bis zum Tod am Kreuz.
> Darum hat Gott ihn erhöht und ihm den Namen gegeben,
> der über alle Namen ist,
> auf dass im Namen Jesu jedes Knie sich beuge
> im Himmel, auf Erden und unter der Erde
> und jede Zunge zur Ehre Gottes des Vaters bekenne:
> Jesus Christus ist der Herr.«
> *Phil 2,6–11*

Mit der Einsetzung Jesu zur Rechten Gottes des Vaters sind weitere Eigenschaften Jesu verknüpft: Er ist der Herr, er ist König, er ist Sohn Gottes, er ist der Heiland, er ist das Licht der Welt.

All diese Titel Jesu sind von der Schrift, also vom Alten Testament, schwer ableitbar. Zwar ist in Psalm 110,1 ein ähnlicher Text zu finden: »Es sprach Jahwe zu meinem Herrn: Setze dich mir zur Rechten! Und ich lege deine Feinde dir als Schemel zu Füßen.« Das reicht aber kaum, um die Gestalt Jesu zu erklären, wie sie nach seinem Tod von den ersten Christen entworfen wurde.

Heute werden zudem einige Titel wie ›Sohn Gottes‹ durch die Lupe des Dogmas als ontologische, wesenhafte Qualität der zweiten Person der Dreifaltigkeit verstanden. Das ist nicht nötig. All diese Titel lassen sich im Licht der altägyptischen Mythologie bestens erklären.

Drewermann schreibt über den Spruch 439 der Pyramidentexte: »Er (der verstorbene Pharao) ist die Satis (die Göttin der Katarakte), die die beiden Länder (Ober- und Unterägypten) erobert. Er ist zum Himmel gestiegen und hat Re gefunden, wie er aufstand, als er sich ihm nahte. Er setzte sich an seine Seite und Re ließ nicht zu, dass er sich auf den Boden lege, denn er weiß, dass er größer ist (als er selbst). Er wird verklärter sein als die Verklärten (die Seligen, die als Sterne leben)«.[79]

Der Pharao ist das Abbild des Sonnengottes auf Erden, er war der lebende Gott auf Erden, »der Hohepriester der Sonne auf Erden«. Aber auf Erden war er immer noch sterblicher Mensch. Durch seine Himmelfahrt in der Barke der Sonne, durch die Thronbesteigung wird er wie neu geboren, verklärt und zum Sohn der Sonne.[80]

Licht und Finsternis, Tod und Himmelfahrt spielen sowohl bei Paulus als auch im Johannesevangelium eine sehr wichtige Rolle. Genauso wie in der altägyptischen Mythologie: »Lange vor der christlichen Botschaft der Auferstehung erfühlte und erfand man im Alten Ägypten das Symbol der *Himmelfahrt*, dieser Verwandlung in Licht, dieser Entrückung zu den Sternen.« Wer die Auferstehung Christi als eine ursprüngliche Tatsache des Christentums hinstellt, »übergeht den sicheren Tatbestand, dass das Symbol der *Auferstehung*, nicht anders als im Alten Ägypten, sich aus der ursprünglicheren Vision der Himmelfahrt heraus entwickelt hat«.[81]

Hellenistische Judenchristen entfalteten den Tod Jesu als Himmelfahrt, ähnlich wie die ägyptischen Vorstellungen über den Sinn und die Bedeutung des Sterbens eines Pharaos. »Was im Alten Testament nur noch vereinzelt vorkommt, resynthetisierte sich im Glaubensbekenntnis der frühen Kirche zu Bildern und Visionen, in denen die alten ägyptischen Symbole über Geburt und Tod des göttlichen Königs zur Deutung der Person Jesu sich in ihrer ursprünglichen wie von selbst erneut aufdrängten«.[82]

[79] Ebd. S. 89.
[80] Vgl. Ebd. S. 94f.
[81] Ebd. S. 87.
[82] Ebd. S. 89.

»Bilder der altägyptischen Pyramidentexte werden wörtlich in das Glaubensbekenntnis der frühen Kirche Einklang finden.«[83]

Besonders im Johannes-Evangelium ist der Kontrast von Licht und Finsternis wesentlich, »ja es verbindet sich mit der Person Jesu, mit der Gestalt des Messias, der uralte *ägyptische* Gedanke, dass der König selbst der Sohn der Sonne sei, eine Inkarnation des Lichtes in reinster Form, sogar die Sonne selbst, ein Licht, das leuchtet im Dunkeln.«

»Der Sohn der Sonne stirbt nicht; er kommt auf die Welt und er kehrt aus der Welt zurück zu seiner Wohnung im Himmel (Joh 14,2); doch Nacht für Nacht ringt er mit der Macht der Finsternis, im Alten Ägypten mit der abgründigen Apophis-Schlange, dieser Vorform des christlichen Satans.«[84]

Ebenso wie der Pharao ist Jesus das Abbild Gottes auf Erden in Menschengestalt. Nach Johannes und Paulus hat keiner Gott je gesehen (Joh 1,18): »Nur der eingeborene Sohn [...] hat die Kunde gebracht«. Wir sehen Gott nur »durch einen Spiegel rätselhaft«, erst nach dem Tod werden wir ihn von Angesicht zu Angesicht sehen (1 Kor 13,12).

Auch diese neutestamentliche Theologie fußt auf der altägyptischen.

Christologische Titel, wie Sohn Gottes, Christus König, die Nähe zur Religion der Sonne, in die das Christentum Jesus gebracht hat (Jesus ist der neue Sonnengott, um die Sonnenwende wird seine Geburt gefeiert), das alles ist der ägyptischen Religion viel näher als der vielbeschworenen ›Schrift‹.

Im Johannesevangelium wird die Gottessohnschaft allen verheißen, die an Jesus glauben: »Allen, die ihn aufnahmen, gab er die Macht, Kinder Gottes zu werden.« (Joh 1,12).

Auch in der altägyptischen Mythologie sind alle Menschen Kinder der Himmelskönigin. Und sie werden, wie der Pharao, ein Osiris NN, ein Gott im Totenreich, um in die Barke der Sonne aufgenommen zu werden und mit der Sonne wieder zurück zur Himmelskönigin, zu Nut, wo sie Sterne (Licht) am Himmel sind.

Die Hoftheologie im Alten Ägypten war ursprünglich darauf bedacht, den Pharao als den Stellvertreter des Sonnengottes Re auf Erden darzustellen – natürlich um dadurch seine Machtansprüche

[83] AaO.
[84] Ebd. S. 97f.

theologisch zu befestigen. So galt der Titel ›Sohn des Re‹ zunächst für den Pharao. ›Ramses‹ bedeutet: ›Re hat ihn geboren.‹

Später aber wurde diese Theologie auf alle Menschen angewandt, auf die vielen Osiris NN. Und das galt nicht nur für die Menschen, die ein Grab bekommen hatten. Auch die Menschen, deren Leichnam nach dem Tod im Nil von den Fischen oder in der Wüste von den wilden Tieren aufgefressen wurde oder, wie es mit Osiris selbst geschehen ist, deren Leichnam zerteilt und weggeworfen wurde, wurden von der Barke der Sonne in den Himmel zur Himmelskönigin Nut hinaufgefahren.

Ertrunkene oder nicht einbalsamierte Leiber werden von Nun (Urwasser) oder Geb (Erde) aufgefangen und wieder zusammengesetzt.[85]

Wenn man will, war das Alte Ägypten mit dem Titel ›Kinder Gottes‹ großzügiger als das Johannesevangelium.

Hier einige Texte aus dem Totenbuch der Ägypter. Sie wollen belegen und zur Bildbetrachtung anregen:

Ich wohne zwischen jenen großen Göttern des Himmels,
die beiden Opfergefilde werden mir geweiht,
dass ich von ihnen esse und in ihnen verklärt bin,
dass ich Überfluss habe nach dem Wunsch meines Herzens.
Spruch 77

Ich werde nicht schifflos sein und werde nicht gehindert werden im Horizont,
denn ich bin RE und OSIRIS! [...]
Osiris NN besteigt deine Barke, RE,
er nimmt deinen Thronsitz ein und erhält deine Würde.
Spruch 133

Die Götter, die im Himmel sind – wenn sie Osiris NN erblicken,
bringen sie ihm Verehrung dar wie RE. [...]
Osiris NN ist RE mit behütetem Lauf unter den Gefolgsleuten von NUN.
Osiris NN ist ein Falke, reich an Erscheinungsformen
Spruch 133

Ich bin als Gott erschienen.

[85] Vgl. Das Tal der Könige, S. 138.

[...] ich habe eine Leiter geknüpft bis zum Himmel, unter die Götter.
Ich bin einer von ihnen.
Spruch 149

Dann wird der Mensch vollkommen sein als Gott;
Er wird unter den Göttern sein
Und wird nicht abgewiesen werden an den Toren der Unterwelt.
Spruch 168

O Osiris NN, du bist HORUS, Sohn der ISIS,
den PTAH erzeugt und NUT gebildet hat.
Du strahlst wie RE im Horizont [...]
Spruch 170

Von dort wird er kommen zu richten die Lebenden und die Toten
Jesus wird im Matthäusevangelium als Richter des Jüngsten Gerichts geschildert. »Der Menschensohn wird kommen in seiner Herrlichkeit, er wird sich auf den Thron seiner Herrlichkeit setzen. Und alle Völker werden vor ihm versammelt werden, und er wird sie voneinander scheiden, wie der Hirt die Schafe von den Böcken scheidet« (Mt 25,31–46).

Es ist wichtig, alle 16 Verse durchzulesen, denn hier finden sich Worte und Sätze, die wir oft in der Geschichte der Religionen finden. Sowohl im Alten Persien als auch im Tibetanischen Totenbuch wie im Totenbuch der Ägypter ist das ›Jüngste Gericht‹ oder das ›Totengericht‹ bekannt, ein echtes Archetyp, das die Sehnsucht der Menschen nach Gerechtigkeit wenigstens nach dem Tod zum Ausdruck bringt. Das, was im Leben getan wurde, wird beim Totengericht, das der Buddhismus oder das Alte Ägypten kennen, sowie beim sogenannten Jüngsten Gericht im Matthäusevangelium zum Kriterium für die Scheidung zwischen den Guten und den Schlechten.

Wir werden über das Totengericht im Zusammenhang mit den sogenannten ›letzten Dingen‹ (Gericht, Himmel und Hölle) wieder sprechen. Hier verweilen wir bei der Beschreibung der Zusammenhänge zwischen der altägyptischen Religion und dem christlichen Glauben.

Dem Totengericht sitzt Osiris selbst vor. Der Verstorbene tritt vor Osiris, um den endgültigen Eintritt in das Reich des Osiris zu bekommen. Dafür muss er sich als würdig erweisen. Der Verstorbene gibt die Gründe an, die ihm erlauben, vor Osiris zu treten und Eintritt in das Reich der Toten zu bekommen:

»Ich habe kein Unrecht gegen Menschen begangen.
Ich habe keinen Gott gelästert.
Ich habe nicht getötet.
Ich habe keine Unzucht getrieben.
Ich habe nicht gestohlen.
Ich war nicht habgierig.
Ich habe nicht die Unwahrheit gesagt.
Ich bin nicht aggressiv gewesen.
Ich habe mich nicht aufgeblasen. [...]
Ich habe getan, was die Menschen raten
Und womit die Götter zufrieden sind.«
Spruch 125

Ähnelt dieser Text dem Text der Zehn Gebote, so scheint der folgende Text wie die Vorlage, die dem Matthäusevangelium als Muster gedient hat. Hier die zwei Texte nacheinander:

Ich habe den Gott zufriedengestellt mit dem, was er möchte:
Brot gab ich den Hungrigen,
Wasser den Dürstenden,
Kleider dem Nackten,
ein Fährboot den Schifflosen.
Gottesopfer habe ich den Göttern,
Totenopfer den Verklärten dargebracht.
So rettet mich, schützt mich doch.
Macht keine Anzeige gegen mich beim größten Gott.
Spruch 125

Dann wird der König (stellen wir uns vor, Jesus ist hier Osiris) zu denen zu seiner Rechten sprechen:

»Kommt, ihr Gesegnete meines Vaters, [...]
denn ich war hungrig, und ihr habt mir zu essen gegeben,
ich war durstig, und ihr habt mir zu trinken gereicht
ich war fremd, und ihr habt mich aufgenommen,
nackt, und ihr habt mich bekleidet,
krank, und ihr habt mich besucht,
ich war im Gefängnis, und ihr seid zu mir gekommen«. [...]

> Was immer ihr einem meiner geringsten Brüder getan habt, das habt ihr mir getan.
> *Matthäusevangelium 25,34ff*

Im Übrigen entsprechen sich nicht nur die Texte, auch die Struktur des Gerichtes ist ähnlich gelagert. Dem großen Gott Osiris entspricht der wiedergekommene König. Die Guten werden in das Reich des jeweiligen Gottes eingeführt, bei den Ägyptern wurden sie dann in die Nachtbarke der Sonne aufgenommen und später stiegen sie mit der Tagesbarke der Sonne zum Himmel, zur Himmelskönigin Nut.

Im Matthäusevangelium nehmen sie (die Schafe, die Guten) das Reich in Besitz, das für sie vorbereitet wurde. Hier werden die Schlechten (die Böcke) verflucht und in das ewige Feuer, das dem Teufel und seinen Engeln bereitet ist, geschickt. Im Totenbuch der Ägypter werden die Schlechten in den Rachen der Fresserin, den personifizierten Höllenrachen, geworfen.

Gewogen werden die Herzen der Toten auf der linken Waagschale. Auf der rechten Waagschale ist die Feder der Maat (der Gerechtigkeit). Die Waage als Symbol der Gerechtigkeit hat tiefe Wurzeln in vielen Religionen und Kulturen geschlagen und ist in vielen endzeitlichen Darstellungen zu sehen.

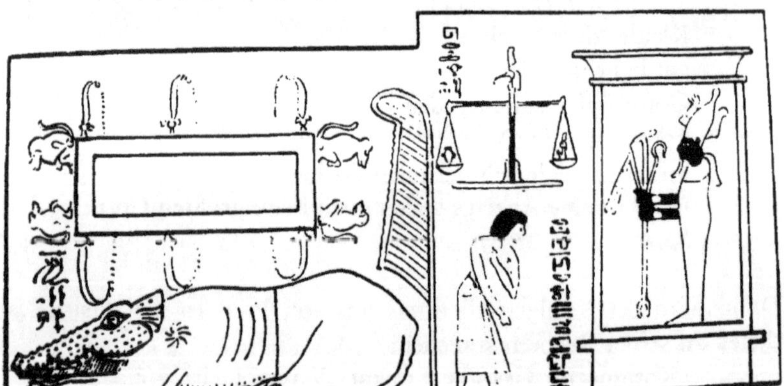

Die Abbildung 63 aus dem Totenbuch der Ägypter *zeigt eine der vielen Variationen der Vorstellung des Gerichts, dem sich die Toten unterziehen müssen. Ihre Bas (Maat) werden auf die Waage der Gerechtigkeit (Maat) gelegt. Die genau so leicht sind wie die Maat, dürfen in das Reicht der Toten weiterwandern, wo sie von der Barke der Sonne aufgenommen werden. Die schwerer sind als die Maat, werden der fressenden Bestie vorgeworfen.*

Der Dreifaltige Gott
Dreifaltig ist etwas, was drei Gesichter oder drei Erscheinungsweisen hat.

So wie der Vater, der Sohn und der Heilige Geist. Aus diesen drei Erscheinungsweisen hat sich im Laufe der christlichen Geschichte ein Dogma entwickelt, das die Dreifaltigkeit als eine Natur (die Gottheit) in drei Personen (Vater, Sohn, Geist) definiert.

Aber auch der dreifaltige Gott ist kein christliches Novum: »Die Rede vom dreieinigen Gott ist kein christliches Eigengut, sosehr sie auch als unverwechselbares Kennzeichen oder gar als Kriterium des Christentums gegenüber Religionen wie dem Judentum oder dem Islam betrachtet worden sein mag«, schreibt Manfred Görg, und er fügt hinzu: »Diese Rede ist das Erbe der Jahrtausende alten Vorstellungen der Begegnung des Menschen mit der ›göttlichen Welt‹.«[86]

Dreifaltig ist auch der Sonnengott der Ägypter:

Als Morgensonne kommt er in der Gestalt des Chepre-Kefigs auf die Welt.

Als falkenköpfiger Mittagsonne mit Menschenleib zieht er als Re seine Bahn.

Als Abend- und Nachtsonne erscheint er als Atum mit Doppelkrone oder mit Widderkopf.

»Diese uralte Anschauung von der *Dreifaltigkeit und Wesenseinheit* der Sonne gliedert«[87] die Sonnenhymnen der Ägypter.

Einen weiteren Beleg liefert auch dieser Text:

> »Drei sind alle Götter:
> Amun, Re und Ptah,
> denen keiner nachkommt.
> Der seinen Namen verbirgt als Amun,
> ist er Re im Angesicht,
> sein Leib ist Ptahh [...]
> Einzig er allein, Amun, zusammen mit Re und Ptach,
> zu dreien verbunden.«[88]

Re ist uns als der Sonnengott bekannt, Ptah ist der Schöpfergott, von dem alle Leben ausgeht, und Amun ist der Geistgott, der mit seinem Wort alles ins Leben ruft.

[86] Mythos, Glaube und Geschichte, S. 43.
[87] Ich steige hinab, S. 99.
[88] Siehe Erik Hornung, Der Eine und die Vielen, Darmstadt 1971, S. 215.

»Einzig er allein [...] zu dreien verbunden«. Erinnert diese Formulierung nicht an die christliche Dreifaltigkeit? Ist nun die Dreifaltigkeit eine christliche Sicht Gottes oder bereits eine altägyptische?

Selbstredend ist die Dreifaltigkeit auch in anderen Religionen nicht unbekannt. So wie im Hinduismus, wo die Gottheit drei Namen hat, die drei Funktionen haben, aber eine Einheit bilden: Brahma, der Schöpfer, Vishnu der Erhalter, und Shiva der Zerstörer, drei Köpfe eines einzigen Körpers. Aber dreifaltig ist nicht Gott selbst, er wurde als solcher dargestellt, weil die Menschen seine Erscheinungsweisen auf drei reduzieren, oder weil viele Menschen die Zahl drei als heilig und vollkommen ansehen.

C. G. Jung entdeckte in vielen Kulturen eine Vierfaltigkeit der Gottheit, das weibliche Element kommt bei ihm hinzu. Und in den frühchristlichen Kirchen war eine Vierfaltigkeit Gottes nicht unbekannt. Auch heute kann man in der christlichen Ikonographie folgende einträchtige Zusammensetzung betrachten: Maria, die Mutter Jesu, in den Himmel aufgenommen, sitzt mit dem Sohn, dem Heiligen Geist mit dem Vater zusammen.

Jesus Christus, der neue Sonnengott

Der letzte Teil des Sonnenhymnus des Echnaton wurde für diesen Abschnitt unseres Textes aufbewahrt. Denn Echnaton war nicht nur das Abbild des Sonnengottes Aton auf Erden. Er war selbst Sonnengott:

> »Alle Augen sehen sich dir gegenüber, wenn du als Sonne des Tages über dem Land bist.
> Wenn du gegangen bist, dein Auge nicht mehr da ist, [...]
> auch dann bleibst du in meinem Herzen, und kein anderer ist, der dich kennt,
> außer deinem Sohn Neferchеperure Uanre,
> den du dein Wesen und deine Macht erkennen lässt.
> Die Welt entsteht auf deinen Wink, wie du sie geschaffen hast.
> Bist du aufgegangen, so leben sie, gehst du unter, so sterben sie. [...]
> Der Aufgehende stärkt alle Arme für den König, und Eile ist in jedem Fuß.

Seit du die Welt gegründet hast, erhebst du sie für deinen Sohn,
der aus deinem Leib hervorgegangen ist,
den König Beider Ägypten, Nefercheperure Uanre, den Sohn des Re,
der von Maat lebt, den Herrn der Diademe, Echnaton, groß in seiner Lebenszeit,
und die Große Königsgemahlin, die er liebt, die Herrin Beider Länder,
Nofretete, die lebendig und verjüngt ist für immer und ewig.«[89]

»Nefercheperure Uanre« wird philologisch folgendermaßen gedeutet: »Nefer Cheper U re U an Re«, has heißt: »Mit vollkommener Gestalt, Einziger des Re«. Gemeint ist selbstredend Echnaton selbst.

Sehr bescheiden war Echnaton bei der Selbstbeschreibung keinesfalls. Er wollte es auch nicht sein, denn er hatte gerade den Sonnengott für seine Zwecke als den einzigen Gott Ägyptens erklärt, um die Konkurrenz nicht nur der anderen Götter, sondern besonders der anderen Mächtigen im Land auszuschalten, die andere Götter zum Schutz ihrer eigenen Macht anriefen.

Die Fragestellung dieses Buches (was mit uns nach dem Tod geschieht) liegt mir während der ganzen kulturgeschichtlichen Spaziergänge stets im Nacken. Ich wollte mich von ihr und den ungeduldigen Lesern nicht drängen lassen. Ich bin nämlich der Meinung, dass die bisherigen Ausführungen keine Umschweife sind. Wenn man will, aber auch dies trifft nicht ganz zu, sind das kleine Umwege, auf denen man aber viel ›sehen‹ kann, was uns der Beantwortung der bewussten Frage durchaus näherbringt.

Ein weiterer Umweg ist wichtig. Und wir werden auch hier sehen, dass Umwege manchmal schneller ans Ziel führen als vermeintliche Abkürzungen:

Das Christentum unternahm an den Anfängen seiner Geschichte, unter anderen, zwei Versuche, um sich als neue Religion zu etablieren. Es wird sich zum Schluss herausstellen, dass es ihm gelingen wird, sich in der damals bekannten Welt als die neue universelle Religion durchzusetzen.

[89] Erik Hornung, Echnaton – Die Religion des Lichts, Zürich 2000.

Gegenüber seinen Ursprüngen, dem Judentum, musste das Christentum viel einfallen lassen. Die Anstrengungen, sich von seiner Quelle, seinem Ursprung zu emanzipieren, waren sehr groß, zumal die früheren Christen aus dem Judentum stammten. Jesus musste deswegen gegenüber Mose und David und sogar Jahwe hervorgehoben und konkurrenzfähig gemacht werden. Jesus wurde also als der neue Mose, der neue David dargestellt. Und das Tetragramm, die vier Buchstaben, die das Wort ›Jahwe‹ im Hebräischen darstellten, findet man im Neuen Testament nicht mehr. Das alte Gesetz war nicht mehr wichtig, der neue Glaube ersetzte das alte Gesetz.

Einfacher war es, Jesus in Bilder aus dem Alten Ägypten und aus Griechenland einzukleiden: Er ist Herr, Licht vom Licht, Sohn Gottes, der in den Himmel Aufgefahrene, der zu Rechten Gottes sitzt.

Nun unternimmt das Christentum einen neuen Versuch, Christus als den neuen Sonnengott darzustellen. Und der Versuch gelingt. Christus ist der neue Osiris und der neue Re, nicht nur der neue Sonnengott des damaligen Römischen Imperiums.

Über die Berührungspunkte zwischen dem christlichen Credo und der altägyptischen Theologie oder – besser gesagt – über die Übernahme von altägyptischen Bildern und Gedankengut in die christliche Theologie und Symbolik haben wir nun lange geredet.

Die Bilder vom Jenseits im Christentum sind denen der ägyptischen Religion nicht unähnlich. Im Alten Ägypten waren sie alle verknüpft mit der Gestalt des Sonnengottes. Der Sonnengott entnahm seine Bildhaftigkeit nur rein äußerlich dem Kurs der Sonne vom frühen Morgen im Osten bis Abend im Westen. Die Natur wird sublimiert und als Bild für das Wesen des Menschen, der geboren wird (Sonnenaufgang), stirbt (Sonnenuntergang) und aufersteht oder wiedergeboren wird (neuer Sonnenaufgang). Göttlich ist das, was dem Menschen und der Welt seinen Rhythmus, seine Natur, sein Wesen ermöglicht. Deshalb ist die Sonne göttlich, mehr noch: Gott selbst ist die Sonne.

Wenn man will, wird die Natur Gott. Aber das ist nur die Oberfläche der Religion. In der Tiefe bedeutet es, Gott verhilft der Natur zu ihrem Wesen, wenn sie sich auf den göttlichen Rhythmus einlässt.

Re ist also die Sonne. Osiris ist die sich ausruhende Sonne, in der Nacht ist Re Osiris, Osiris ist Re am Tag.

Die Christen sind nicht die ersten, die diese Bilder von den Ägyptern übernommen haben. Und wahrscheinlich sind die Ägypter nicht die ersten – mit Sicherheit nicht die einzigen – die den Sonnengott verehrt haben.

Auch die Mithras-Religion, ursprünglich aus Persien stammend, später Zeitgenossin und Konkurrentin des Frühchristentum im Mittelmeer-Raum, ist eine Religion des Sonnengottes. Mithras selbst ist die Personifizierung des Sonnengottes. Er ist – wie die Sonnenwende es nahelegt – wie die Sonne am 25. Dezember, genauso wie Jesus, in einer Höhle oder Grotte geboren, so wie dieser wurde er von Hirten besucht, und mit 33 Jahren soll er gestorben sein, wie die Legende oder Überlieferung auch von Jesus behauptet.

Wahrscheinlich übernahmen die römischen Kaiser das Bild des Sonnengottes nicht vom Mithraismus, sondern von der ägyptischen Kultur, mit der sie intensiv in Berührung standen, und übertrugen es auf ihren Kaiser. Der Sonnengott oder dessen Abbild auf Erden war nicht mehr der Pharao, sondern der römische Kaiser.

Der Kult des *Helios,* des *Sol invictus* ist älter als die Anerkennung des Christentums durch Konstantin im Jahr 313. Bereits Mitte des 2. Jahrhunderts vor Christus war dieser Kult bekannt, dessen Fest wurde im Jahr 274 n. Chr. von Kaiser Aurelian – parallel zu dem Mithraskult – interessanterweise am 25. Dezember eingesetzt. Abbild dieses Sol invictus war bereits Kaiser Augustus, noch bevor Jesus auf die Welt kam, sowie die römischen Kaiser allesamt.[90]

Selbst Konstantin war vor seiner Bekehrung zum Christentum ein Anhänger des Kultes des Sol invictus, und übertrug diesen Kult auf den neuen Sonnengott, Jesus. Sein Fest wurde – wen wundert es noch – seit dem Jahr 336 nachweislich – am 25. Dezember gefeiert, weil Jesus gerade an dem Tag der Sonnenwende geboren sein soll: geboren mit der Sonne.

Nicht nur Ideen und geistige Bilder wurden vom Christentum entliehen. Auch Skulpturen und steinerne Denkmäler wurden übernommen und umgedeutet.

Man braucht nur durch Rom mit offenen Augen zu gehen, und man merkt diese ständige Vergewaltigung (oder christliche ›Umdeutung‹) früherer Kulturgüter. Beschränken wir uns hier auf die altägyptischen Denkmäler.

[90] Ein wenig Eitelkeit schadet auch Autoren nicht, deshalb diese neckische Fußnote, die allerdings auch wissenschaftlich vertretbar ist: Die familia aurelia, besonders der Kaiser Aurelianus, war später an der Verbreitung des Kultes des Sol invictus maßgeblich beteiligt. Der Familiennamen deutet es durch eine gelungenen latein-griechischer Zusammensetzung (Gold=aurum und Sonne=Helios) an.

In Rom war – parallel zum Mithras-Kult – auch die altägyptische Religion stark vertreten und verbreitet. Zwischen dem Pantheon und der heutigen Kirche Sant'Ignazio gab es einen gewaltigen Tempel, der Serapion (das ist der hellenistische Name und die Umgestaltung von Osiris) und Isis gewidmet war. In diesem Areal befanden sich unter anderem sehr viele Obelisken, die natürlich aus Ägypten nach Rom gebracht wurden. Das Areal wurde um das Jahr 80 n. Chr. von einem Brand zerstört, aber wieder aufgebaut. Obelisken wurden von den römischen Kaisern nicht nur aus Ägypten importiert, einige von ihnen, die sich wie neue Pharaonen fühlten, bauten selbst welche. Nach dem Brand wurden die alten Obelisken und die neuen, die die römischen Kaiser selbst errichtet hatten, wieder aufgestellt.

Im frühen Mittelalter wurde dann, einhergehend mit der allmählichen Zerstörung Roms, auch dieses Areal unkenntlich gemacht.

Die neuen Herrscher Roms, die Päpste, waren, zumindest was die Errichtung von Obelisken anging, nicht minder umtriebig als die römischen Kaiser und die Pharaonen.

Sie taten aber etwas Interessantes: in der Zeit der Renaissance (1500–1600 n. Chr.) wurden die Obelisken ägyptischen oder kaiserlichen Ursprungs im ganzen Rom verteilt. So gewann die heilige Stadt des Christentums einen sichtbar altägyptischen Anstrich. Dies beschränkt sich nicht auf den optischen Eindruck. Die Obelisken wurden regelrecht christlich ›getauft‹: Auf ihnen steht nun fast immer ein Kreuz.

Mich hat es gereizt, zu erfahren, wie weit die christliche Umdeutung der Obelisken ging. Denn die Obelisken waren bekanntlich dem Sonnengott Re oder Horus gewidmet. Selbst kann ich keine Hieroglyphen deuten, sodass ich im Internet Hilfe suchte und fand, etwa am Beispiel des Obelisken auf der Piazza del Popolo.

Dieser Obelisk wurde errichtet unter den Pharaonen Ramses und Merenptah und befand sich in Heliopolis, als der Kaiser Augustus Ägypten unterwarf. Von ihm wurde der Obelisk nach Rom gebracht.

Auf den Nord-, Süd- und Westseiten des Obelisken sind Hieroglyphen zu sehen, die Horus gewidmet sind. Horus wird als mächtiger Stier, als König von Unterägypten, wo er in Heliopolis Denkmäler dem Sonnengott Anu und einen Thron, der mit vier Säulen den Himmel erreicht, errichtete, und als König von beiden Teilen Ägyptens (Ober- und Niederägypten) gepriesen. Er und Re sind Könige des Himmels und der Erde, geliebt ist er wie Re ewiglich. Als Liebhaber der Maat (Gerechtigkeit), als goldener Horus, ist er der Liebling von Re.

Die erste Umwidmung des Obelisken geschieht über die römischen Kaiser: Auf dem Sockel des Obelisken steht die Widmung: »Kaiser Caesar Augustus, Sohn des göttlichen, großen Pontifex (Caesar) [...] nach der Unterwerfung Ägyptens dem römischen Volk widmet diesen Obelisk der Sonne«.

Papst Sixtus V. ließ den Obelisken dann an der Piazza del Popolo aufrichten und auf einer Seite des Sockels eine zweite Inschrift anbringen: »Ich erhebe mich erhabener und fröhlicher vor dem Haus Marias, aus deren jungfräulichem Uterus die Sonne der Gerechtigkeit während der Regierungszeit des Kaiser Augustus erstanden ist.« Für ›erhabener‹ steht in der lateinischen Inschrift ›augustior‹, man möchte meinen: Maria, die jungfräuliche Mutter Jesu, sei noch stärker erhaben als Kaiser Augustus. Erinnern wir uns: Maria, die Jungfrau Mutter des göttlichen Kindes ist höchstwahrscheinlich auch eine bildliche und kulturelle Übernahme der Göttin Isis, die auf ihrem Arm das göttliche Kind trägt.

Von Horus über Augustus zu Maria, der Mutter Jesu, dessen Kreuz auf der Spitze des Obelisken aufgestellt wurde. Die endgültige Umdeutung des Obelisken geschieht durch die Aufstellung des Kreuzes an deren Spitze. Es war keine Blutstaufe notwendig, wenigstens für den Obelisken nicht, denn Steine können sich nicht wehren. Sie können uns aber viel erzählen.

Wir bereits erwähnt: Die Hieroglyphe für ›Heliopolis‹ ähnelt einer Säule mit einem Zeichen an deren Spitze, das einem Kreuz ähnelt. Haben die römischen Pharaonen bei der Aufstellung eines Kreuzes auf die Obelisken bewusst das Symbol aus Heliopolis umdeuten wollen, oder handelt es sich dabei eher um eine nemesis historica, um eine Rache der Geschichte, in dem Sinn, dass das eroberte Land des Sonnengottes sich der Stadt des neuen Sonnengottes (Augustus und Jesus) bemächtigt?

Auf dem Sockel des Obelisken auf dem Petersplatz ist folgende Inschrift eingemeißelt: »Christus vincit, Christus regnat, Christus imperat« (Christus der Sieger, der König und Herrscher). Interessant ist dabei, dass die Besucher des Vatikans und des christlichen Roms damit gleichzeitig symbolträchtige Denkmäler der altägyptischen Sonnenanbeter besuchen.

»Ein Merkmal der ägyptischen Religion dort, wo Teile der Christenheit ihr Zentrum erkennen, ist nicht nur auf den ersten Blick eine

Überraschung. [...] Der Obelisk stammt, wie wohl alle Obelisken Roms, aus der Südspitze des Deltagebiets, aus Heliopolis.«[91]

Mit dem Toleranzedikt von Konstantin (313 n. Chr.), bis dato auch er ein Anbeter des heidnischen (eventuell des mithräischen) Sonnengottes, wurde Jesus der neue Sonnengott. Dessen Geburt wurde am 25. Dezember gefeiert, wie es die Mithras-Anhänger taten. Am selben Tag feierten die Römer die Sonnenwende als die Geburt der Sonne.

Die Griechen hatten natürlich auch ihren Sonnengott: Apollos Helios. Apollos hatte – ähnlich wie Re in Ägypten – die Aufgabe, den Sonnenwagen zu lenken. Mit der Zeit wurde er mit Helios, dem Sonnengott identifiziert.

Das Christentum hat auch diesen Mythos nicht ausgelassen, – nicht einmal dessen Darstellung: Ein Mosaik aus dem 3. Jahrhundert – sinnigerweise unter der Basilika von Sankt Peter und auf dem Boden des Grabes von Julius I. – stellt einen Apollos Helios mit dem Sonnenwagen dar. Der Kopf von Apollos ist – wie der Kopf Jesu in der christlichen Ikonographie – von goldenen Sonnenstrahlen umrahmt. Und eine Zeitlang wurde dieser Apollos Helios als Jesus Helios genannt. Die Nähe zum heidnischen Mythos wurde den Christen aber irgendwann zu viel, auch wenn sie nicht zu leugnen ist. Man kann sie verschweigen, unwahrer wird sie nicht.

Jesus ist Osiris und Re

Eine Frage kann ich bereits an diesem Punkt nicht zurückhalten, auch wenn sie hier nur angedeutet und noch nicht ausführlich beantwortet wird. Danach, wenn wir uns mit den ›Letzten Dingen‹ befasst haben und uns für diese noch ein wenig Zeit lassen (hat man noch Zeit nach den letzten Dingen?), werden wir die Frage wieder stellen und versuchen, sie ausreichend zu beantworten.

Gehen wir getrost davon aus: Sowohl der Hinduismus als auch der Buddhismus, die Gnosis wie die griechische Philosophie des Platon und des Plotin, um nicht von der altägyptischen Religion zu sprechen, denken mythisch. Sie erklären die Welt (Kosmologie), Gott (Theologie) und den Menschen (Anthropologie) mit mythischen Kategorien. Das Christentum verwendet ähnliche oder gar die gleichen Mythen.

[91] Mythos, Glaube und Geschichte, S. 61 und 63–64.

Viele Christen, wenn es ihnen schmerzlich bewusst wird, dass auch ihre Religion in Mythen denkt, neigen leicht zu der bagatellisierenden Meinung, dass die Mythen der anderen Religionen echte Mythen, also nicht ›wahr‹ sind; den eigenen, oft gleichlautenden Mythen, schenken sie trotzdem Glauben und erachten sie als ›wahr‹. Die Christen haben für diese unterschiedliche Einstufung der Mythen eine theologische Kategorie (fast eine Ausrede und Selbsttäuschung) parat. Sie reden von ›Präfiguration‹, Antizipation, auf Deutsch Vorwegnahme. Das bedeutet, dass die Mythen anderer, älterer Religionen, mythische Vorwegnahmen der christlichen wahren Ereignisse sind. So wie Mose und David geschichtliche Präfigurationen, Vorwegnahmen Jesu sind, so sind Osiris und Re eine mythische Vorwegnahme Jesu Christi. Dabei ist die Präfiguration eigentlich nicht echt, sondern nur ein schwaches Bild des Endgültigen und des Wahren. Wirklich ist nur die Erfüllung der Antizipation, also Jesus selbst.

Justinus, Kirchenvater und Märtyrer, der im 2. Jahrhundert n. Chr. lebte, erachtete gar heidnische Mythen als ›dämonische‹ Nachahmungen, die der Teufel selbst den Christen vorgaukeln würde, um sie vom Glauben an Christus abzubringen.

Die Frage lautet nun, mit welchem Recht die Christen unumstößlich an Mythen glauben, die sie bei anderen, etwa bei den Altägyptern, als unwahr erachten? Die Christen haben nicht nur Gebäude früherer Religionen in aller Welt für den eigenen Kult umfunktioniert. Sie haben Gedankengebäude übernommen und auf den eigenen Glauben und besonders auf den eigenen ›Religionsgründer‹ und ihren neuen Gott umgedeutet. Wenn aber die übernommenen Mythen und Vorstellungen falsch oder nur schwache Bilder waren, wie können sie im christlichen Glaubensbekenntnis plötzlich wahr werden?

Wollten wir die religionsgeschichtliche Entwicklung der religiösen Symbole, Bilder und Mythen betrachten, dann könnte man eigentlich bei diesem Stand der Dinge nur sagen, dass Jesus Christus genauso Garant unserer Auferstehung und unseres Weiterlebens nach dem Tod ist wie Osiris. Und andersherum könnte man behaupten, dass der Glaube an Osiris nicht minder ›wahr‹ ist als der Glaube an Jesus Christus. Für die Ägypter war Osiris/Re wichtig, für die Christen Jesus Christus, für andere Menschen sind sie beide gleichrangig, nicht selten gleichgültig.

Die Wahrheit der Bilder und der Mythen wird uns weiter beschäftigen.

Die letzten Dinge

Gericht, Himmel und Hölle

Der letzten Dinge sind nach der christlichen Tradition vier: der Tod, das Gericht, der Himmel mit seinen Bewohnern und die Hölle mit ihren Bewohnern.

Über den Tod reden wir die ganze Zeit. Ob er zu den letzten Dingen gehört, ist gerade die Frage. Er ist sicherlich der Abschied und der letzte Akt der irdischen Existenz. Was danach ist, wollen die weiteren drei letzten Dinge genauer festhalten.

Über das Gericht haben wir im Zusammenhang mit der Wiederkunft des Herrn, von der das christliche Glaubensbekenntnis und das Kapitel 25 des Matthäusevangeliums reden, bereits gesprochen. Das Jüngste Gericht ist nach christlichem Verständnis aber nicht das erste Gericht, dem die Verstorbenen unterzogen werden. Gleich nach dem letzten Atemzug werden sie mit ihrer gerade abgeschlossenen irdischen Existenz konfrontiert. Und dieser Augenblick entscheidet bereits ihr Schicksal.

Es gibt also im Christentum zwei Momente des Gerichts: direkt nach dem Tod und am Ende der Zeit, wenn Christus, der Herr, zurückkommt. Selbstredend, denkt man in Gotteskategorien (die Ewigkeit ist für ihn wie ein Wimpernschlag), dann können die zwei Momente zusammenfallen. Sie setzen aber zwei unterschiedliche Akzente: das ›erste‹ Gerichtsurteil entscheidet über das persönliche Los, das Jüngste Gericht entscheidet über die neue Ordnung des Kosmos und unsere Einordnung in ihm.

Das Gericht über die Verstorbenen geht von der Annahme aus, dass der Mensch am Ende seiner Tage Rechenschaft über seine Taten gibt. Diese Annahme und die Vorstellung des Totengerichts sind aber keine ursprünglich christlichen Gedanken und Vorstellungen. Das haben wir bereits in der Gegenüberstellung des Textes des Matthäusevangeliums zu den altägyptischen Vorstellungen des Totengerichts sehen können.

Bereits im Alten Persien gab es solche Vorstellungen, und diese haben ihrerseits Ähnlichkeiten mit den ägyptischen und den hinduistischen Vorstellungen. Aus der Nähe betrachtet bemerkt man auf Anhieb auch deren Nähe zu den christlichen Vorstellungen. Sie sind aber viel älter als die christlichen.

Die Seele galt für die Perser als geistiges Prinzip, das des Leibes eigentlich nicht bedarf. (An dieser Stelle sei – wenn auch in Klammern – daran erinnert, dass die Gnosis gerade in den persischen Gefilden ihren Ursprung hat.)

Nach der Trennung vom Leib muss der Mensch gegenüber dem Gott Ahura Mazda Rechenschaft abgeben. Dies geschieht bei einem Totengericht, bei dem die Seele auf der Waage der Gerechtigkeit (siehe die ägyptische Vorstellung) gewogen wird. Und dabei wird (ähnlich wie im Christentum) ein erster Richterspruch fällig, der das Schicksal der Seele entscheidet. Basis dieses Urteils sind die Gedanken, Worte und Werke des Menschen während seines Lebens. Der Richterspruch wird nach dem Prinzip gefällt, ob der Mensch gegenüber den anderen Menschen und gegenüber der Schöpfung gerecht gewesen ist oder nicht.

Überwiegen die Taten der Gerechtigkeit, wird die Seele von einer Jungfrau über eine Brücke zu der Guten Gesinnung (Amesha Spenda) geführt, die sie in den Himmel mitnimmt.

Überwiegen aber die Taten der Ungerechtigkeit, wird er von der Personifizierung seines schlechten Gewissens (einer Hexe) in Empfang genommen, die sie zu Ahriman, dem Herrscher der Hölle, bringt. Auch hier ist die Nähe zu den ägyptischen Vorstellungen und zu den viel später entstandenen christlichen und muslimischen (im Paradies werden die Gläubigen von Jungfrauen empfangen!) nicht zu übersehen.

Das Jüngste Gericht, das im Christentum und später im Islam wieder zu finden ist (oder, anders gesagt: von diesen zwei Religionen ›übernommen‹ wurde), gehört auch zu den Vorstellungen des Alten Persien. Zum Zeitpunkt der Wiederauferstehung des Fleisches werden die Seelen aus Himmel und Hölle hervorgeholt, damit sie sich einem zweiten Gerichtsurteil zu unterstellen. Damit beginnt eine neue Welt, ein neuer Kosmos.

Die Hölle ist im Alten Persien nicht ewig. Zwischen dem ersten und dem zweiten Gericht haben die Menschen die Möglichkeit, sich zu läutern. (Die persische Hölle ähnelt also ein wenig dem christlichen Purgatorium, dem Fegefeuer.) Die sich geläutert haben, werden ewig leben. Die anderen, die Sünder geblieben sind, werden mit Ahriman vernichtet und aus dem neuen Kosmos entfernt.[92]

[92] Vgl. http://de.wikipedia.org/wiki/Totengericht#Altiranische_Religion_und_Zoroastrismus (Letzter Zugriff: 09.11.2014).

Diese Vorstellungen von Gericht, Himmel und Hölle sind von den großen monotheistischen Religionen, vom Christentum und dem Islam, übernommen worden. Auch das katholische Fegefeuer findet hier sowie im Alten Ägypten (siehe unten) seine Wurzeln.

Im Alten Ägypten galt folgende Vorstellung: Nach der 70 Tage andauernden Mumifizierung des Leichnams finden Ba und Ka (die ›Seelen‹ des Menschen) zu ihrem Leib zurück und begeben sich in die dunkle Welt des Totenreiches. Bevor der Verstorbene vom schakalsköpfigen Gott Anubis empfangen wird und vor Osiris antritt, muss er sich einer langen Reise voller Gefahr unterziehen. Er muss diese Gefahren gut überwinden – eine Art Reinigung vor dem Totengericht, das von Osiris abgehalten wird.

Der affenköpfige Gott Thoth legt das Herz der Verstorbenen auf die Waage der Gerechtigkeit. Wenn die Verstorbenen die Prüfung durch die Waage bestehen, können sie in das Reich des Osiris aufgenommen werden und die Sicherheit haben, in die Barke der Sonne aufgenommen zu werden und am Himmel wie Sterne zu leuchten. Die für schuldig und unrein Befundenen werden in den Rachen des Untiers geworfen, das die Verurteilten frisst.

Weitere Strafen warten auf sie: sie werden geköpft, abgeschlachtet, in das ›nicht verlöschende Feuer‹ geworfen, in dem dämonische Peiniger Feuer sprühen, Schlangen ihr Gift gegen die Verurteilten versprühen. In dieser finsteren Feuerhölle werden sie für immer bleiben.

Andere Texte sprechen eher dafür, dass die Verurteilten nicht zu einer ›ewigen Verdammnis‹ verurteilt werden, sondern dass sie – ähnlich wie in der persischen Tradition – vernichtet werden. »Den Verurteilten droht die völlige Auslöschung der Person und die Vertilgung des Leibes im Feuer.«[93]

Das nennt man im Alten Ägypten den zweiten Tod. Rein assoziativ sei hier auf Franz von Assisi erinnert, der die ewige Verdammnis als den zweiten Tod bezeichnet.

Es bleibt also die Hoffnung des Verstorbenen, nicht lang durch das dunkle Tal wandern zu müssen und nicht verdammt zu werden:

> »Osiris NN wird nicht im finsteren Tal wandeln,
> Osiris NN wird nicht im See der Verdammten hineingehen,
> Osiris NN wird keinen Augenblick in der Hitze verbringen.«
> *Spruch 130*

[93] Das Tal der Könige, S. 150–158.

Zu diesem Text aus dem Ägyptischen Totenbuch gibt es eine interessante Parallele in Psalm 16,10:

»Nicht dem Scheol gibst du meine Seele anheim,
deinen Heiligen lässt du nicht schauen die Grube.«

Der Mensch stirbt seinen zweiten und endgültigen Tod, wenn eins von seinen sechs Elementen, die ihn ›beseelen‹, ausgelöscht wird, oder wenn der Verstorbene nicht als würdig erhalten wird, vor Osiris zu treten und in die Urtiefe fällt, wo das fressende Tier ihn vernichtet.

Auch für Satan gibt es im Alten Ägypten ein Urbild. Es handelt sich um die Schlange Apophis, einen Überrest des Chaos, Widersacher des Sonnengottes. Sie versucht, die Reise der Sonnenbarke zu stören, lässt sie stranden, und nur die Intervention der Isis kann die Katastrophe verhindern.

Die Schlange wird zwar zerschnitten, aber sie erneuert sich ständig, und der Kampf beginnt von Neuem.

Aber Apophis ist, anders als in der christlichen Gnosis, kein Element einer dualistischen Welt: Sie ist nicht das Böse und der Sonnengott das Gute. Sie ist gleichzeitig die Ursache der Erneuerung der Natur, als Uroborus wird sie zum Symbol der Wiedergeburt. Diese Ambivalenz der Schlange erinnert ein wenig an die Schlange im Garten Eden.[94]

Wenn das nicht reichen sollte, um zu verstehen, dass das Christentum diese Bilder nicht originär entwickelt, sondern als die zweitjüngste Weltreligion wahrscheinlich nur übernommen hat, wollen wir wieder zum Hinduismus und zum Buddhismus zurückblicken.

Der Hinduismus ist mit der Altiranischen Tradition eng verbunden. Seinerseits steht der Buddhismus naturgemäß in der religiösen Tradition des Hinduismus, und beide hatten kulturelle Kontakte mit der ägyptischen Kultur.

Wir beschränken uns hier auf die Schilderung des Totengerichts im Tibetanischen Totenbuch. So wie in der christlichen Ikonographie, so gibt es auch in buddhistischen Klöstern bildliche Darstellungen des Totengerichts. Eine davon wird im Tibetanischen Totenbuch beschrieben:

»In der Mitte, groß und furchtbar, *Dharmarája*, der König der Wahrheit, Hüter der Gerechtigkeit, König und Richter der Toten. Begabt mit dem dritten Auge sitzt er da, von Weisheitsflammen um-

[94] Das Tal der Könige, S. 169–170.

lodert, auf einem Sonnenthron, der von einem Lothusthron getragen wird, und tritt eine Mára-Form mit Füßen. Sein Kopfschmuck sind Menschenschädel, eine Schlange sein Halsband, Menschenköpfe sein Gürtel. Sein Pavillon und die Wände seines Hofes sind mit Schädelsymbolen des Todes geschmückt. Sein Schwert ist das Schwert geistiger Macht. Der Spiegel in seiner linken Hand ist der Spiegel des Karma, worin sich jede gute wie böse Handlung jedes Toten, der vor ihn tritt, spiegelt.

Unmittelbar vor dem *Dharmarája* steht der Affenköpfige und hält die Waage, auf der auf einer Schale schwarze Kieselsteine, die bösen Taten, und auf der anderen weiße Kieselsteine, die guten Taten, aufgehäuft sind. Ihm zur Rechten ein kleiner weißer Gott, der einen Sack mit weißen Kieselsteinen gerade ausleert, auf der anderen Seite ein kleiner schwarzer Gott, der einen Sack mit schwarzen Kieselsteinen leert.

Zwei andere Götter überwachen das Wiegen: der Stierköpfige mit einem anderen Spiegel des *Karma* in der Hand und der Schlangenköpfige mit einer Geißel und Schlinge.

Rechts vom *Dharmarája* steht eine gelbe Gottheit mit Schreibblock und Federn, links eine braune Gottheit mit Schwert und Schlinge, die beiden Anwälte. Der Rechte ist der Verteidiger, der Linke der Ankläger. Die sechs tierköpfigen Gottheiten rechts und links davon sitzen mit zu Gericht. Im Vordergrund des Gerichtshofes zehn Tibeter, die den Richterspruch erwarten, darunter ein Lama (Lehrer) und ein Regierungsbeamter, die anderen sind gewöhnliche Leute. Die drei Tore, durch die die Verurteilten in die Hölle gehen, sind von drei tierköpfigen Gottheiten bewacht. Aus dem Gerichtshof führen zu jeder Seite des Richters die sechs karmischen Pfade, die zu den sechs Buddhas der sechs *Lokas* führen, in denen die Pfade enden. Zwölf Tote wandern die Pfade hinauf.

In der Mitte des Bildes oben residiert *Vajradhara* auf einem Lotus- und Mondthron, den Mond zu seiner Rechten und die Sonne zu seiner Linken.

Im unteren Drittel des Bildes sind alle möglichen Höllenstrafen dargestellt. Zwei Sünder werden in Gletscher eingebettet, andere in einen Schmelzofen eingesperrt, andere zersägt, je nach den Sünden, derentwegen sie in die Hölle kamen.«[95]

[95] Das Bild befindet sich gegenüber S. 129 des Tibetanischen Totenbuches, der Text auf S. 323f.

Der Herausgeber des Tibetanischen Totenbuches, Walter Yeeling Evans-Wentz, ist auch ein Kenner des Ägyptischen Totenbuches. Er schreibt dazu:

»Die Gerichtsszene, wie sie in unserem Text beschrieben wird, und jene, die das *Ägyptische Totenbuch* enthält, scheinen in wesentlichen Punkten so ähnlich, dass ein gemeinsamer, bisher noch unbekannter Ursprung anzunehmen ist.

Dharmaraja, der König des Todes, der Pluto der Buddhisten und Hindus, der Richter der Toten in der tibetischen Version, stimmt überein mit Osiris in der ägyptischen Version. In beiden Fassungen kommt das symbolische Wägen vor: vor *Dharmaraja* liegen auf der einen Seite der Waage weiße Kieselsteine, auf der anderen schwarze, die die guten und bösen Taten symbolisieren, und dementsprechend werden vor Osiris das Herz und die Feder (oder anstatt der Feder ein Abbild der Göttin der Wahrheit, welche sie symbolisiert) gegeneinander gewogen; das Herz stellt die Führung oder das Gewissen des Verstorbenen dar und die Feder Rechtschaffenheit oder Wahrheit. [...]

In der ägyptischen Gerichtsszene ist es der affenköpfige (seltener der ibisköpfige) Thoth, der Gott der Weisheit, der die Wägung überwacht, in der tibetischen Gerichtsszene ist es der affenköpfige Schindsche, und in beiden Szenen schaut die Jury aus teils tierköpfigen, teils menschenköpfigen Gottheiten zu.

In der ägyptischen Version wartet ein grässliches Ungeheuer darauf, den Toten zu verschlingen, sollte er verdammt werden, während in der tibetischen Version Teufel darauf warten, den Sünder zur Höllenwelt des Fegefeuers zu bringen; und das Gerichtsprotokoll, mit dem Thoth zuweilen abgebildet wird, entspricht dem Spiegel des *Karma.*«[96]

Wie sich die Bilder doch gleichen. Mutatis mutandis, sagten die alten Römer, wenn man also die Besonderheiten der verschiedenen Kulturkreise berücksichtigt, verwendet das Christentum Vorstellungen vom Jenseits, die bereits mehrere Hunderte von Jahren davor bestanden hatten. Walter Yeeling Evans-Wentz vergleicht die Bilder beider Totengerichte mit christlichen meist mittelalterlichen Bildern und kommt zum Schluss zu der Meinung, »dass der größere Teil der Symbole, die heutzutage als spezifisch christlich oder jüdisch angesehen

[96] Das Tibetanische Totenbuch, S. 111f.

werden, als Anpassungen an ägyptische oder östliche Religionen zu betrachten sind.«[97]

Der tibetanische Buddhismus, so wie wir den Buddhismus inzwischen kennen, nimmt uns zu unserem großen Glück die Angst vor diesen Bildern, weil sie eingebildete Halluzinationen des Menschen sind: »Lass dich nicht ängstigen, nicht erschrecken, fürchte nicht den Gott des Todes. Du brauchst keine Angst zu haben. Die Todesgötter sind deine eigenen Halluzinationen. Von unseren eigenen Halluzinationen abgesehen gibt es in Wirklichkeit außerhalb unserer selbst keine solchen Dinge wie Todesgott oder Gott oder Dämon oder Stierköpfiger Todesgeist. Handle so, dass du es erkennst.«[98]

Ganz anders muten die traditionellen lateinischen Gesänge an, die noch vor kurzem in der Begräbnisliturgie gesungen wurden.

Das eine ist »Libera me, Domine, de morte aeterna«:

»Rette mich, Herr, vor dem ewigen Tod an jenem Tag des Schreckens, wo Himmel und Erde wanken, wenn Du kommst, die Welt durch Feuer zu richten. Zittern und Angst befallen mich, denn die Rechenschaft naht und der drohende Zorn. O Tag des Zorns, des Unheils, des Elends, o Tag, so groß und so bitter, wenn Du kommst, die Welt durch Feuer zu richten. Herr, gib ihnen die ewige Ruhe, und das ewige Licht leuchte ihnen.«

Das andere vergleicht den Tag des Gerichts mit dem Tag des Zornes, an dem die Welt in Flammen aufgeht: »Dies irae dies illa. Solvet saeclum in favilla.«

Was sind wir armen Kreaturen, welchen Schutzpatron können wir rufen? Jesus, der König, die Angst einflößende Majestät soll uns retten.

Wie bereits dargestellt, sind im Alten Testament sehr spärliche Andeutungen an ein eventuelles Leben nach dem Tod vorhanden, wenn sie überhaupt vorhanden sind.

Erst in den apokryphen Schriften, wie im Buch Henoch, werden – ähnlich wie im Alten Ägypten – vier Aufenthaltsorte der Verstorbenen, ein heller und drei dunkle, geschildert. Auch hier, ähnlich wie im Matthäusevangelium und im Alten Ägypten, erwartet die Verstorbenen das Gericht, das über ihr Schicksal entscheidet. Den Ungerechten werden ähnliche Strafen zuteil, wie in den früher zitierten Texten.

Die Vorstellung der christlichen Hölle beruft sich bewusst und gern auf die Gehenna. Sie ist in Wirklichkeit ein tiefes Tal nahe Jeru-

[97] Ebd., S. 322.
[98] Ebd, S. 245f.

salem, in das traditionell Unbrauchbares und zu verschrottende Teile entsorgt wurden, in das aber auch Kadaver und Körperteile von Verurteilten und Hingerichteten hinuntergeworfen wurden. Diese Schlucht wurde schon vor der hellenistischen Zeit und im Matthäus- wie im Markusevangelium zum Bild der Verderbnis derer, die die Ankündigung des Himmelreichs nicht annahmen. In christlicher Zeit, später auch von Martin Luther wurde das Wort mit ›Hölle‹ übersetzt.

Das christliche Paradies ist ein Destillat von verschiedenen Bildern aus verschiedenen Kulturen. Wie im Alten Ägypten ist das Paradies der Ort des Lichtes, der Nähe zur Himmelskönigin Nut, der Ort, an dem die von der Sonnenbarke mitgenommenen Verstorbenen selbst Licht, Sterne werden. Das ist auch der Ort, an dem der Sonnengott wohnt, also der Ort der Nähe zur Gottheit.

Das Paradies ist wiederum das Reich des Geistes, der Ideen, die, wie Platon meinte, nach dem Verlassen der Hülle des Körpers rein und unsterblich weiterleben. Es ist, wie im Hinduismus dargestellt wird, der Zustand der Einheit des Atman mit Brahman, der Weltseele. Das ist von alledem ein wenig, und zugleich ist das ein gewaltiger Wunsch, man möge ewig leben, es gut haben, viel besser als in diesem irdischen Leben, glücklich, eins mit Gott.

Das Purgatorium

Das Purgatorium hat seine Wurzeln in der Annahme einiger Religionen, Gott könne nicht so grausam sein, dass er den Menschen ewig leiden lasse, nicht einmal der richtende und strafende Gott.

So werden zwischen dem Tod und dem Gericht im antiken Persien Tage vorgesehen, in denen die Verstorbenen sich reinigen können. Die altiranische Kultur kennt keine ewige Hölle.

Auch die ägyptische Religion kennt diese Zeit der Prüfung zwischen dem Tod und dem Gericht, sowie zwischen dem Gericht und dem Auftreten vor Osiris.

Nach Meinung von Walter Yeeling Evans-Wentz wurde die christliche Lehre vom Fegefeuer unmittelbar von der Sankt-Patricks-Legende beeinflusst, nach der Gott, auf Bitten von Sankt Patrick, ein Loch in der Erde hat entstehen lassen, das den Zugang zum Fegefeuer freigab. Diese Legende soll wiederum im Zusammenhang mit einem früheren vorchristlichen keltischen Kult am selben Ort gestanden haben, der mystischen Reinigungen und Einweihungen diente. Der keltische Kult soll seinerseits in Verbindung zu dem mithräischen Initiationskult gestanden haben, der in den keltischen Ländern auch starke Verbreitung erfuhr.[99]

Das christliche Fegefeuer, oder Purgatorium, ist also der Ort der Reinigung (lat. purgare) durch Feuer (Fegefeuer).

Man wird sich fragen, wie sich das Fegefeuer von der Hölle unterscheidet. Es stimmt, das Feuer ist da, dafür bleibt Gott auch diesem Ort, wie der Hölle und, wie wir bald sehen werden, dem Limbus (der Vorhölle), fern.

Zwei Feinheiten machen den Unterschied aus. Im christlichen Fegefeuer sind keine Teufel zu finden, und der Zustand ist ein vorübergehender, kein ewiger, was den sich reinigenden Seelen Hoffnung, Zuversicht und große Freude schenkt.

Nobody is perfect. Irgendwann haben wir uns versündigt und nur ganz wenige hatten bis kurz vor dem Tod noch die Möglichkeit, nicht nur die Absolution der Sünden, sondern auch den Ablass aller Strafen für die Sünden zu erlangen. Ich wette, wenn es das Purgatorium wirklich gibt, dann gelangen wir alle dorthin. Wenigstens die Katholiken.

Dass es diesen Ort oder Zustand gibt, glauben die evangelischen Brüder nicht. Denn sie verharren darauf, dass die Rechtfertigung allein durch den Glauben und nicht durch die Werke erlangt werden kann. Die Frage ist, ob die ›Rechtfertigung‹ mit einem glücklichen Leben nach dem Tod gleichzusetzen ist. Auch die Orthodoxen kennen das Purgatorium überhaupt nicht. Es scheint also eine ›Angelegenheit‹ der Katholiken zu sein.

Das Purgatorium ist auch von der Überzeugung getragen, dass nichts Unreines in den Himmel (in das Paradies) gelangen darf – eine Überzeugung, die das Christentum von der Gnosis, von Platon und Plotin übernommen hat und die von Augustin mit vertreten wurde.

Die Nähe der Gottheit verträgt keine Unreinheit, hier auf Erden nicht, deshalb war die sexuelle Enthaltsamkeit der Priester im Judentum ein Gebot, deshalb ist der priesterliche Zölibat bei den Katholiken mehr als empfehlenswert, und deshalb sollten Unreinheiten, die die Verstorbenen mit sich schleppen, ›bereinigt‹ werden, bevor sie in die Nähe Gottes kommen.

Typisch katholisch ist auch die Möglichkeit, sich noch vor dem Tod gegen das Fegefeuer zu ›versichern‹. Die katholische Kirche bie-

[99] Vgl. Ebd., S. 112f.

tet dafür den sogenannten Ablass. Der Ablass ist nicht die Vergebung der Sünden – das geschieht durch die Absolution in der Beichte. Durch den Ablass werden die Strafen, die durch die Sünden entstehen (sozusagen die ›Wiedergutmachung‹ der Schäden, die durch die Sünden entstehen), getilgt.

Vor dem Tod geschieht das natürlich nicht durch das reinigende Feuer, sondern etwa durch eine Pilgerfahrt. Es bestehen aber auch andere Möglichkeiten. Man kann sich den Weg zur Tilgung der Sündenstrafen wohl nicht selbst aussuchen. Den Ablass gewährt die Kirche. Sie bestimmt auch, welches Mittel, welcher Anlass den Ablass gewährt. Im Mittelalter wurde der Ablass nicht selten gegen Geld gewährt. Deshalb spricht man heute noch von Ablasshandel. Man sollte diesen Handel aber nicht so abtun: Immerhin ist das ein angenehmeres Mittel als das Feuer des Fegefeuers. Dieser Umstand hat zudem den Bau prächtiger Gotteshäuser auf Erden erlaubt, die die Nähe Gottes bereits hier auf Erden erahnen lassen. Gesegnet sei der Ablass – und der Ablasshandel!!

Die Vorhölle

Vor einigen Jahrzehnten, ich kann mich noch gut daran erinnern, wurden die Neugeborenen sehr bald nach der Geburt getauft, damit sie nicht in den Limbus (das nennt man im Deutschen ›Vorhölle‹) geraten. Denn die Taufe soll von der Erbsünde befreien. Und ohne Taufe sterben die Kinder zwar ohne persönliche Schuld, aber doch noch nach Tausenden oder Millionen von Jahren mit dem Fleck der Sünde Adams. Bei schwierigen Geburtsvorgängen, wenn man nicht sicher war, dass die Kinder lebend geboren werden, wurden sie bereits im Mutterleib getauft. Keiner wollte die eigenen Kinder in der Vorhölle wissen. Man stellte sich darunter etwas Furchtbares vor.

Die Vorhölle ist aber nicht der Vorhof einer Hölle, also keine Kostprobe von ihr. Sie ist nur eine ›location before the hell‹, lateinisch Limbus. Das ist ein Ort, in dem sich ungetaufte Unschuldige versammeln und dort gottlos, aber nicht unbedingt freudlos existieren.

Die Vorhölle heißt nur im Deutschen so. Rein topografisch wird er vor der theologischen Spekulation in die Nähe der Hölle angesiedelt, weswegen die Deutschen ihn kurzerhand Vorhölle nennen.

Nach theologischer Ansicht sollen sich dort auch die Gerechten eingefunden haben, die vor Christus gelebt haben und gestorben sind.

Ebenso sollen Menschen, die Gott gesucht, aber nicht gefunden haben, dort hinkommen, sowie die bereits erwähnten ungetauften und unschuldigen Kinder.

Es ist kein schönes Schicksal, dort zu landen, sagen einige Theologen, die den Limbus noch kennen, denn dort ist Gott nicht anwesend (der ist doch sonst überall!); und obwohl die Seelen dort nicht leiden, müssen sie doch sehr traurig sein, weil sie wissen, dass es ewig so bleiben wird.

Diesem ›Ort‹ hat die Kirche nie eine dogmatische Verortung oder Existenz verliehen. Er blieb eine theologische Spekulation, und seitdem die Theologen nicht mehr spekulieren, kennt ihn leider keiner mehr.

Schade, denn nach dem christlichen Credo soll Jesus nach seinem Tod und vor seiner Himmelfahrt doch wohl in das Reich der Toten abgestiegen sein, um von dort die Lebenden und die Toten herauszuholen. Es ist nicht unwahrscheinlich, dass er in den Limbus abgestiegen ist, wo – wie in Abrahams Schoß – die Gerechten auf ihn warteten.

Gericht, Himmel und Hölle mit ihren Nebenerscheinungen, Fegefeuer und Vorhölle: Auch diese Bilder sind keine ursprünglich christlichen, es sind mythische Vorstellungen, Bilder von uralten, lange vor dem Christentum existierenden Kulturen. Sie wurden vom Christentum übernommen, getauft, christianisiert und als christliche Wahrheiten ausgegeben. Sind sie deshalb weniger wahr? Nicht im Geringsten, aber deshalb auch nicht unbedingt wahr.

Was sagen uns alle diese mythischen Bilder und Vorstellungen?

Die Wahrheit der Mythen

Die Frage nach der Wahrheit der Mythen ist für das Anliegen unseres Buches sehr wichtig. Gewonnen haben wir bisher die Gewissheit, dass unsere Jenseitsbilder mythischer Natur sind. Wir sagen kurzerhand: Sie sind Mythen. Da mit diesen Jenseitsvorstellungen so große Sehnsüchte der Menschen verknüpft sind, ist es gar nicht irrelevant zu wissen, ob diese Vorstellungen ›wahr‹ sind.

Was ›wahr‹ ist, ist wiederum nicht eindeutig zu definieren. In der Logik sind Begriffe wie ›wahr‹ und ›falsch‹ nur logisch relevant. Sie müssen sich mit der Wirklichkeit nicht unmittelbar messen. Eine andere Sache ist die moralische ›Wahrheit‹. Wer das sagt, was er erlebt hat, sagt die Wahrheit. Tut er das nicht, sagte er eine Lüge. Wahrheit und Lüge sind in diesem Zusammenhang relativ: je nachdem, ob derjenige, der etwas bezeugt, richtig gesehen hat oder nicht. Täuschen ihn seine Sinne, dann mag er seine Wahrheit erzählen, die Wirklichkeit trifft seine Wahrheit jedoch nicht.

Gläubige Menschen benutzen gerade die Mythen, um sich in der Wahrheit zu wähnen, professionelle Gläubige verkünden diese Mythen als Glaubenswahrheiten. Mit welchem Recht?

Könnten die Mythen für die Menschen doch einen Wert haben, auch wenn sie nicht ›wahr‹ sind?

Um der Frage nach der Wahrheit der Mythen nachzugehen, betrachten wir vorerst am besten weitere mythische Symbole. Es gibt keine bessere Möglichkeit, Mythen zu verstehen, als Mythen nachzuerzählen, zu betrachten und nachzuempfinden. Da geht einem vielleicht doch ein Licht auf, vielleicht ahnt man, was Mythen uns sagen wollen. Vielleicht bergen sie in sich einen Sinn, ohne den Anspruch zu erheben, ›Wahrheiten‹, Abbilder der Wirklichkeit, vermitteln zu wollen.

Wir betrachten weitere Mythen, die mit dem Auferstehungsgedanken zu tun haben. Der Baum des Lebens ist nicht ausschließlich, wohl aber auch eine Jenseitsvorstellung und hat auch mit dem Auferstehungsgedanken zu tun. Weitere Auferstehungsmythen, die dem westlichen Kulturkreis nahe stehen, werden auch zur Sprache kommen.

Vom Garten Eden über das Reich des Osiris zum Kreuz Jesu: Der Baum des Lebens

Leben ist unser aktueller Zustand, der Tod unser Schicksal. Es stellt sich jedoch die Frage: Ist der Tod unser endgültiges Schicksal?

Wir erinnern uns an Adam und Eva, sie durften im Garten Jahwes leben. Und sie hätten ewig leben können, weil sie dort vom Baum des Lebens essen durften. So hätten sie ewig leben dürfen, hätten sie nicht, auf Anraten der Schlange, den überheblichen Wunsch verspürt, wie Gott zu werden. Sie nahmen und aßen also nicht nur vom Baum des Lebens, was ja erlaubt war und deshalb seit einiger Zeit nicht mehr so gut schmeckte, sondern auch vom Baum der Erkenntnis von Gut und Böse, was ihnen explizit verboten worden war und deshalb einen viel größeren Genuss versprach.

Der Lebensbaum ist eine mythische Vorstellung, die in vielen Kulturen anzutreffen ist, er ist die Mitte der Welt und deren Achse, die Quelle des Lebens. Von ihm bekommen alle Wesen, Tiere wie Menschen, Nahrung und Lebenskraft. Die unbändige Kraft, die das Leben entwickelt hat, nimmt die mythische Gestalt des Lebensbaums an.

Bei den Babyloniern, im Delta der Flüsse Tigris und Euphrat, hat man auf Denkmälern den Ukkanu-Baum gezeichnet. Er wird von Löwen und Drachen, das sind Symbole von Dämonen, bewacht.

Bei Zarathustra wird der Baum des Lebens die weiße Hone genannt, der König aller Bäume, der von Fervedin gegen den Ahriman bewacht wird. Dieser Lebensbaum macht Lebende unsterblich und spendet neues Leben nach der Auferstehung der Toten. Interessanterweise wird dieser Baum als Weinstock dargestellt, eine ähnliche Pflanze wie der Amonon der Griechen.

Der indische Lebensbaum Kalpavriksha verleiht mit seinen Früchten den Göttern ewige Jugend, und bei den Germanen erfüllt der Apfelbaum eine ähnliche Funktion gegenüber den Asen.

Man könnte damit geradeso weitermachen. Wer es will, möge es in einem gut informierten Lexikon tun.[100]

Wir wollen zunächst zum Lebensbaum des Alten Ägypten zurückkehren.

Der Lebensbaum befindet sich im Reich des Osiris, also im Reich der Toten. Denn der Verstorbene stirbt nicht wirklich, eher überwindet der Mensch durch seinen Tod die Grenzen zum wahren Leben,

[100] Meyers Großes Konversationslexikon, Band 12, Leipzig 1908, S. 282–283.

das ihn zur Auffahrt in den Himmel mit Re vorbereiten wird. Und der Verstorbene bekommt deshalb von den Verwandten Lebensmittel mit auf die Reise ins Jenseits.

Diese bräuchten sie aber nicht unbedingt, denn dort wartet auf die Verstorbenen die Baumgöttin. Dieses Motiv findet sich sehr häufig in Sargkammern im Tal der Könige.[101] Hier einige Motivvariationen:

»Aus dem Geäst emporsteigend, spendet die Baumgöttin dem Verstorbenen und seiner Frau Wasser und Brot für das Fortleben im Jenseits«.

»Die Baumgöttin reicht dem verstorbenen König die Brust. Und die Inschrift heißt: ›Er wird gestillt von seiner Mutter Isis‹.«

»Die Baumgöttin tritt aus dem Geäst heraus und spendet dem Toten Nahrung und Wasser. In ihrem Schatten trinkt nicht nur der Tote, sondern auch sein vogelgestaltiger Ba.«

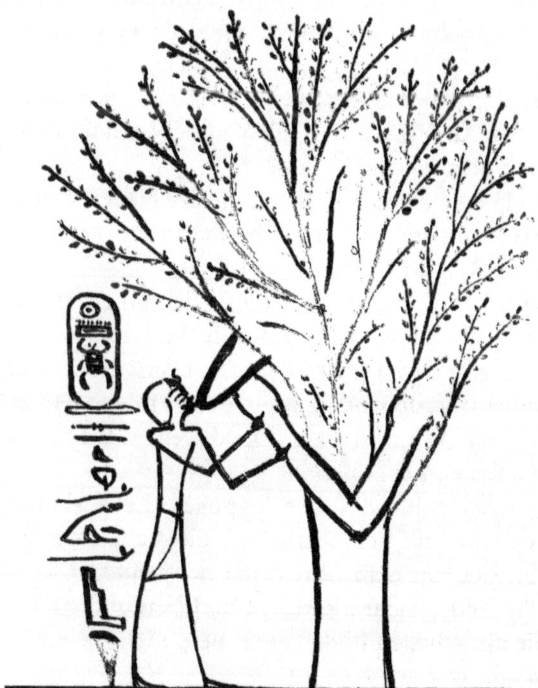

Die Baumgöttin reicht dem Verstorbenen die Brust. Der Verstorbene wird vom Baum des Lebens gestillt. Die Inschrift identifiziert den Baum des Lebens mit Isis. (Abbildung aus: Das Tal der Könige *von Erik Hornung, S. 95)*

Der Lebensbaum im Garten Eden lebt vermutlich von dieser Tradition und diesen Bildern. Es sei dahingestellt, ob das Buch Genesis von

[101] Siehe Das Tal der Könige, S. 84, 95ff.

diesen Bildern direkt beeinflusst wurde oder ob hier Bilder einer gemeinsam getragenen Kultur wiedergegeben werden. Die Bilder ähneln sich in jedem Fall.

Im Garten Eden spielt sich im Schatten von zwei Bäumen das Schicksal der Urmenschen ab. Da Adam und Eva auf Anraten der Schlange vom Baum der Erkenntnis kosten und damit wie Gott werden, werden sie vom Baum des Lebens entfernt, auf dass sie nicht von ihm essen und ewig leben.

Die Ätiologie der Hebräer versucht den Zustand der Menschheit zu erklären: sein mühevolles Leben, voll Arbeit und Pein, und sein Ende, seinen Tod, seine Rückkehr zum Staub. Schuld ist der Ungehorsam des Anbeginns, als alles anfing.

Adam und Eva werden aus dem Garten Eden verwiesen und ein Cherub wacht vor dem Tor des Gartens, in dem der Lebensbaum steht, nun unnütz, seiner Funktion beraubt, es sei denn Jahwe selbst ernährt sich von seinen Früchten, um selbst, ganz allein, ewig zu leben.

Es gibt eine Fortsetzung dieser Urgeschichte. Diese ist der sogenannten ›Schrift‹, wie das Alte Testament im Neuen genannt wird, nicht bekannt, wohl aber dem Neuen Testament.

Zuvor eine Legende, die uns die ganze Theologie des Neuen Testamentes über den neuartigen Baum des Lebens bildhaft und verständlich erklärt: Die Sage vom Kreuzholz Jesu.

Adam hatte außerhalb des Zauns des Gartens Eden lange, wenn auch mühevoll, gelebt. Nun war er dem Tod nah. Sein ihm einzig gebliebener Sohn Set eilte vor das Tor des Gartens Eden, erbat und erhielt vom dort stehenden Cherub einen Zweig, den er in den Mund des inzwischen verstorbenen Vaters steckte. Der Zweig wuchs zum einem Kreuz heran, zum neuen Lebensbaum.

Und eine andere Legende erzählt, dass der ägyptische Lebensbaum (von dem oben die Rede war) mit der Göttin Isis, die die Verstorbenen mit ihrer Brust stillt, sich vor dem Christkind tief neigte.[102]

Auch hier erzählen die Bilder mehr als abstrakte Ideen und sie bestätigen erneut, dass die christlichen Bilder nicht neu, nicht originär, nicht einmal originell sind.

Im Übrigen bezeichnet sich Jesus als Weinstock (Joh 15), der im Alten Persien als Lebensbaum galt. Und Jesus am Kreuz auf dem Berg Golgota ist ein überzeugendes Bild von einem neuen Leben spenden-

[102] Vgl. Meyers Großes Konversations-Lexikon, Band 12. Leipzig 1908, S. 282–283.

den Baum: als eine Lanze seine Seite öffnete, kamen Wasser und Blut heraus – der neue Lebenssaft (Joh 19,31ff). Beide Bilder findet man im Johannesevangelium, wie manches andere.

Die bereits erwähnte Fortsetzung der Urgeschichte findet sich in der paulinischen Theologie, die hoffentlich nach den obigen Legenden und Bildern verständlicher wird: »Nun ist aber Christus von den Toten auferweckt worden als Erstling der Entschlafenen. Denn wie der Tod durch einen Menschen gekommen ist, so auch durch einen Menschen die Auferstehung der Toten. Wie durch Adam alle sterben, so werden in Christus alle lebendig gemacht« (1 Kor 15,20f).

Paulus bezeichnet Adam als den alten Menschen, durch den der Tod in die Welt kam, und Jesus Christus als den neuen, der das Leben und die Auferstehung bringt: »Wie durch den Fall des Einen über alle Menschen die Verdammnis kam, so kommt durch die gerechte Tat des Einen über alle Menschen die Leben wirkende Rechtfertigung« (Röm 5,18ff).

Der Römerbrief (Kap. 5) ist bekannt für diese Gegenüberstellung von Adam und Christus und für die Theologie der Taufe, durch die wir in Christus sterben und in ihm auferstehen: »Oder wisst ihr nicht, dass wir alle, die wir auf Christus Jesus getauft sind, auf seinen Tod getauft sind? Wir sind auf seinen Tod begraben, damit, wie Christus durch die Herrlichkeit des Vaters von den Toten auferweckt wurde, so auch wir in einem neuen Leben wandeln« (Röm 6,4ff).

Das ist die Theologie, die der gläubigen Vorstellung des Kreuzes als des neuen Lebensbaumes zugrunde liegt, eine Vorstellung, die auch in vielen ikonografischen Darstellungen finden lässt. Unter anderem im Eingangsbereich der Kirche Sant'Agnese fuori le mura in Rom: Kurz vor der Eingangstür befindet sich eine Darstellung des Kreuzes als Lebensbaum – ein beredtes Zeugnis dieser Tradition.

Nun möchte ich mich erneut der Frage nach der Wahrheit des Mythos widmen.

Reden wir zunächst vom Mythos des Lebensbaumes. Natürlich ist die Darstellung des Lebensbaumes bei den Persern, den Ägyptern, im Hinduismus eine mythische Darstellung. Daran haben wir doch keinen Zweifel, ohne vielleicht genau wissen zu wollen, was ein Mythos ist. Denn Bilder anderer Religionen, besonders antiker Kulturen, sind, wie wir alle wissen, Mythen. Sind auch die alttestamentlichen Darstellungen des Lebensbaumes und des Baumes von der Erkenntnis von Gut und Böse, ist die gesamte Erzählung vom Garten Eden vielleicht auch ein Mythos?

Auch hier hätten wir aufgeklärte Christen keine ganz großen Schwierigkeiten, das halbwegs zuzugeben. Aber wir tun es nicht gern, denn der Mythos genießt in unserer modernen Welt keinen guten Ruf. Es ist ein Synonym für ›erfunden‹, ›nicht wirklich‹.

Lieber als von einem Mythos reden wir bei diesen Erzählungen von Ätiologien. Das klingt intelligenter, und dadurch – so glaubt man – werden die Schöpfungserzählungen nicht auf einen Mythos reduziert.

Eine Ätiologie ist eine Erzählung, die die menschliche Wirklichkeit erklären will.

Die Wirklichkeit, für die man eine Erklärung sucht, ist das Schicksal eines unmenschlichen Lebens, das mit dem Tod endet. Diese Wirklichkeit bekommt durch die Schöpfungsgeschichten ein neues Licht, eine Erklärung, eine Erhellung.

Ätiologien können aber auch Mythen sein. Das sind sie im ursprünglichen Sinn des Wortes ›Mythos‹, was nach den Griechen nicht anders ist als eine Erzählung, die einen Sinn vermittelt. Die Ätiologie ist auch in einem engeren Sinn ein Mythos, wenn sie Wirklichkeit durch das Eingreifen der Götter in der Welt erklärt.

So weit haben die Christen noch keine Schwierigkeit, weil Götter, zumal die griechischen, nicht wirklich sind. Aber der Gott der Christen existiert wirklich, also sind die Schöpfungserzählungen der Genesis keine Mythen.

Die Argumentation greift zu kurz. Es ist noch nicht bewiesen, dass unser Gott existiert. Auch wenn wir soweit sind zuzugeben: Die Erzählung von Adam und Eva gibt selbst keine reale historische Begebenheit wieder, sie kann also erdichtet und auch im modernen westlichen Sinn ein Mythos sein.

Aber erklärt der Mythos des Gartens Eden die Wirklichkeit des Todes wirklich? Kann ein Mythos, eine vom Menschen erfundene Geschichte, die Realität des Todes erklären?

Und wenn wir gezwungen sind zuzugeben, dass der Sündenfall unserer Urahnen im Garten Eden unseren Tod nicht wirklich erklärt, dann muss doch die Frage erlaubt sein, ob die paulinische Gegenüberstellung von Adam und Jesus wirklich Sinn macht. Wenn Adam und sein Ungehorsam nicht die Ursache für unseren Tod sind, warum soll Jesus Christus der Grund für unser Leben und unsere Auferstehung sein?

Paulus stellt irgendwie seine Sicherheit, dass der Ungehorsam der Vorväter die Ursache für den Tod aller Menschen ist, selbst in Frage:

»Wie durch einen Menschen die Sünde in die Welt gekommen ist und durch die Sünde der Tod und so der Tod auf alle Menschen überging auf Grund der Tatsache, dass alle sündigten« (Röm 5,2).

Also nicht allein die Sünde Adams ist schuld am Tod, seine Sünde hat uns selbst zu Sündern gemacht, und dadurch, dass wir selber sündigen, verdienen wir den Tod. Ein komplizierter Gedankengang, der aber vorläufig nicht viel erläutert.

Von welchem Tod spricht Paulus? Man bekommt den leisen Verdacht, dass Paulus nicht den leiblichen Tod meint, sondern eher einen Zustand, den er als ›Verdammung‹ bezeichnet, als Folge der Sünde, so wie die Folge der Gnade, die uns durch Christus gewährt wird, die Rechtfertigung ist (Röm 5,15f). Plötzlich redet Paulus nicht mehr von Tod und Auferstehung, sondern von Verdammung und Rechtfertigung.

Hat uns Jesus nun die Auferstehung gebracht, ist er unser Leben und unsere Auferstehung? Hat er uns die Auferstehung gebracht, wie Adam uns mit seinem Hunger nach Erkenntnis von Gut und Böse im Garten Eden den Tod gebracht hat, und wenn, tat er das im eigentlichen oder in einem ganz und gar uneigentlichen Sinn des Wortes?

Die Gegenüberstellung von Adam und Jesus bringt Jesus in die unmittelbare Nähe des Mythos: Adam ist der alte Mythos, Jesus der neue.

Das wäre auch kein Problem: Man kann durchaus behaupten, dass Jesus Christus zur Sphäre des Mythos gehört. Denn die Christus-Gestalt trägt alle Merkmale des Mythos. Und der Christus-Mythos wurde, wie es sich gehört, von den Jesus-Erzählungen, besonders von den Kindheitserzählungen, von den Erzählungen seines Leidens und Todes und seiner Auferstehung weitergetragen und tradiert. Diese Erzählungen sind Mythen und begründen den neuen Christus-Mythos.

Schlimm ist nur, dass Paulus gar nicht erzählen kann, er argumentiert, will beweisen und zerstört dadurch die Schönheit des Mythos.

Ist die Auferstehung Jesu ein Mythos?

Es ist an diesem Punkt ratsam, der Frage nachzugehen, ob die Auferstehung Jesu als historische Tatsache oder als Mythos zu betrachten ist. Die zentrale Stelle, die Jesus in der paulinischen Theologie und im gesamten Christentum einnimmt, zwingt zu einer Stellungnahme.

Zwei Dinge könnte man als Beleg für die Historizität der Auferstehung Jesu aufstellen: das leere Grab und die Erscheinungen des Auferstandenen. Zu den letzten schreibt Paulus: »Er ist dem Kephas erschienen, dann den Zwölfen. Danach ist er mehr als fünfhundert Brüdern auf einmal erschienen; die meisten von ihnen leben jetzt noch, einige aber sind entschlafen. Danach ist er dem Jakobus erschienen, dann allen Aposteln. Zuletzt aber von allen ist er auch mir erschienen« (1 Kor 15,5ff). Was braucht man noch mehr?

Paulus selbst kennt oder nennt das leere Grab Jesu nicht. Hingegen verbinden alle vier Evangelisten die Erscheinung des Auferstandenen eng mit der ›Feststellung‹, dass die Frauen, die seinen Leichnam salben wollten, das Grab leer vorfanden.

Es gibt, wie oft, auch über die Historizität oder die Nichthistorizität der ›Feststellung‹ vom leeren Grab und der Erscheinungen des auferstandenen Herrn divergierende Meinungen.

Hier interessieren die vielen diesbezüglichen Untersuchungen nicht, sie verlieren sich beim Aufzählen von unterschiedlichen Angaben bei den vier Evangelisten und versuchen, Argumente dafür und dagegen zusammenzuführen – mit unterschiedlichen Ergebnissen.

Fest steht einerseits, dass die Historizität des leeren Grabes nicht nachgewiesen werden kann. Die Argumentationen sind beliebig glaubwürdig oder auch nicht. Deshalb versuchen wir hier den schwierigsten Spagat und gehen direkt von der Annahme der Historizität des leeren Grabes aus.

Beweist diese Annahme, dass Jesus auferstanden ist? Keinesfalls. Das Grab Jesu könnte aus ganz anderen Gründen leer gewesen sein. Einen Grund dafür gibt sogar das Evangelium nach Matthäus: Es hätte sein können, dass irgendwer den Leichnam gestohlen hatte (Matthäus 28,11ff).

Die Auferstehung Jesu ist so oder so keine logische Schlussfolgerung des leeren Grabes. Es gab und es wird auch in der Zukunft leere Gräber geben, ohne dass jemand unterstellt hätte oder unterstellen wird, der Leichnam sei auferstanden. Und die Frauen, die die Entdeckung des leeren Grabes Jesus machten, hatten nicht im Mindensten daran gedacht, dass Jesus deswegen auferstanden sein müsste. Sie gingen in Angst und Bangen davon. Und von den männlichen Jüngern Jesu, denen sie vor ihrer Entdeckung erzählt hatten, wurden sie nicht gerade als sehr glaubwürdig angesehen.

Andersherum ist es ganz sicher, dass die Evangelisten deshalb von einem leeren Grab Jesu erzählten, weil sie auf diese Weise die gute

Nachricht seiner Auferstehung glaubhaft machen wollten. Denn sie haben sich anscheinend die Auferstehung doch als eine leibliche vorstellen können. Für die Evangelisten war das leere Grab eine hilfreiche Prämisse der Auferstehung. Sie dachten also nicht so: Das Grab Jesu ist leer, deshalb ist er auferstanden, sondern so: Jesus, der Herr, ist auferstanden, deshalb war sein Grab leer.

Die Auferstehung Jesu ist also der Anfang, die primäre Erfahrung der Jünger Jesu. Und diese Erfahrung erlaubten ihnen die ›Erscheinungen‹ des auferstandenen Herrn.

Ist also die Auferstehung Jesu historisch? Sind die Erscheinungen des Auferstandenen historisch?

Historisch ist etwas, was tatsächlich geschehen ist und irgendwie mit empirischen Methoden belegbar ist. So gesehen ist eine Auferstehung von den Toten zunächst an und für sich schwer in die Kategorie des Historischen einzuordnen. So etwas gehört nicht in die Sphäre des Beobachtbaren. Und in der Tat: Keiner hat die Auferstehung Jesu je beobachtet, nicht mal die Jünger Jesu oder Maria von Magdala und ›die andere Maria‹, die die Entdeckung des leeren Grabes machten. Aber der Auferstandene soll ihnen und vielen mehr erschienen sein.

Interessanterweise wurde der auferstandene Jesus bei seinen Erscheinungen nicht immer wiedererkannt. Im Markusevangelium wird gar erzählt, dass der Auferstandene zwei Jüngern in Galiläa ›in anderer Gestalt‹ erschien, sodass sie ihn nicht erkannten (16,12).

Lukas erzählt Ähnliches über die zwei Emmaus-Jünger, die einen langen Weg mit einem ›Unbekannten‹ gingen und lange mit ihm über Jesus sprachen, ohne zu wissen, dass der Unbekannte der Auferstandene Jesu war. Erst beim gemeinsamen ›Brotbrechen‹ erkannten sie ihn wieder (24,13). Und das Johannesevangelium kennt dies auch: Als der Auferstandene den Jüngern am See Tiberias erschien (Kap. 21), erkannte sie ihn nicht, erst später, als sie auf seinem Wunsch hin einen reichen Fischfang hatten, erkannten sie ihn.

Und Thomas, der Ungläubige, wollte erst dann glauben, wenn er mit seinen Fingern das Mal der Nägel berühren konnte, was ihm auch gewährt wurde. Nur: Ist der Auferstandene in diesem Fall echt erschienen oder hat ›eine andere Gestalt‹ dem Thomas den auferstandenen Jesus vorgegaukelt?

Wir müssen uns damit abfinden: Die Erscheinungen des Auferstandenen sind Erscheinungen des ›Herrn‹, der nicht unbedingt mit dem historischen Jesus identisch ist. Deshalb wird er nicht wiedererkannt, deshalb nimmt er andere Gestalten an. Paulus selbst interessiert sich für den irdischen Jesus nicht viel. Für ihn ist der Herr der Auferstandene, der als Sohn Gottes zur Rechten des Vaters erhoben wurde.

Die Erzählungen der Erscheinungen des Herrn sind Ausdruck des Glaubens der neuen Gemeinde an den auferstandenen Herrn. Und dieser Glaube entzieht sich der historischen Belegbarkeit wie die übrigen Erscheinungen Jahwes oder seines Engels in der Bibel: Er erschien natürlich Adam und Noah, mehrmals Abraham und Jakob, sehr oft und in verschiedenen ›Gestalten‹ Moses, Salomo. Sein Engel ist auch Josef, dem ›Vater‹ Jesu, zweimal erschienen, Zacharias und Maria, der Mutter Jesu und anderen.

Im Übrigen sind auch andere Götter den Menschen erschienen: Zeus in vielen ›Gestalten‹, Athene für gute Zwecke (etwa um Odysseus zu warnen und zu retten) und Aphrodite meistens für laszive Zwecke, was ihren leicht entzündbaren Hephaistos sehr ärgerte.

Wollten wir diese Erscheinungen historisch prüfen, wären wir nicht nur überfordert, wir wären sehr naiv.

Erscheinungen einer Gottheit stellen eine literarische Gattung dar, um tiefere Erfahrungen zum Ausdruck zu bringen. Ähnlich wie der Traum müssen sie nicht unwahr sein. Wenn sie in der Lage sind, tiefe (Selbst-)Erfahrungen zum Ausdruck zu bringen, sind sie genauso wahr wie die (Selbst-)Erfahrungen. ›Historisch‹ sind sie deshalb nicht.

Ich bleibe dabei. Auch die Auferstehung Jesu ist ein Mythos. Ist das schlimm? Beunruhigend für viele, ja, aber nicht im Mindesten schlimm.

Bilder des Diesseits fürs Jenseits

Zu Beginn unserer Reise durch die Landschaften von Natur, Kulturen und Religionen begegneten wir bereits vielen natürlichen Ereignissen oder Gegenständen, die als Bilder für das Jenseits benutzt werden. Man nennt sie Symbole.

Zwei Grundphänomene der Natur, die dem Jahr und dem Tag Rhythmus und Gesetzmäßigkeit verleihen, wurden von zwei großen Kulturen als Grundsymbol für ihre Religionen verwendet. Vom Kreislauf der Natur haben Hinduismus und Buddhismus Inspiration für ihre Bilder bekommen. Der Kreislauf der Natur ist das Bild für das Rad des Samsara, von Tod und Wiedergeburt.

Entsprechend werden in der religiösen Literatur und auch heute in unserer Alltagssprache das Gras und die Blumen als Symbol der Vergänglichkeit, das fallende Laub und der Herbst, sowie die Asche und der Schlaf, als Bilder für das welkende Leben und den Tod verwendet.

Seit dem Mittelalter wird der Tod in der Literatur und in der Kunst als Skelett mit einer Sense oder einfach als Skelettkopf dargestellt, manchmal mit Stundenglas und Sanduhr versehen, um uns zu sagen, dass die Zeit gezählt ist.

Der Tageskreislauf – der Sonnenuntergang, der Sonnenaufgang und die Reise der Sonne in der Nacht und am Tag – gilt, wie bereits erwähnt, im Alten Ägypten, aber auch im Alten Persien und für die Inkas, als Grundsymbol für den Tod, die Reise ins Reich des Todes, den Aufgang zum Himmel mit der Barke der Sonne. Dort werden die verklärten Verstorbenen zu Sternen.

Die meisten christlichen Symbole scheinen vom Alten Ägypten übernommen worden zu sein, wie die Auferstehung, die Himmelfahrt und die Verklärung. Auch die Titel, die Jesus bekommen hat, König, Sohn Gottes, Herr, stammen aus der Titulatur der Pharaonen, die selbst zuerst auf Erden als Statthalter des Sonnengottes betrachtet wurden und von ihm die Königsherrschaft bekommen hatten, dann aber im Himmel auf der Rechten des Sonnengottes sitzen durften.

Der Garten und der Baum sind hingegen Bilder des Lebens, die aus dem Alten Persien übernommen wurden. Der Garten mit dem Lebensbaum ist das altpersische Paradies, das im Genesisbuch als der Garten Eden mit dem Baum des Lebens und dem Baum der Erkenntnis dargestellt wird.

Über all diese Symbole habe ich mehr oder weniger ausführlich geschrieben. An dieser Stelle empfiehlt es sich, über einigen wichtigen Symbolen der Auferstehung zu verweilen, die uns wenigstens zum Teil kulturell näherstehen und den Sinn des Osterfestes beeinflussen.

Nicht unbedingt aus unserem Kulturkreis stammt der Phönix-Mythos. Als mythische Vogelgestalt entstammt dieses Bild eher nur mittelbar unserer natürlichen Umgebung. Es ist bereits ein Konstrukt von Natur und Fantasie.

Und der Phönix ist auch im Alten Ägypten entstanden, wo er als heiliger Vogel den Sonnenaufgang verkörperte. Er verkörperte aber auch die jährliche Nilüberschwemmung und als solcher war er ein Symbol für Fruchtbarkeit. Je nachdem, welche Vögel sich in welcher

Region zur Zeit der Überschwemmungen als erste niederließen, bekam der Phönix die Gestalt eines Reihers oder eines Falken.

Es sei hier daran erinnert, dass Osiris nicht nur der Gott des Totenreiches und der Auferstehung, sondern auch der Gott der Fruchtbarkeit war.

Das Symbol wurde natürlich von anderen Kulturen übernommen, von den Griechen und den Römern zunächst. Die Griechen gaben dem mythischen Vogel den Namen Phönix und erzählten, dass er alle 500 oder 1000 Jahre wiederkehrt. Er kam aus dem Osten und flog nach Heliopolis, wo der Tempel des Sonnengottes stand und das Ur-Ei entstand, verbrannte sich selbst und stieg aus der Asche verjüngt wieder auf.

Er ist also auch ein Symbol der Auferstehung aus dem Tod.

Interessant ist das Detail, dass der Phönix erst drei Tage nach seiner Selbstverbrennung aus der Asche steigt und in seine Heimat zurückkehrt.

Selbstredend wurde der Phönix vom Christentum für Jesus Christus vereinnahmt, der gestorben, begraben und *am dritten Tag* auferstanden ist.[103]

Wir kommen mit zwei weiteren Symbolen eher dem mitteleuropäischen Kulturkreis näher: das sind der Hase und das Ei.

Ostern, wird man sagen, ist das Fest der Auferstehung Jesu Christi.

Das Wort ›Ostern‹ stammt aber – wenn Beda Venerabilis im 7. Jahrhundert n. Chr. recht hatte – aus dem Namen einer germanischen Göttin der Fruchtbarkeit – Ostara oder auch Eostre. Sowohl ›Ostern‹ als aus das englische Äquivalent ›Easter‹ bekommen ihren Wortlaut aus dem Namen dieser Fruchtbarkeitsgöttin.

Die Etymologie des Wortes ›Ostara‹ bedeutet einen Mund (Os), der zeugt (tar). Aus dem fruchtbaren Schoß der Göttin erwächst Leben.

Der Name Ostara wird nicht nur vom Klang her, sondern auch kulturell, mit dem Namen der Fruchtbarkeitsgöttin im Orient ›Astara‹ oder ›Ishtar‹ zusammen gesehen. Und ›Ostern‹ steht lautmalerisch Astara, Ishtar und Ostara sehr nahe, so wie auch dem Namen Osiris, der – das sei hier in Erinnerung gerufen – auch der Gott der Fruchtbarkeit war.

Das rote Osterei ist in vielen Kulturen ein Symbol der Wiedergeburt gewesen.

103 Vgl. http://www.symbolonline.de/index.php?title=Phönix (Letzter Zugriff: 09.11.2014).

Astarte gebar das goldene Ei der Sonne. Und im alten Persien wurde das Ei der Wiedergeburt rot, in der Farbe des Lebens, gefärbt.

Eine Legende erzählt, »dass zu Beginn aller Zeiten die Große Göttin das Welten-Ei gebar. Sie wärmte es zwischen ihren Brüsten und ließ es Jahrtausende reifen. Als sich die ersten Sprünge in der Schale zeigten, nahm es die Göttin behutsam und legte es ins große Dunkel. Dort sprang die Schale auf, und heraus fiel die ganze Welt – Erde und Wasser, Tiere und Pflanzen. Aus dem Dotter entstand die Sonne. Und damit die Menschen sich an das große Werk erinnern, werden die ältesten Tierarten der Welt auch heute noch aus Eiern geboren.«[104]

Und warum bringt der Hase zu Ostern Eier? Der Hase ist ein weiteres weitverbreitetes Symbol der Fruchtbarkeit und er wird mit dem anderen Symbol der Fruchtbarkeit zusammengeführt, dem Ei. Er ist, so sagt man, das erste Tier, das im Frühling Junge bekommt. Darüber hinaus gilt der Hase als Mondtier. Als solches wurde er in verschiedenen Kulturen angesehen, wie in Ägypten und in Afrika.

Deshalb wurde das ursprüngliche Osterfest als Fruchtbarkeitsfest am ersten Sonntag des Frühlingsmondes gefeiert, so wie das heutige christliche Osterfest.

Fruchtbarkeitsmythen überschneiden sich mit Auferstehungsmythen, die einen übernehmen einen Teil der Bedeutung der anderen und umgekehrt. Auferstehung heißt Geburt, Neugeburt, Wiedergeburt. Und jede Geburt, Neu- und Wiedergeburt ist gleichzeitig die Auferstehung des Verwesenen.

Und plötzlich bekommt die Deutung der Auferstehung durch Paulus aus Tarsus eine neue interessante Wendung, an die vielleicht sogar Paulus nicht gedacht hatte: »Nicht alles Fleisch ist das gleiche Fleisch [...], auch gibt es himmlische und irdische Körper. [...] Der Glanz der Sonne ist nicht der Glanz des Mondes, und anders ist auch der Glanz der Sterne: So verhält es sich mit der Auferstehung der Toten. Gesät wird in Verweslichkeit, auferweckt in Herrlichkeit. Gesät wird ein sinnenhafter Leib, auferweckt ein geistiger Leib« (1 Kor 39ff).

Was aufersteht, muss im ursprünglichen Sinn des Mythos nicht unbedingt himmlisch sein. Auf der natürlichen Ebene wird aus der Verwesenheit neues irdisches Leben geboren, das irgendwann selbst stirbt und Erdboden wird. Und so treffen sich Fruchtbarkeitsmythen und Auferstehungsmythen sogar mit dem hinduistischen und buddhistischen Samsara.

[104] www.jahreskreis.info/files/fruehling.html (Letzter Zugriff: 09.11.2014).

Ostern ist also ursprünglich nicht das Fest der Auferstehung Jesu Christi, sondern ein heidnisches Fest der Fruchtbarkeit, so wie Weihnachten seinen heidnischen Ursprung im Kult des Sonnengottes bei der Sonnenwende am 25. Dezember hatte.

Auch hierbei hat sich das Christentum am reich gedeckten Tisch der Weltkulturen bedient und das, was es entlehnt hat, als originär christlich erklärt. Immerhin sind im christlichen Osterfest sowohl der Naturkreis des Jahres und der Gedanke der Wiedergeburt als auch der Tageskreislauf der Sonne und der Gedanke der Himmelfahrt und der Auferstehung zusammengeführt worden.

Einige Mythen und Legenden füllen das Symbol des Osterfestes mit weiteren Sinnvalenzen. So wie dieser Mythos: »Weit zurück geht der Kult auf Tammuzi – ausgesprochen ›DAMASI‹ – den Sohn der Astarte (=Ischtar). [...] Im babylonischen Mysterienkult war Tammuzi Sohn und Geliebter der Astarte-Ischtar zugleich. Er wurde auf übernatürliche Art und Weise gezeugt und starb eines gewaltsamen Todes. Doch man hoffte auf seine Auferstehung. Er wurde alljährlich in Gestalt eines Lammes als Sohn des heiligen Mutterschafes geopfert. Auch hier wieder eine starke Parallele zu Jesus, der das ›Lamm Gottes‹ genannt wird. Sein Name DUMU.Zi bedeutet ›Sohn (DUMU) des Lebens (ZI)‹ oder auch ›Sohn der Auferstehung‹. Wieder eine unglaubliche Ähnlichkeit zu Jesus. Eine weitere Bedeutung seines Namens ist ›Same des Lebens‹«.[105]

Weitere Symbole der Auferstehung und der Wiedergeburt seien hier nur erwähnt: Larve, Puppe und Schmetterling, Ei und Küken, Löwe, Pelikan, Schwalbe, Fisch und Efeu.

Im Johannesevangelium ist der Satz zu finden: »Wenn das Weizenkorn nicht in die Erde fällt und stirbt, bleibt es allein. Wenn es aber stirbt, bring es viele Frucht« (Joh 12,24–25). Die Fortsetzung dieser Aussage im Johannesevangelium zeigt, dass Jesus dabei nicht an Tod und Wiedergeburt dachte, aber man kann den Satz – herausgerissen aus dem Kontext – so verstehen.

Es gibt aber Weizenkörner, die in die Erde fallen, sterben und keine Frucht bringen.

Die Bilder, Symbole und Mythen sind eben nicht eindimensional.

[105] Ebd.

Was ist ein Mythos?

Bisher haben wir uns mit vielen Mythen beschäftigt, sie in der Kultur verschiedener Völker und Religionen entdeckt und ihre gegenseitige Abhängigkeit festgestellt. Nun sollten wir doch versuchen nach ihrem Wahrheitsgehalt zu fragen.

Des Öfteren hat der Ätna einen seiner berüchtigten und befürchteten Ausbrüche. Und man denkt gern an die griechischen und römischen mythischen Erklärungen dieser Erscheinungen, die nicht selten der Natur und den Menschen Schaden bringen, auch wenn sie, aus der Distanz betrachtet, wunderschön sind: ein Spektakel in jeder Hinsicht, das nur die Götter zustande bringen können: Hephaistos oder Vulkanus, der hässlichste aller Götter, gerät bei jedem Seitensprung seiner hübschen, aber untreuen Aphrodite regelmäßig in Zorn. Der Gott der Schmiede im Bauch des hohen Berges verursacht in seiner Werkstatt einen gefährlichen Ausbruch von Feuer und Lava.

Am östlichen Hang des Ätna liegt das Städtchen Zafferana, der höchstgelegene bewohnte Ort am Ätna. Die dortigen Bewohner kennen den jahrhundertealten Zorn des Gottes Vulcanus. Gott sei Dank aber kennen Sie seit mehreren Hunderten von Jahren auch den gütigen und beschützenden Einfluss der Mutter Gottes. Zwischen dem Lavabett am Hang des Vulkans und dem ersten Haus des Städtchens bezeugt eine Statue Mariens die Dankbarkeit der Bevölkerung gegen sie, weil sie dort oft den Lavastrom anhielt, auf dass kein Mensch zu Schaden komme.

Dass es bei beiden Darstellungen um Mythen geht, müsste zugegeben werden, wenn auch, für viele Christen, ungern: Hephaistos ist für Christen ein alter mythischer Gott, Maria ist für sie hingegen eine ›echte‹ Schutzpatronin.

Viele Menschen wissen oft um die mythischen Bilder des christlichen Glaubensbekenntnisses und trotzdem beharren sie auf ihrem Glauben.

Ist der Agnostiker naiv oder zeichnet sich der Gläubigen durch übermäßige Naivität aus?

Nochmals zurück zur Frage nach der Wahrheit des Mythos. Dafür müssen wir zunächst definieren, was ist ein Mythos ist.

Im alten Griechenland hat man zwischen dem Logos und dem Mythos unterschieden. Diese Unterscheidung gilt weiterhin für viele als die Basis, um den Mythos von der Rationalität zu unterscheiden. Der Logos steht für Rationalität, Begrifflichkeit, Logik. Der Mythos ist eine bildhafte Erzählung. Diese Unterscheidung bringt uns aber nicht sehr weit. Zum einen werden dabei eine Denkweise (der Rationalität des Logos) und eine literarischen Gattung (Erzählung, Mythos) gegenübergestellt. Zum anderen wird nicht wirklich geklärt, was ein Mythos ist.

Beides, Ratio und Mythen, werden von den gleichen Menschen verwendet. Die Frage ist, ob beide zum selben Zweck benutzt werden. Jedenfalls gibt es keinen Gegensatz zwischen einer literarischen Gattung, der Erzählung, und einem Instrument des Denkens, dem Logos. (Im Übrigen wird der ›Logos‹ in der Gnosis, später über das Johannesevangelium im Christentum selbst zu einem Mythos: »Und der Logos ist Fleisch geworden«.)

Hilfreicher als eine Definition des Mythos scheint mir eine Beschreibung seiner Eigenschaften.

Literarisch ist der Mythos wurzelhaft eine Erzählung. Mythen versuchen den jetzigen Zustand der Welt, ihre gegenwärtige Befasstheit durch Erzählungen aus der Urzeit oder aus einem Urzustand zu erklären. Sie sind sogenannte ›Ätiologien‹. Und meistens spielen Gott oder die Götter zusammen mit den Menschen die wesentliche Rolle in diesen Erzählungen: »Mythen spielen sich in Urzeiten ab, in der Zeit, in der alles begründet wurde, in der alles einen Grund, einen Urgrund fand. Die Götter sind ein Element der Begründung aller Dinge, der Welt, des Menschen.«[106]

Die Ätiologie ist der wesentliche Aspekt des Mythos. Mythen wollen erklären und auf Fragen nach dem Warum eine Antwort geben.

Mythische Erzählungen bilden nicht Wirklichkeit ab, sie suchen nach dem Urgrund, nach dem Woher und Wohin, nach dem Sinn der Welt, des Lebens, des Daseins. Auch Mythen suchen nach der Wahrheit, aber die Wahrheit der Mythen ist nicht die Wahrheit der Wissenschaft und der Ratio.

Die Wissenschaft erklärt die kausale Verkettung der Dinge und versucht Wirklichkeit zu beweisen. Mythen wollen nicht beweisen, und – wenn sie es wollten – könnten sie es nicht, weil die Realität, mit der sie sich befassen, außerhalb der Mythen nicht unbedingt existiert – sicherlich nicht in der Art, wie die Mythen sie darstellen.

Dadurch, dass sie Antworten auf wesentliche Fragen des Menschen versuchen, stiften Mythen Sinn im Leben, mitunter auch Glau-

[106] C. G. Jung und Karl Kerényi, Einführung in das Wesen der Mythologie, Zürich und Düsseldorf 1999, S. 13ff.

ben und Hoffnung, weil in ihnen Menschen und Gott (bzw. Götter) miteinander handeln.

Wenn man an die Mythen glaubt, dann begründen sie auch den Kult und wollen den Menschen in Beziehung zum Gegenstand des Kultes, zu den Göttern (bzw. zu Gott) bringen.

Und hier beginnen auch die Schwierigkeiten des Mythos.

Hubertus Halbfas, ein Verfechter der andersartigen Wahrheit des Mythos, unterscheidet klug zwischen *dem Mythos* an sich und *den vielen Mythen*: »Mythen erzählen von der Urzeit, von der Schöpfung des Universums und der Erde, insbesondere von Göttern und Heroen.« [107] Einzelne Mythen können nur im Mythos einen Anspruch an den Menschen richten, und die Menschen richten sich gern im Universum des Mythos ein, das ihnen Halt und Trost bietet.

Diese Unterscheidung ist deshalb klug, weil sie dadurch so tut, als ob die Frage nach der Wahrheit des Mythos beantwortet wäre. Mir scheint, Frage und Antwort werden eher auf eine nicht näher bekannte mythische Stratosphäre verlegt. Dem Mythos an sich bin ich nie begegnet, wohl aber hunderten von Mythen.

Die Wahrheit der Mythen soll im Mythos angesiedelt sein, der die einzelnen Mythen umfasst. Die einzelnen Mythen geben aber auf die gleiche Frage sehr oft sehr unterschiedliche Antworten. Und alle diese Antworten bekommen überzeugte Bekenner, die nicht selten zu extremen Mitteln greifen, um ihre Mythen gegen andere zu verteidigen.

Der Mythos befasst sich mit dem Unfassbaren, deshalb versuchen in den einzelnen Mythen Götter- oder Heldengestalten uns Menschen dabei zu helfen, unser Leben zu meistern und zu erklären. Das Für-wahr-Halten einzelner Mythen, an sie zu glauben, sie mit der Wirklichkeit zu verwechseln, ist gefährlich. Daraus entstehen die Glaubenskriege, weil jeder seinen Gott als den einzig wahren betrachten. Die einzelnen Mythen und die einzelnen Göttergestalten sind kein Spiegel der Wirklichkeit.

Der Glaube an Mythen macht sie nicht ›wahr‹ im Sinn einer Entsprechung mit der Wirklichkeit, auch wenn dieser Glaube dem Menschen Halt und Geborgenheit zu verleihen scheint.

Mythen scheinen aber den Menschen zu helfen, auch wenn diese keine Wirklichkeit widerspiegeln. Ich kenne viele Menschen, die gegenüber dem Mythos, den von uns erfundenen Gottesbildern, die gleichen Zweifel hegen wie ich und trotzdem den Kult brauchen, die

[107] Über den Unterscheid zwischen Mythos und Mythen siehe Religiöse Sprachlehre, S. 85.

Weihnachsmette lieber um 24 Uhr, genau bei der Sonnenwende, feiern als am Abend und während des Gottesdienstes lauthals »Unser Retter ist da!« und viele solcher Kirchenlieder singen.

Der Glaube an die Mythen gibt den Menschen oft das Gefühl der Geborgenheit. Er kann aber eine trügerische Sicherheit und Geborgenheit vermitteln, es sei denn, Glaube wird als Synonym der Hoffnung verstanden, dann verwechselt er den Mythos nicht mit einem Abbild der Wirklichkeit. Die Hoffnung sucht weiter, weil sie weiß, dass sie noch nichts gefunden hat.

Gibt es also ›den Mythos‹ außerhalb der Mythen? Oder ist der Mythos ein Kollektivwort, also ein Wort, das die einzelnen Mythen bezeichnet, so wie ›der Mensch‹ die vielen Menschen in einem Wort zusammenfasst und bezeichnet? Ausdrücke wie »der Mythos befasst sich mit dem Unfassbaren«, »der Mythos gibt den Menschen Heimat«, »der Mythos stiftet Sinn«, »der Mythos begründet den Kult und den Glauben« verführen dazu, den Mythos zu mythisieren, als ob es einen Übermythos gebe, von dem die einzelnen Mythen ihr kleines Licht bekommen. Es ist interessant zu beobachten, wie die Sprache dazu verführt, einzelne Kollektivwörter oder eine literarische Gattung zu einer personalen Gestaltung umzuformen. Ähnliches geschieht mit dem Tod. Die Tatsache, dass wir sterben, wird zu einem personalen Tod stilisiert.

Es gibt m. E. keinen Mythos jenseits der einzelnen Mythen. Wenn dem so ist, dann ist es nicht der Mythos, der uns Heimat gibt, den Sinn des Lebens vermittelt, den Kult stiftet.

Wer ist dann der Urheber dieser guten Gefühle, die das Leben des Menschen erleichtern? Kein anderer als der Mensch selbst. Der Mensch schafft sich seine eigene heimatliche Höhle, eine Ecke, in der er sich wohlfühlt, und stellt sich hinein. Und diese warme Höhle besteht aus den Bildern der Mythen, die er erschafft.

Es ist derselbe Mensch, der Logik und Rationalität entwickelt und benutzt.

Bis vor kurzem hat man im Gehirn die Entfaltung der Rationalität eher dem Kortex, die Entwicklung von Bildern und Mythen der Tätigkeit des limbischen Systems zugeschrieben, das man auch als den Speicher von Erinnerungen und Gefühlen bezeichnet. Diese grobe Einteilung der Hirntätigkeiten mag man heute ein wenig in Frage stellen: Auch der Kortex soll an der Entwicklung von Gefühlen und von Bildern mitbeteiligt sein.

Wir können aber festhalten, dass unser Hirn, mit welchen Teilen auch immer, die Werkstatt unserer Ideen und unserer Gefühle ist, der Ursprung und die Quelle unserer Erkenntnisse und unserer Mythen.

Ich wage folgende These: Die wissenschaftlichen, durch die Sinne gewonnenen Erkenntnisse der ›Wirklichkeit‹ außerhalb von uns selbst bringen uns ihr näher. Die Mythen bringen uns uns selbst näher. Die Mythen sagen nur über uns selbst etwas aus. Wenn wir sie befragen, bekommen wir Antworten über uns selbst, über unsere eigenen Fragen und Nöte, über unsere Wünsche und Hoffnungen. Mythen sind Schreie, die aus unserer Not entstehen und uns über uns Auskunft geben.

Wir sind die Urheber der Mythen, die uns trösten sollen: Letzten Endes sind wir es, die wir uns selbst trösten.

Sind Mythen lebensrelevant? Das ist die eigentliche Frage, nicht ob die Mythen wahr sind. Meines Erachtens ja. Ich würde sie auch nicht missen wollen. Ich finde sie zum Teil wunderbar. Und wir erschaffen unsere Mythen, damit sie uns helfen, im Leben zu bestehen.

Die Mythen geben uns Zuversicht und Mut um Projekte durchzuführen, die wir mit unserem Verstand allein nicht in Angriff nehmen würden.

Man muss aber wissen, was die Mythen sind und was sie uns bedeuten können.

Wenn wir wissen, dass Mythen Ausdruck unserer Sehnsüchte sind, unseres Bedürfnisses, Antworten auf Ungeklärtes, dass diese Antworten aber nur unsere Fragen widerspiegeln, dann sind Mythen unsere ursprünglichsten Seufzer und wir sollten ihnen aufmerksam zuhören.

Sie mit der Wirklichkeit zu verwechseln, entspricht nicht der Natur und Struktur des Mythos, und ist – wie bereits gesehen – gefährlich.

Sie verstehen zu wollen und gleichzeitig in Frage zu stellen, ist die beste Haltung.

Um ihre Fragwürdigkeit zu wissen und trotzdem sie kultisch zu verehren, kann zur Schizophrenie führen.

Ein bisschen schizophren ist der Mensch sowieso. Er darf auf die Nüchternheit der Rationalität, auf die Erkenntnisse, die sie ihm liefert, auf die Baustelle, die sie ihm bietet, um die Welt zu bauen, nicht verzichten. Auf der anderen Seite will er auch nicht auf die Kraft der Bilder seiner Mythen verzichten, denn sie geben ihm den Elan, den er nötig hat, um die Welt aufzubauen. Wissen, dass Bilder trügerisch sind – und das legt ihm die Ratio nahe –, und sie trotzdem auszukosten, könnte das Leben doch ein wenig widersprüchlich gestalten.

Was Bilder zeigen oder nicht zeigen

Der Mythos als bildhafte Erzählung ist eine eigenartige Bildgeschichte, ein Gleichnis, eine Parabel, die die metaphorische Valenz der Bilder nutzt, die Bilder zu einer Geschichte enfaltet, um uns etwas zu erzählen, das in der Parabel nur bildhaft gegenwärtig ist.

Bilder, Symbole und Mythen können auf verschiedene Personen, Dinge, Götter, etc. bezogen werden. Das liegt in der Natur der metaphorischen Bilder: Sie sind kein Abbild von einer einzigen Wirklichkeit, von einem einzigen Gegenstand – ein ›Ab-Bild‹ ist ein Foto, eine Reproduktion, und das kann man eben nicht auf verschiedene Gegenstände beziehen, sondern nur auf einen, wenn das Abbild getreu ist.

Metaphorische Bilder leben nicht primär von einer außenstehenden Realität wie das Abbild, das Foto. Sie leben aus der Kraft eigener Bildhaftigkeit. Sie können deshalb ihre Bildkraft zwar nicht wahllos, aber dennoch auf verschiedene Gegenstände übertragen, die dem metaphorischen Bild irgendwie entsprechen. So kann nicht nur die eigene Frau eine Rose sein, sondern auch die Frau des Freundes für den Freund, wenn der Freund es als solche empfindet. Und da braucht sich keiner dabei beleidigt zu fühlen. Die Rose des kleinen Prinzen ist für ihn selbst seine einzigartige Rose, die vielen Rosen des Rosenbusches, die er zufällig entdeckt und die ihn zuerst verwirren, empfindet er letztlich als leer.[108] Aber es ist nicht ausgeschlossen, dass ein anderer Prinz am Rosenbusch vorbei läuft und sich in eine von diesen Rosen verliebt. Dann wird ihm diese Rose, die dem kleinen Prinzen gleichgültig und leer erschien, seine einzigartige Rose werden.

Die Bedeutung des Bildes liegt nicht im Bild selbst und nicht in der Wirklichkeit auf die es sich bezieht, sondern darin, dass man sich diese Wirklichkeit durch das Bild vertraut macht. Das ist die geheimnisvolle Philosophie, die der Fuchs dem kleinen Prinzen beibringt.

Die Metapher besteht aus drei Momenten. Zuerst kommt die positive Aussage: »Der Mann ist ein Bär«. Dann kommt die Negation der positiven Aussage: »Der Mann ist natürlich kein (echter) Bär«. Zum Schluss kommt der subsumierende, sublimierende Moment: »Der Mann ist (wie) ein Bär«.

[108] Vgl. Der Kleine Prinz, S. 71.

Diese Gesetzmäßigkeit der Metapher funktioniert immer, wenn wir Aussagen machen, die sich auf die erfahrbare Welt beziehen. So hat ein starker Mann, besonders wenn er behaart ist, Ähnlichkeiten mit dem Bären.

Wir könnten also über Bild und Wirklichkeit reden, oder über die Wahrheit der Metapher. Bild und Metapher bemühen sich, Wirklichkeit zu deuten. Es gelingt ihnen aber nicht, oder wenn, dann auf eine andere Weise als der Fotografie. Einige behaupten gar, kein Bild entspreche der Wirklichkeit, auch ein Foto nicht. Aber sie können, wie unsere Ideen, die wir über die Sinneswahrnehmung entwickeln, mindestens helfen, das Leben zu meistern.

Meines Erachtens verfehlen aber Ideen, Bilder und Metaphern dann ihr Ziel, nämlich Wirklichkeit zu deuten, gänzlich, wenn sie sich mit Unbekanntem befassen. Da sie das Unbekannte eben nicht fassen können, da sind sie nur heuristisch – versuchsweise, sich herantastend – unterwegs, sie wollen etwas finden, was sie nicht kennen, und es ist mindestens zweifelhaft, dass sie es auch finden.

Diese Bilder trösten und geben Halt und Hoffnung. Man fühlt sich durch diese Bilder sogar sicher, deshalb meint man, sie seien auch wahr. Diese Sicherheit kann sich als trügerisch erweisen.

Gleiches ist über das Symbol zu sagen. Das Symbol stellt eine Zusammenballung (griechisch: syn-ballein) von zwei Welten dar, die sich gegenseitig wie Magnete anziehen, sich gegenseitig Licht und Sinn schenken, sodass der Leser oder Hörer wie eine plötzliche Erleuchtung – ein ›sinn-volles‹ Aha-Erlebnis – hat.

Der Mensch ist nicht nur Adressat der Symbole, er ist auch deren Erfinder, derjenige, der die zwei Welten, die einen neuen Sinn erzeugen sollen, zusammenbringt. Er ist bei den Symbolen genauso aktiv wie bei Neuschöpfung von Ideen, Bildern und Metaphern.

Genauso hilflos ist aber der Mensch, wenn er diese unsere erfahrbare Ebene mit einer noch unbekannten, eventuell mit den Sinnen nicht erfahrbaren, also unfassbaren Ebene konfrontiert sieht.

Auch hier droht dem Menschen der völlige Schiffbruch, wenn er das neue Licht, das ihm ein solches Symbol, etwa ein Gottessymbol schenkt, als das wahre Licht versteht und daran wie an etwas Wirkliches glaubt.

Auch der Mythos teilt das Schicksal der Bilder, Metapher und Symbole. Die übertragen menschliche Vorstellungen auf eine Welt, die die Menschen nicht ab-bilden können, weil sie sie nicht kennen, die sich eigentlich selbst ›ein-bilden‹.

Der Mythos ist deshalb nur als Mythos ›wahr‹, seine Wahrheit kann man nur in ihm selbst finden. Eine Entmythisierung religiöser Erzählungen ist deshalb unsinnig, weil man nicht aus dem Bild aussteigen kann, ohne den subjektiv und innertextlichen gewonnenen Sinn zu verlieren.

Der Glaube kann scheinbar nur in Mythen (Bildern, Metaphern, Symbolen) denken, nicht anders. Der Glaube macht aber den Fehler, die Mythen als Abbilder einer vermeintlichen Wirklichkeit zu verstehen. Die kleinste Infragestellung der Mythen bewirkt bei den Glaubenden großes Unbehagen. Es ist so, als wenn stehende Busfahrer in einer scharfen Kurve keinen Halt mehr haben: Die größte Verwirrung entsteht, manchmal sogar Panik. So reagieren gläubige Menschen, wenn man ihnen sagt, dieses und das andere Bild des Glaubensbekenntnisses seien Mythen.

Wir wollten aber daran festhalten: Wenn die Mythen die Wirklichkeit nicht abbilden, dann gibt es keine Entsprechung der Bilder mit einer Realität außerhalb der Bilder. Gottesbilder und –mythen entsprechen keinem Gott in der Welt des Wirklichen. Gleiches gilt für die Mythen vom Leben nach dem Tod.

Gehen wir mit dieser Aussage behutsam, aber vorbehaltlos vor. Was ist ›Wirklichkeit‹? Wirklichkeit ist das, was reell existiert: das, was es gibt, das, was feststellbar ist, das, was mit unseren Sinnen, mit unseren Messgeräten nachprüfbar ist. Nicht nur dies, sondern auch alles, was wir heute noch nicht kennen, aber in einer fernen Zukunft mit unseren Sinnen, mit unseren jetzigen und künftigen Geräten feststellen können.

Und wirklich sind selbstverständlich auch unsere Gefühle: die Angst und die Hoffnung, die Freude und die Liebe, die Barmherzigkeit und der Hass. Wir ›fühlen‹ sie ja, deshalb nennt man sie ›Gefühle‹. Sie sind feststellbar und geben uns oft zuverlässige Handlungskriterien, auch wenn wir durch sie manchmal in die Irre geführt werden. Es gibt im Bereich des Wirklichen keinen Gegensatz zwischen Messbarem und Fühlbarem. Beides ist wirklich.

Wenn wir Wirklichkeit so definieren, dann können wir ohne Furcht und Zurückhaltung sagen: ›Gott‹, der Lebensbaum, der Garten Eden, das Paradies, die Hölle, das Fegefeuer, die Weltenseele, die Wiedergeburt, das Totenreich, die Engel und der Teufel gehören nicht in den Bereich der Wirklichkeit. Klarer ausgedrückt: Sie gibt es nicht.

Und es wäre schlimm, wenn es sie gäbe. Schon als bildliche Produkte unseres Hirns haben sie eine ganze Menge Schaden bei ihren ›Gläubigen‹ angerichtet.

Bilder, Symbole und Mythen sind also ambivalent. Sie können uns im Leben helfen, sie können uns aber auch auf Irrwege leiten. So verhält es sich mit den Gottesbildern und -symbolen, die der Mensch wie Trophäen vor sich her trägt und mit denen er anderen Menschen droht.

Ähnlich verhält es sich mit den Bildern des sogenannten Jenseits (›so genannt‹, weil das Wort ›Jenseits‹ auch ein solches Bild ist). Im Folgenden wird die negative Wirkung des Jenseitsbildes ›Paradies‹ gezeigt.

Das Paradies macht den Menschen manchmal zum Mörder

Es wäre schlimm, wenn es das Paradies gäbe. Ein Paradox? Ein bewusstes Paradox, aber noch kein Paradox ist eine Unwahrheit gewesen.

Über Paradiesvorstellungen haben wir bereits gesprochen. Heute beherrschen zwei Paradiesvorstellungen unsere Alltagsdiskussion in unseren Breiten- und Längengraden: die christliche und die muslimische.

Die christliche Paradiesvorstellung, alias der Himmel, wo Gott alles durch seine Allgegenwart überstrahlt, ist heute kaum mehr in der Lage, Gesellschaftsrelevanz zu erringen. Sie verändert das Leben unserer Gesellschaft nicht mehr. Früher war es anders.

Antike christliche Märtyrer gelten als ein Beispiel dafür. Es handelte sich um unaufgeregte, nicht aggressive Christen, die sich lieber töten ließen, als den Glauben an ihren Gott zu verleugnen. Es handelte sich um einen passiven, erlittenen ›Selbstmord‹. Irgendwie trugen sie selbst eine kleine Verantwortung dafür, dass sie starben. Sie hätten es besser haben können.

Aber sie meinten, die Leiden des Martyriums und der Tod seien bald vorbei. Was sie erwartet, sei der Himmel, das Paradies, die ewige Nähe zu Gott.

In der römischen Kirche von Santo Stefano Rotondo, so benannt wegen ihres runden Baus, kann man an den Fresken, die die Innenwände der Kirche bedecken, Szenen des Martyriums Jesu, der Apostel, der unschuldigen Kinder, des heiligen Stephanus und anderer heiligen Märtyrer betrachten. Diese Szenen erinnern stark an die Darstellungen der Marter, die die Verdammten in der Hölle zu erleiden haben, sowohl an die Höllendarstellungen des alten Persien, als auch an die des Buddhismus und des Alten Ägyptens[109] sowie des mittelalterlichen Christentums, die uns Dante sehr plastisch in seiner Divina Commedia kunstvoll vor Augen führt: Hände werden den unschuldigen Märtyrern abgehackt, die Zunge abgeschnitten, die Märtyrer werden in heißes Öl getaucht, an einem Balken aufgehängt, mal mit den Händen, mal mit den Füssen, deren Leib wird von einem Schwert zerhackt, von einer Marmorplatte zerdrückt, usw. – Man nennt diese Fresken in Rom ›Kinderschreck‹.

Es ist eine regelrechte Hölle, das Martyrium. Solche Martern wurden früher in unseren ›christlichen‹ Vorstellungen eigentlich den Verdammten in der Hölle zugemutet. Wenn sie aber von den heiligen Märtyrern freiwillig ertragen werden, dann gibt es dabei natürlich einen Unterschied: Die Martern der Hölle sind meistens für eine lange Dauer, die Christen meinen großzügigerweise: für die Ewigkeit, weil Gott gerecht ist und sich wegen Bagatellen, die ihn kaum berühren, an uns ewig rächen muss. Die Märtyrer erleiden sie nur für eine kurze Zeit, anschließend erwartet sie das Paradies.

Der Gedanke an das Paradies kann den Menschen zum passiven Selbstmörder machen. Oder auch zum Mörder.

Moderne Märtyrer, etwa islamische, töten sich nicht nur selbst, sondern auch Andersgläubige. Sie sprengen sich in die Luft, etwa in einem Flugzeug. Das Flugzeug stürzt ab, alle Passagiere werden dadurch getötet, der Märtyrer selbst hat es leicht, ohne seinen Leib direkt ins Paradies zu fliegen.

Der Glaube an das Jenseits kann eine Gefahr für die Menschen darstellen.

Religiöse Überzeugungen können dazu führen, dass andere Menschen im Namen Gottes verfolgt und getötet werden. Das geschieht nicht nur heute und meistens in anderen Religionen. Früher haben sich christliche Fanatiker oder gar Kardinäle und Ordensleute des Mordes an Andersgläubigen im Namen Gottes schuldig gemacht.

Religiöse Kriege werden heute noch von den Göttern befohlen, die Gläubigen bekämpfen Andersgläubige, am Ende werden ihnen entweder der Sieg und die Beute zuteil oder das Paradies.

[109] Vgl. den bereits zitierten Satz über die Darstellung der Verdammten bezogen auf das Ägyptische Totengericht: »Weitere Strafen warten auf sie: sie werden geköpft, abgeschlachtet, in das ›nicht verlöschende Feuer‹ geworfen, in dem dämonische Peiniger Feuer sprühen, Schlangen ihren Gift gegen die Verurteilen versprühen. In dieser finsteren Feuerhölle werden sie für immer bleiben« (Tal der Könige, S. 150–158).

Irgendwie glauben aber auch nicht mehr alle daran, dass dieses Paradies wirklich die Endstation der Menschen ist, die sich seinetwegen töten oder töten lassen. Wo landen sie dann, wenn sie wie Helden und Märtyrer sterben, aber doch nicht ins Paradies kommen, sondern in ein dunkles Loch fallen, das man gemeinhin nur als Tod bezeichnet?

Die Überzeugung selbst, dass es ein Leben nach dem Tod gibt, kann dem Menschen den Tod bringen. Der Brauch, den Verstorbenen ein Viaticum (Speisen und Getränke) mitzugeben für die lange Reise ins Jenseits, ist die positive Seite des Jenseitsglaubens. Dieser Brauch war sehr verbreitet, nicht nur bei den Ägyptern, sondern auch bei den Inkas und Mayas. – Im Glauben, dass der Tod nur eine Tür zur besseren Welt ist, töteten sie die Gefolgsleute der Könige, damit sie den König im Jenseits weiterhin begleiten konnten. Man tötete Menschen, damit sie leben. Eine religiöse Absurdität. Und das ist die negative Seite des Glaubens an die Mythen.

Karma und die Gerechtigkeit oder die Ungerechtigkeit

Ein weiterer Jenseitsmythos, der uns im hiesigen irdigen Leben auf Abwege bringen kann, ist die Idee des Karma.

Im Folgenden versuche ich eine interreligiöse Verständigung zwischen Hinduismus, Buddhismus, Platonismus, Gnosis, Ägyptischer Religion und Christentum katholischer Prägung zu erreichen. Wir vergessen für eine kurze Zeit alle Unterschiede und verstehen ›das Karma‹ religionsübergreifend als das, was wir im Leben bewirkt haben, ob wir Gutes und Schlechtes getan haben, uns rein gehalten oder mit Schmutz befleckt haben. Entsprechend, wie wir es eben verdient haben, soll es uns ergehen. Dafür gibt es nach dem Tod Instrumente der Bewertung (z. B. das Totengericht) und der positiven und negativen ›Vergeltung‹. Darunter fallen nicht nur Höllenstrafen und paradiesische Freuden, sondern auch Läuterungsprozesse (darunter das Fegefeuer) und Wiedergeburten in allen Variationen, den Verdiensten des Karma entsprechend, oder gar die Vereinigung mit Brahma oder das Erreichen des Nirwana.

Also Milliarden von Menschen gehen davon aus, dass es nach dem Tod eine Art Karma geben muss, wenn Gott – insofern es einen gibt – gerecht ist oder es sein will (was leider nicht alle Götter wollen). Dann müssen, mit einfachen Worten ausgedrückt, nach dem Tod die Gerechten belohnt, die Ungerechten bestraft werden.

Es gibt anscheinend nichts, was wir gerechte Menschen als selbstverständlicher und richtiger voraussetzen, als dass Gott uns Gerechten nach unserem Tod belohnt.

Ehrlich gesagt, das wäre mir, der ich im katholischen Milieu aufgewachsen bin, nicht nur billig, sondern auch sehr recht. Und ich wüsste auch – wie Dante und Michelangelo – welche Bekannte ich in die Hölle stecken würde, wäre ich der liebe Gott oder wenigstens Jesus Christus oder eben Osiris.

Mir ist aber auch die negative Seite dieser Erwartung gegenüber Gott bekannt, gerade weil ich im katholischen Milieu aufgewachsen bin.

Die Rückseite der göttlichen Gerechtigkeit nennt Ludwig Feuerbach in *Gedanken über Tod und Auferstehung* die Entfremdung des Menschen von sich selbst, indem er seine Wünsche nach der Gerechtigkeit auf die Zeit nach dem Tod überträgt, was ihn daran hindert, alles zu unternehmen, um sein irdisches Leben mit Sinn und Glück zu füllen.

Selbstredend können wir, trotz aller Mühe auf Erden, nicht alles erreichen, was wir uns wünschen, und nicht alles, was wir uns wünschen, ist für uns auch gut. Und selbstverständlich gibt es nicht nur Zufälle, Hindernisse aller Art und unsere Unzulänglichkeit, die uns das Erreichen dieses Ziels nicht ermöglichen: Es gibt auch widrige Umstände und böse Menschen, die uns daran hindern.

Feuerbach schrieb sein Werk zu einer Zeit der sozialen Umwälzungen der Arbeitswelt. Und er wusste auch, dass nicht nur einzelne Menschen andere Zeitgenossen benachteiligten, sondern ganze Machtstrukturen die ärmeren Gesellschaftsschichten unterdrückten. Die Ungerechtigkeit in dieser Welt kann man keinesfalls auf eine private Angelegenheit zwischen Einzelnen reduzieren. Es gibt ganze Gesellschaftsschichten, die andere unterdrücken und ausbeuten.

Leider war es nicht nur zur Zeit Feuerbachs und von Karl Marx so. Heute gilt das ebenfalls. Die reichen Länder wollen nichts von ihrem Reichtum und ihrem Komfort abgeben, und eine nie enden wollende Welle von Flüchtlingen ist gezwungen, um in den Genuss von Brot und Wasser und Freiheit zu kommen, ihre Heimat zu verlassen und – wie eine unendliche Ameisenstraße auf der Suche nach Nahrung – zu flüchten. Wir nennen diese Menschen illegale Einwanderer, weil sie uns unsere Selbstzufriedenheit und unser Geld nehmen wollen.

Ungerechtigkeiten gibt es auf Erden zur Genüge, und keiner kann sie leugnen.

Man nehme nun an, moderne Prediger stellen sich vor diese illegalen Einwanderer und predigen ihnen, sie sollen in ihre Heimat zurück und dort auf die Gerechtigkeit Gottes nach ihrem Tod geduldig warten, denn Gott sei gerecht und werde uns im Jenseits reichlich belohnen.

Karl Marx bringt es mit dem Satz, die Religion sei das Opium des Volkes, noch stärker auf den Punkt. Man sollte dabei beim Wort Opium weniger an Drogen, sondern an dessen Wirkung, den Menschen in einen Dämmerzustand zu versetzen, denken.

Die Idee – verbunden mit den Bildern und Mythen des Jenseits von Gericht, Himmel und Hölle –, dass Gott nach unserem Tod aufgrund unseres guten oder schlechten Karmas, unserer guten oder schlechten Taten, über uns urteilen wird, hat nicht nur eine soziale, sondern auch eine religionsgeschichtliche Schattenseite. Wir sprachen bereits davon, dass das Paradies die Menschen zu Märtyrern macht. Und wir deuteten bereits die Praxis der katholischen Kirche an, dass der Mensch durch den Ablass, den die Kirche nicht selten gegen Geld gewährt hat, sich vor Gott reinwaschen und die milderen Strafen, die ihn im Fegefeuer erwarteten, hier auf Erden abbüßen konnte.

Wird uns Gott – welcher auch immer – wirklich nach unserem Karma beurteilen? Die evangelischen Christen echoen Paulus aus Tarsus nach und meinen, nicht unsere Werke und Taten werden uns ›rechtfertigen‹, sondern nur der Tod und die Auferstehung Christi und der Glaube. Plötzlich kommt ein Begriff ins Spiel, der nicht unbedingt mit den uns bekannten Jenseitsbildern zu tun hat. Nach Paulus sind wir durch den Tod und die Auferstehung Jesu bereits jetzt gerechtfertigt. Wir sind bereits auf Erden wandelnde ›Heilige‹.

Luther hatte zu seiner Zeit den Ablasshandel zum Anlass genommen, um die Paulinische Rechtfertigungslehre als Fundament seiner Theologie zu übernehmen und die Theologie der Errettung der Seele wegen unserer irdischen Taten abzulehnen. Da konnte er ohne weiteres auf das Fegefeuer verzichten.

Letztlich hat die Verlegung der Erfahrung der Gerechtigkeit Gottes auf die Zeit nach dem Tod eine Kirchenspaltung verursacht, die noch heute andauert.

Wunsch und Wirklichkeit

Wenn wir eine Eigenschaft von einem Gegenstand oder einer Person, die wir kennen, auf Gott oder auf das Leben nach dem Tod übertragen, dann wissen wir nicht, ob diese Eigenschaft Ähnlichkeiten mit Gott und dem Leben nach dem Tod hat.

Eigentlich, da wir über Gott und das Leben nach dem Tod nur in Metaphern und Bildern reden, wissen wir nicht einmal, ob es Gott oder ein Leben nach dem Tod tatsächlich gibt. Das gilt nicht nur für Himmel und Hölle, Totengericht und Wiedergeburt. Eigentlich sagen uns unsere Bilder nichts darüber, ob es überhaupt ein Leben nach dem Tod gibt.

So sind diese Bilder und Metaphern keine echten Bilder und Metaphern, weil sie unfähig sind, uns eine richtige Vorstellung von dem zu geben, was wir gern ›abbilden‹ möchten.

Mythen, Metaphern und Bilder über Gott und das Leben nach dem Tod erfüllen eine andere Funktion. Sie entstammen einer menschlichen Sehnsucht, einem innigen Wunsch des Menschen, es möge einen Gott geben, der unser Urgrund ist, der uns in seiner Hand hält, der uns Geborgenheit gibt im Leben und nach unserem Tod.

Auch bei diesem Satz habe ich eine Menge Bilder angewendet. Ich war zwar nicht ganz kreativ und originell dabei, weil diese Bilder für Gott bereits bekannt sind, aber das menschliche Herz, oder besser: das menschliche Gehirn ist in der Lage, Bilder und Metaphern zu produzieren. Das tut es fortdauernd beim Sprechen, weil Sprache wurzelhaft metaphorisch ist, das tut es umso mehr, wenn es sich Fragen über seinen Ursprung, sein Ende, seinen Sinn stellt und sie beantworten möchte.

Der Mensch ist der Schöpfer dieser Bilder und seiner Mythen. Die Mythen besagen also nichts über Gott selbst und das Leben nach dem Tod, es sind nicht einmal gelungene Ätiologien, weil diese gar nichts erklären, sie äußern nur Wünsche und Vorstellungen der Menschen, es möge so sein, wie im Bild und im Mythos dargestellt wird.

Mythen und Metaphern über das Jenseits sind Bilder, für die der Mensch Bausteine, Material unserer Welt verwendet. Wie es drüben aussieht, wenn es ein ›drüben‹, ein Jenseits gibt, das wissen wir definitiv nicht. Das wiederholen wir im Alltag immer wieder, zum Beispiel mit dem Satz: Wie es drüben aussieht, da lassen wir uns überraschen. Wir sind uns dessen bewusst, dass wir nichts wissen.

Wir hoffen aber, natürlich ich auch, und diese Bilder nähren unsere Hoffnung und geben uns Heimat. Wenn wir gleichzeitig die Unruhe verspüren, die von einer unwissenden Hoffnung herrührt, wenn wir immer wieder uns auch vor Augen halten, dass unsere Bilder nicht der Wirklichkeit entsprechen müssen, wenn wir unsere Bilder nicht dogmatisch verstehen – weder die Auferstehung von den Toten, das Totengericht, Himmel und Hölle, noch die Unsterblichkeit der Seele – wenn wir sie relativieren, sie mit Bildern anderer Menschen und anderer Kulturen vergleichen und die anderen Menschen zu verstehen versuchen, sie nicht bekämpfen, weil sie andere Bilder benutzen, sondern sympathisch finden, weil sie unsere Erfahrung und unsere Wünsche reicher machen, dann haben diese Bilder ihren Zweck erfüllt. Und der Zweck dieser Bilder ist, uns in dieser Welt, in diesem Leben eine Heimat zu schenken.

Aber unsere Bilder können auch falsch sein, dann geben sie uns eine falsche Sicherheit und versprechen uns eine Fata Morgana als Heimat. Man muss deshalb immer prüfen, was unser Gehirn uns auftischt.

Es ist nicht zu leugnen, dass die mythische, bildhafte Vorstellung von einem Leben nach dem Tod keineswegs in den verschiedenen Kulturen der Erde nur vereinzelt und sporadisch zu finden wäre, im Gegenteil. Sie entspricht einem tief verwurzelten Wunsch, dass wir ›ewig‹ leben, und da der Tod nicht totzuschlagen und zu vermeiden ist, auch ›danach‹ weiterleben.

Richard Dawkins, Zoologe und Biologe, Gründer des ›neuen Atheismus‹, der sich aber gleichzeitig als Agnostiker bezeichnet, behauptet, der Mensch sei mit einem ›egoistischen Gen‹ auf die Welt gekommen, das ihm in der Evolutionsgeschichte Vorteile brachte. Zu diesem Gen gehöre auch die Fähigkeit, Ideen und Gedanken zu produzieren und weiterzugeben. Die Religion, mit ihren Mythen und Bildern bezeichnet er als ›gedankliches Virus‹. Religionen seien ein Kulturprodukt, das sich besonders schnell verbreitet und in den Köpfen der Menschen festsetzt.[110]

Will man ganz ehrlich sein, so ist der Wunsch, in den Himmel zu kommen, nicht sehr stark ausgeprägt. Man hofft natürlich, dass man in den Himmel kommt, wenn die Zeit kommt, aber ›nicht bald‹, sondern ›so spät wie möglich‹. Lieber leben wir hier weiter, wenn wir gesund sind und Freunde haben. Der tief verwurzelte Wunsch gilt

[110] Vgl. http://en.wikipedia.org/wiki/Viruses_of_the_Mind (Letzter Zugriff: 09.11.2014).

unserem jetzigen Leben, erst wenn dieser primäre Wunsch nicht ewig zu realisieren ist, wünscht man sich ein gutes Leben nach dem Tod.

Gerade dieser innige Wunsch des Menschen ist wurzelhaft und ursächlich verantwortlich für die Entwicklung von Bildern dieses Lebens nach dem Tod. Die Bilder sind verschieden, gleichwohl Ausdruck eines einzigen Wunsches, weiter zu bestehen.

Diese menschlichen Vorstellungen nehmen nicht selten mythische Elemente auf und werden selbst zu mythischen Bildern – wie wir hinreichend gesehen haben.

Mythische Vorstellungen des Jenseits sind Archetypen. Wir verstehen die Archetypen dabei nicht platonisch-philosophisch (als Ur-Ideen), sondern als psychologische Archetypen. C. G. Jung bezeichnete sie als Archetypen des Unbewussten und deutete sie als im Unbewussten verankerte Vorstellungen, Bilder und Verhaltensweisen, die das Dasein des Menschen wesentlich beeinflussen.

Zu diesem Ergebnis ist C. G. Jung durch die jahrzehntelange und ausdauernde Analyse verschiedener Kulturen der Welt gekommen. Dabei hat er festgestellt, dass bei vielen oder fast allen Kulturen ähnliche Urbilder (Archetypen) zu finden sind.

Selbstverständlich gehören auch für C. G. Jung Bilder des Jenseits zu den wichtigsten Archetypen der Menschheit. Das gilt etwa für die Vorstellung der Wiedergeburt, der Sonne, der Dreifaltigkeit, des Baumes, des Geistes, des Königs, des Gottessohnes, des Gerichts, des Himmels und der Hölle.[111]

Zu einer ähnlichen Feststellung sind wir auch am Ende unserer mühsamen Analyse der gleichen Bilder gekommen. Was bedeutet diese Feststellung? Sind im Unbewussten und in der Psyche des Menschen tief verwurzelte Bilder des Jenseits ein Argument für die Existenz eines Jenseits und der damit durch die Bilder dargestellten Jenseitszustände?

C. G. Jung sagt bezogen auf den Archetyp der Trinitätsvorstellungen: »Ich habe immer den Standpunkt vertreten, dass sie (die Archetypen) zum Typus der Revelation gehören [...] Die revelatio ist eine Eröffnung der menschlichen Seelentiefe in allererster Linie, eine ›Offenbarung‹, also zunächst ein psychologischer Modus, womit bekanntlich nichts ausgemacht ist darüber, was sie ansonsten sein könnte.«[112]

[111] C. G. Jung, Gesammelte Werke, Solothurn und Düsseldorf, 1995, besonders Band 7, 9/1 und 9/2, und Band 11.
[112] A.a.O. Band 11, S. 91.

Vielleicht ein wenig kompliziert formuliert, meint Jung Folgendes: Ein Archetyp ist kein Produkt der Ratio, sondern ein Produkt der Psyche. Was außerhalb und hinter diesen Bildern zu erwarten ist, weiß man eigentlich nicht.

Die Wurzel der archetypischen Bilder des Jenseits liegt in dem unmittelbaren und originären Wunsch des Menschen, nicht zu sterben. Weitergedacht ist also der Wunsch der Vater aller Gedanken und aller Bilder vom Jenseits. Die Begründung und Quelle aller Archetypen über das Leben nach dem Tod ist der Wunsch. Unser Wunsch projiziert diese Bilder, verleiht ihnen mythischen Charakter und macht sie dadurch glaubhaft.

Es ist nun klar geworden, dass die archetypischen Bilder an sich nicht unbedingt etwas über die Existenz des behaupteten Zustandes aussagen. Sie sind zudem unterschiedlich, und zum Teil widersprechen sie sich, einige Bilder schließen andere aus.

Wenn aber die Bilder selbst unzuverlässig sind, schließt wenigstens der hinter den einzelnen Bildern stehende innigste Wunsch nach einem Leben nach dem Tod die Fortdauer unseres Daseins ein? Haben wir vielleicht diesen Wunsch nur, weil das Jenseits bereits besteht und unsere Wünsche irgendwie hervorruft?

Man hört nicht selten Aussagen wie: Es kann nicht sein, dass das Leben mit dem Tod endgültig aufhört, wenn die Allgemeinheit der Menschen die Vorstellung und den Wunsch nach einem Leben nach dem Tod hegt. Diese Aussage wird darüber hinaus meistens dadurch begründet, dass Gott als Ursache unseres Wunsches angesehen wird: Wenn Gott uns mit diesem Wunsch erschaffen hat und ihn in unser Herz von Anfang an gegeben hat, wie könnte er ihn uns dann nicht erfüllen?

Diese Argumentation beruft sich auch auf die Annahme, dass Jenseitsvorstellungen ›Archetypen‹ sein sollen, also Vorstellungen, die tief in der Psyche des Menschen sitzen und deshalb einen gewissen Anspruch erheben, erfüllt zu werden.

Tiefsitzende Wünsche haben keine Sicherheit, erfüllt zu werden, und tiefsitzende Mythen sind zwar nicht totzuschlagen, deshalb aber auch nicht ›wahrer‹.

Die Argumentation könnte darüber hinaus rein logisch ein Kurzschluss sein. Auch wenn es einen Gott gibt, und das ist nicht mal ausgemacht, auch wenn dieser Gott in uns diesen Wunsch nach Ewigkeit eingepflanzt hätte, selbst dann wäre es nicht unbedingt logisch, dass es eine Ewigkeit gibt.

Auch die Gottesbilder sind archetypische Bilder, die mehr über uns selbst sagen als über Gott. Auch Gottesbilder sind unterschiedlich und widersprechen sich zum Teil. Nicht nur manche, sondern alle Gottesbilder stellen einen unvollkommenen Gott, wenn nicht gar böse oder unfähige Götter dar. Wie sollten ansonsten das Übel und das Böse und der Tod selbst erklärt werden, wenn die Götter alles nach unserem Gusto und für unser Heil erschaffen hätten? Es ist ein auswegloser Zustand.

Auch das ewige Leben selbst ist nach C. G. Jung ein archetypisches Bild. Und keiner von uns kann behaupten, dass es ein ewiges Leben geben wird. Es gibt einen Anfang des Lebens und ein wenigstens vorläufiges Ende dieses irdischen Lebens, das sich als Gemisch von Geist (Energie) und Materie auszeichnet.

Nicht jeder Wunsch wird erfüllt, auch nicht jeder archetypische Wunsch.

C. G Jung hat zwei psychologische Kommentare zum Tibetanischen Totenbuch geschrieben[113] und er teilt darin die Auffassung des tibetanischen Buddhismus und von Buddha selbst, dass die Bilder eines Lebens nach dem Tod Projektionen des Menschen sind und keiner Wirklichkeit entsprechen. In Wirklichkeit löst sich, nach der Auffassung Buddhas, nicht nur der Körper, sondern auch das Bewusstsein des Menschen auf, und was wiedergeboren wird, ist ein anderes Wesen. Jung spricht in diesen Kommentaren etwa von einer ›karmischen Illusion‹ und davon, dass »das Jenseits [...] keineswegs ein Jenseits des Todes, sondern eine Umkehr der Gesinnung, ein psychologisches Jenseits« ist.[114]

Gegen die Auffassung, dass archetypische Bilder eine Wirklichkeit außerhalb unseres (Un-)Bewusstseins darstellen, spricht auch die Entwicklung der Gottesvorstellungen C. G. Jungs selbst. Zunächst war er (ähnlich wie sein Lehrer Freud) der Meinung, dass Gott eine Sublimation infantiler Sexualität sei. In einer zweiten Phase wird Gott als »notwendige psychologische Funktion irrationaler Natur«[115] verstanden. Erst als er über 60 Jahre alt war, erinnerte sich der Pfarrersohn Jung an seine frühere Erziehung und – ähnlich wie viele älter werdende Menschen – meinte er, dass man im Glauben (also nicht durch die Archetypen) einen personalen Gott erkennen könne.

[113] A.a.O. Band 11, S. 475ff.

[114] Das Tibetanische Totenbuch, S. 45f.

[115] C. G. Jung, Das Unbewußte im normalen und kranken Seelenleben, Olten 1926, S. 103.

Wir sollten uns damit zufrieden geben, dass unsere Wünsche uns keine Sicherheit geben, dass sie erfüllt werden. Die Sicherheit, die uns die archetypischen Bilder geben, ist nur eine scheinbare, weil diese Bilder von uns selbst stammen.

Wünsche ähneln manchmal einem Traum. Wenn man aufwacht, sieht die Welt wieder normal aus, und Traumdeutungen weisen eher in Richtung Psyche des Menschen als auf eine veränderte Wirklichkeit außerhalb des Menschen.

Man wünscht sich, man träumt von dem, was man nicht hat. Ob man das bekommt, was man nicht hat, hängt von zwei außerhalb von uns stehenden Voraussetzungen ab: Ob es andere gibt, die uns den Wunsch erfüllen wollen, und ob es den Gegenstand unseres Begehrens auch gibt. Es gibt auch Wünsche, die man uns gern erfüllen würde, wenn man es nur könnte.

Es gibt Menschen, die ihr Lieblingstier, meistens ein Hund oder eine Katze, unbedingt auch nach dem Tod bei sich haben möchten. Gibt es auch für Katzen und Hunde ein Leben nach dem Tod? Oder haben sie selbst, Hunde und Katzen, den Wunsch nach einem Leben nach dem Tod?

Was man beobachten kann, ist, dass alles, was lebt, ungern stirbt, sich sogar – wenn es nicht ideologisch in die Irre geleitet ist – gegen den Tod mit allen Mitteln zu sträuben versucht. Zu diesen Mitteln gehört der massive Einsatz von Medikamenten und Medizinern, von Apotheken und Krankenhäusern.

Man könnte also meinen, dass der Wunsch nach einem Leben nach dem Tod ein sekundärer, abgeleiteter Wunsch ist, fast ein Zeichen von Kapitulation, ein Eingeständnis, dass der Tod unausweichlich und unentrinnbar ist. Dann aber soll nach dem Tod bitte alles schöner sein als hier, nicht nur schöner, sondern auch gerechter, uns sollte dort das gegeben werden, das wir hier entbehren. Auch Gott selbst vermissen wir hier auf Erden, sehen können wir ihn nicht, spüren auch nicht. Also sollen wir im Leben ›danach‹ in seiner unmittelbaren Nähe sein, ihn von Angesicht zu Angesicht betrachten können, ihn, den Traum all unserer Wünsche. Das ist das Paradies.

»Ein Leben ohne Illusionen ist unerträglich, vor allem für einen Flüchtling«, schreibt Thomas L. Friedmann.[116] Mehr oder minder sind wir alle Flüchtlinge auf Erden. Es kann durchaus sein, dass unser Wunsch nach dem Paradies das einzige ist, das einem Paradies ähnelt,

[116] Thomas Friedmann, Von Beirut nach Jerusalem. Erfahrungen im Nahen Osten, Rastatt 1990, S. 121.

dass wir uns das Paradies nur einbilden. Aus einem Wunsch kann keine Erfüllung abgeleitet oder gar verlangt werden. Auch aus dem Wunschtraum des Paradieses nicht.

Im Geleitwort zum Tibetanischen Totenbuch schreibt C. G. Jung: »Das Jenseits ist keineswegs ein Jenseits des Todes, sondern eine Umkehr der Gesinnung, ein psychologisches Jenseits also [...]. Die Erlösung ist eine Ablösung und Befreiung aus einem früheren Zustand der Finsternis und Unbewusstheit zu einem Zustand der Erleuchtung, Losgelöstheit, Überwindung und des Triumphes über ›Gegebenheiten‹«.[117]

›Rationale‹ Versuche, das Jenseits zu begründen

Das klare Licht oder die Nahtoderlebnisse

Bringen uns sogenannte Nahtoderlebnisse weiter in unserem Wissen um das Leben nach dem Tod und das Jenseits?

Seit Raymond Moodys Buch *Life after Life* (1977) und den begleitenden Beiträgen von anderen Forschern wie Elisabeth Kübler-Ross sind die Berichte über Nahtoderlebnisse nahezu unzählig, deren Interpretationen jedoch durchaus divergierend oder gar widersprüchlich.

Die Strukturen dieser Erlebnisse, deren Elemente und ›Vorkommnisse‹, lassen sich jedoch in einer überschaubaren Liste zusammenfassen.

Einige berichten, dass sie im Nahtodeszustand erleben, wie sie sich von ihrem Körper trennen, fast darüber schweben und dabei die Menschen, die ihren ›Leichnam‹ umgeben, beobachten können.

Einige erfahren einen langen Tunnel, durch den sie hindurchgehen.

Andere wiederum sehen, wie ihnen bereits verstorbene Verwandte oder Bekannte, oder auch Engel lächelnd entgegen kommen und sie ›in Empfang nehmen‹.

Manche erleben ihren eigenen Tod und sehen auf Ihr irdisches Leben wie durch eine Bilderschau zurück.

Oder sie begegnen einer Grenze oder einer Mauer, die sie daran hindert, weiterzugehen.

Das häufigste Erlebnis ist die Erfahrung des Lichtes, eines hellen und ungetrübten Lichtes, das die meisten ›Zurückgekehrten‹ mit Gott in Verbindung bringen oder gar identifizieren.

[117] Das Tibetanische Totenbuch, S. 45.

Und natürlich, um zu berichten, müssen sie doch zurückkehren, was die meisten, wie sie uns wissen lassen, gar nicht gern tun, weil die ›jenseitigen‹ Bilder so schön waren.

Diese Berichte sind wissenschaftlich erfasst und festgehalten. Sie werden, auch von den Gewohnheitsskeptikern, nicht in Frage gestellt.

Die Ähnlichkeiten sind frappierend. Sie können für einige ›der Beweis‹ sein, dass es ein ›Danach‹ gibt. Sie können aber auch nur das Ergebnis kultureller Gemeinsamkeiten sein. Entsprechend unterschiedlich fallen die Interpretationen der Erlebnisse aus.

Nicht nur religiös motivierte Menschen, sondern auch Philosophen und Psychologen, die unabhängig von diesen Berichten bereits zum Glauben an die Existenz eines Lebens nach dem Tod neigen, fühlen sich von diesen Berichten bestätigt. Auch Naturwissenschaftler leugnen nicht die Möglichkeit von einer ›Erfahrung des Jenseits‹.

Die Neigung aber, sie nur mit Hilfe naturwissenschaftlicher Mittel zu erklären, ist allerdings vorherrschend. Es soll, das ist die gängige naturwissenschaftliche Erklärung, sich um einen Streich unseres Gehirns in einer außergewöhnlichen Situation, etwa um eine Halluzination handeln, die durch eine erhöhte Kohlendioxidkonzentration und einen erhöhten Kaliumspiegel verursacht wird, oder aber die Ursache könnte auch die Abwesenheit oder der Mangel an Kohlendioxid sein.[118]

Interessant sind für mich weitere ähnliche Erfahrungen und Zustände, die auch während des normalen irdischen Lebens vorkommen können: die Depersonalisation, die Dissoziation und die Erfahrungen durch das Holotrope Atmen.

Die Depersonalisation ist ein Phänomen, das als krankhaft eingestuft wird, das aber auch in besonderen Fällen von Stresssituationen auftreten kann. Folgende Symptome sind bekannt: die Entfremdung des eigenen Bewusstseins vom eigenen Körper, eine veränderte Wahrnehmung des eigenen Körpers – als ob der Körper taub und gefühllos, unbeweglich wäre –, die Empfindung einer Distanz von der Realität.

Die Universitätsklinik Mainz beschreibt dieses Phänomen folgendermaßen: »Betroffene leiden unter einem Gefühl, als seien sie ›nicht richtig hier‹, oder als ob sie wie ›neben sich stehen‹. Betroffene kommen sich selbst als unwirklich und verloren vor. Oft klagen sie über ein Gefühl von Unwirklichkeit. Sie erleben ihre Umwelt als fremd,

[118] Vgl. http://de.wikipedia.org/wiki/Nahtoderfahrung (Letzter Zugriff: 09.11.2014).

künstlich oder wie hinter einem Schleier. Betroffene sind häufig von der Furcht beherrscht, ›verrückt‹ zu werden.«[119]

Die Dissoziation ähnelt den Nahtoderlebnissen noch stärker, weil man dabei den eigenen Körper als etwas außerhalb von sich selbst, neben sich, erlebt.

Das Holotrope Atmen oder das ganzheitliche Atmen erlaubt auch Erfahrungen, die – wie bei der Depersonalisation und der Dissoziation – den Nahtoderfahrungen ähneln.

Das Ziel dieser Übungen ist, ein erweitertes Bewusstsein zu erreichen, die dem Teilnehmer erlaubt, sich selbst zu transzendieren, Erfahrungen perinataler und transpersonaler Art zu machen. »Das Geheimnis des Atems ist, dass er uns authentisch in das Wiedererleben emotionaler Inhalte führt, sei es auf biografischer Ebene, auf perinataler Ebene (das, was bei Schwangerschaft und Geburt prägend auf die Psyche eingewirkt hat), sei es in die transpersonalen und spirituellen Bereiche.«[120]

Durch das ganzheitliche Atmen wird eine Bewusstseinserweiterung erreicht, die einem den Eindruck vermittelt, man sei Teil eines alles umfassenden Universums, und dadurch erlebe man sich selbst als Teil eines transzendierenden und transpersonalen Universums.

Das ganzheitliche Atmen dauert etwa anderthalb bis drei Stunden, danach wird der Teilnehmer zum Alltag zurückgeholt.

Zu Beginn setzte Stanislav Grof, der Gründer dieser Methode, LSD ein, um diesen Effekt zu erreichen. Nachdem der Einsatz der Droge stark kritisiert und an vielen Orten verboten wurde, entwickelte er die neue Methode des Holotropen Atmens.

Ähnlich wie bei den Nahtoderfahrungen bewirken beim Holotropen Atmen folgende Phänomene den erwünschten Effekt: »Die erhöhte Durchlüftung der Lunge bei der Hyperventilation führt zu vermehrter Abatmung des im Körper entstandenen Kohlendioxids. Daraus folgt eine Verschiebung des Gleichgewichts zwischen Kohlensäure (der gelösten Form von Kohlendioxid) und Calcium im Blut. [...] Weniger Kohlendioxid vermindert die Durchblutung, auch im Gehirn, [...] wodurch dessen Einfluss auf die Erfahrung zunimmt. Dies gilt sicherlich auch für bewusst herbeigeführte Hyperventilation. [...] Im Zusammenhang mit verminderter Großhirnaktivität könnte

119 www.unimedizin-mainz.de/index.php?id=18526 (Letzter Zugriff: 09.11.2014).
120 http://grof-Holotropesatmen.de/Holotropes-atmen.html (Letzter Zugriff: 09.11.2014).

das heißen, dass sich der durch das Großhirn gesteuerte ›thalamische Filter‹, das ›Tor zum Bewusstsein‹ weiter öffnet.«[121]

Es ist bekannt, dass die Beschaffenheit des Erkenntnisorgans die Wahrnehmung der Realität verändert (einige meinen, dass die Realität selbst verändert wird).

Die Frage ist, warum der Mensch die Wahrnehmungen, die er in Notsituationen (Nahtod) oder ›krankhaften‹ Situationen macht – oder gar bei einer durch Drogen oder anderen Techniken selbstverursachten verzerrten Beschaffenheit seiner Organe der Erkenntnis –, warum er also solche Wahrnehmungen als wahrer einstuft als die Wahrnehmungen im ›normalen‹ Zustand.

Darüber hinaus sollte man daran denken, dass nicht nur die Depersonalisation, die Dissoziation und das erweiterte Bewusstsein diesseitige, irdische Erfahrungen sind. Auch die sogenannten Nahtoderlebnisse können deshalb schwerlich Erlebnisse des Jenseits scin, weil die Toten anscheinend doch nicht tot gewesen sind. Tote kommen doch nicht zurück, oder doch? Auf jeden Fall kann man sie nicht als Erlebnisse des Jenseits betrachten, weil die Menschen sich – wenn überhaupt – im Zustand eines Überganges befinden. Mit hoher Wahrscheinlichkeit handelt es sich dabei also um Erlebnisse eines Zwischenzustandes zwischen Leben und Tod, also nicht vom Jenseits.

Einen ›Zwischenzustand‹ beschreibt auch das Tibetanische Totenbuch: »Das Klare in den Augenblicken des Todes gesehene Urlicht.«[122] Im Tibetanischen Totenbuch steht, dass alle Sterbenden, noch vor dem letzten Ausatmen, das Klare Licht sehen. Die die Sterbenden begleitenden Gurus sagen aber, das Klare Licht werde verursacht durch das Drücken auf den Schlafnerv. Der Schlafnerv ist das psychische Nervenzentrum mit Sitz im Herzen. Das hat also sowieso nichts mit dem sogenannten Jenseits der Christen zu tun. Es gibt ja für das Tibetanische Totenbuch kein Jenseits, es gibt nur Samsara, den ewigen Kreis von Geburt, Tod und Wiedergeburt.

»Wenn die Ausatmung aufhört, sinkt die Lebenskraft in das Nervenzentrum der Weisheit, und der Wisser erlebt das Klare Licht in seiner ursprünglichen Beschaffenheit. Wenn dann die Lebenskraft rückwärts geworfen wird und durch die rechten und linken Nerven hinunter flieht, dämmert der Zwischenzustand kurz auf.«[123]

[121] http://de.wikipedia.org/wiki/Holotropes_Atmen (Letzter Zugriff: 09.11.2014).
[122] Das Tibetanische Totenbuch, S. 164ff.
[123] Ebd., S. 165.

»Das eigene Bewusstsein, das zu nichts geformt ist und in Wirklichkeit leer ist, und der erkennende Geist, leuchtend und glückselig – diese beiden sind unzertrennlich. Die Vereinigung von beiden ist der *Dharmakâya*-Zustand Vollkommener Erleuchtung. Dein eigenes Bewusstsein [...] ist das Unveränderliche Licht«.[124]

Die zweite Stufe des Zwischenzustandes:

»Wenn das Bewusstseinsprinzip aus dem Körper heraustritt, sagt es zu sich selbst: ›Bin ich tot, oder bin ich nicht tot?‹ Es kann es nicht bestimmen. Es sieht seine Verwandten und Angehörigen, wie es zuvor gewohnt war, sie zu sehen. Es hört sogar die Wehklagen.«[125]

Die Nahtoderlebnisse, die früher dargestellt wurden, sind also in einem uralten Buch der Menschheit bereits beschrieben, allerdings werden sie als Produkt des eigenen Bewusstseins verstanden, in einem Zustand, in dem der Mensch nicht bestimmen kann, ob er tot ist oder nicht.

Auch die Nahtoderlebnisse können uns mit hoher Wahrscheinlichkeit nichts über das Jenseits sagen.

Jenseits und Ethik

Man hat auch versucht, die Existenz des Jenseits argumentativ zu begründen. Man geht den gleichen Weg, den uns der Karma-Mythos gezeichnet hat, aber in die umgekehrte Richtung. Das Karma wird zunächst geglaubt und als gegeben und wirklich vorausgesetzt. Von da ausgehend wird fantasievoll und bildhaft erzählt, was nach dem Tod geschieht: bei einem Gericht belohnt die Gottheit die ›Verdienten‹ und Gerechten und bestraft die Ungerechten.

Das theologische Argument denkt anders herum: Es muss einen Gott und das Jenseits geben, als Ursprung und Urgrund der Ethik. Von Gott stammen auch die Gebote und Verbote, die der Mensch befolgen soll, damit er auf Erden das Gute vom Bösen unterscheiden kann, das Gute tut und das Böse vermeidet. Entsprechend, auf der Basis seiner Taten und Unterlassungen wird der Mensch nach seinem Tod beurteilt, belohnt oder bestraft. Ohne einen Gott und ohne das Jenseits gäbe es keine Basis für Ethik und Moral. Dann könnte man sich verhalten, wie man möchte, weil die ethischen Kriterien nicht begründbar wären. Man könnte die abscheulichsten Verbrechen rechtfertigen. Man könnte sogar makaber behaupten, die Gaskam-

[124] Ebd., S. 171.
[125] Ebd., S. 174.

mer sei ein abgekürztes Verfahren, um menschliches Material in den Kreislauf der Natur wieder einzuschleusen. Die Natur wird diese bereits zu Asche verarbeitete Materie bestens für neues, möglicherweise wertvolleres Leben verwerten.

Gott soll also der Urgrund der ethischen Norm sein. Wenn es Gott nicht gäbe, wäre keine Begründung der Ethik möglich und die Menschen könnten tun und lassen, was sie wollten. Man spricht dabei auch von einer ›heteronomen Moral‹.

Das Jenseits, das Gericht und die endgültige Bestimmung des Menschen nach dem Tod sind ein logisches Ergebnis einer von Gott gegebenen Moral, unabhängig davon, welche Vorstellung man vom Jenseits hat. Das Jenseits selbst aber und die Bestimmung des Menschen auf der Basis seines irdischen Tuns sind notwendige Folgen der göttlichen Logik.

Indes weiß man nicht, ob Gott logisch denkt. Das versucht der Mensch mehr oder minder erfolgreich. Ob Gott, wenn es einen gibt, sich an die Gesetze der Logik hält, wissen wir einfach nicht.

Das Problem ist, dass der Mensch sich nicht entscheiden kann, zu bestimmen, welche Normen Gott uns gegeben hat. Und – schlimm genug – er weiß letztlich nicht, wer, was, wie Gott ist. Und eigentlich gibt es ›den Menschen‹ an sich auch nicht. Es gibt sehr viele Menschen, und sie machen sich viele und unterschiedliche Bilder von ›Gott‹. Und fast jedes von diesen Gottesbildern benimmt sich so, als ob er der Herrscher des Universums wäre und bestimmen könnte, wie die Menschen zu handeln haben.

Die unterschiedlichen Götter geben den Menschen unterschiedliche Weisungen. Nicht selten hat ein Gott angeordnet, die Anbeter anderer Götter zu verfolgen, ins Gefängnis zu stecken, zu quälen und zu töten. Darin sind sich viele Religionen (Menschen, die an ein Gottesbild glauben, sich vor ihm neigen und es verehren), leider einig.

Sogar die Heiligen Schriften vieler Religionen, inklusive der ›höheren, monotheistischen Religionen‹ schreiben ihrem ›barmherzigen‹ Gott, Befehle und moralische Normen zu, die ein normaler Menschenverstand heute als Verbrechen gegen die Menschen einstuft, so wie die Tötung der Andersgläubigen, das Abhacken einer Hand als Strafe für den Diebstahl, die Steinigung als Strafe für den Ehebruch, usw.

Ähnliche Strafen haben sich die gläubigen Menschen erdacht, Gott zugeschrieben und ausgeführt, auch wenn sie nicht in den ›Heiligen Schriften‹ zu finden sind.

Auf einen Gott, der die Tötung von Menschen befiehlt und gleichzeitig der Grund der Moral sein will, können wir, ehrlich gesagt, gern verzichten. Götter haben sich, laut menschlichen Darstellungen, über menschliche Opfer gefreut, den Geruch des auf dem Altar gebratenen Menschenfleisches genossen und vielleicht sogar am geopferten Fleisch gelabt. Wenn nicht sie, dann taten es die opfernden Menschen, damit sie gottgleich wurden.

Auf die Märtyrer haben wir bereits hingewiesen (siehe den Abschnitt »Das Paradies macht den Menschen oft zum Mörder«). Heute reden wir nur noch von den ›fanatischen Märtyrern‹, die im Namen Allahs sich töten und dadurch viele andere Menschen ›in den Himmel‹ sprengen. Zu Recht sagen wir, sie seien fanatische Extremisten. Wir unterschlagen aber immer den wahren Grund ihres Fanatismus. Natürlich sind sie von anderen Menschen in die Irre geleitet worden. Aber das, was ihnen im entscheidenden Augenblick die Kraft gibt, sich und andere zu töten, ist ein irriges Gottesbild. Es ist ein inneres irriges Bild, das ihnen innere Kraft gibt. Sie sind echte Märtyrer. So wie die früheren christlichen Märtyrer. Oder diese Märtyrer waren genauso Opfer einer irrigen Gottesvorstellung wie die heutigen Märtyrer.

Kein Gott kann verlangen, dass Menschen sich töten lassen oder selbst töten, um ihn zu verehren.

Und dieser Gott soll der Grund der Moral und der Ethik, der Grund der Unterscheidung von Gut und Böse sein? Dieser Gott, bzw. diese Götter sind nicht mal in der Lage, selbst das Gute zu tun. Gott sei Dank sind es aber nur unsere Bilder, die so geartet oder entartet sind. Es mag also sein, dass Gott der Urgrund der Moral ist, aber, da wir ihn nicht kennen, sollen wir einfach aufhören, Gottesbilder zu erschaffen, sie auf unsere Altäre zu hieven, sie zu verehren und von ihnen zu verlangen, dass sie unsere jeweils eigene Moral als gottbegründet erklären. Wenigstens so lange, bis wir den wahren Gott, wenn es den überhaupt gibt, kennenlernen.

Jesus, den man gern als Stifter einer neuen Religion ansieht, hat von diesen Vorstellungen Abstand genommen. Sein Satz: der Sabbat sei für den Menschen da, nicht der Mensch für den Sabbat, stellt die Dinge auf die Füße, weil sie von seiner religiösen Umgebung auf den Kopf gestellt waren: Wenn der Mensch wegen der Religion zugrunde geht, dann ist diese Religion falsch. Es gibt kein Gottesbild, das die Tötung oder Selbsttötung verlangt, und der Anspruch erheben kann, das Bild eines echten Gottes zu sein.

Wäre dann ein Leben noch sinnvoll, wenn es Gott und das Jenseits nicht gäbe? Ich denke ja.

Aber gehen wir vorsichtig vor. Sogar unter den katholischen Moraltheologen gab es einige Stimmen, die für eine ›autonome Moral‹ plädierten. So Alfons Auer in seinem Buch *Autonome Moral und christlicher Glaube*.[126] Auer vertrat die Ansicht, dass es keine geoffenbarte Moral gibt. Die Entwicklung von ethischen Normen ist, nach seiner Meinung, Kompetenz und Aufgabe der menschlichen Vernunft. Ethische Normen sollen also den Gesetzen der Vernunft folgen und die Religion soll naturgemäße Normen bejahen.

Zuletzt hat sich auch der Dalai Lama in diesem Sinn geäußert: Alle großen Weltreligionen können innere Werte wie Liebe und Toleranz fördern, aber die Rückbindung dieser Werte an die Religion sei heutzutage nicht mehr nötig. Es sei an der Zeit, beteuert der Dalai Lama, eine Spiritualität und eine Ethik zu entfalten jenseits der Religion.

Sicherlich hat die Stimme des Dalai Lama heute größeres Gewicht als die Meinung von Alfons Auer, aber diese Meinung von einem Buddhisten zu hören, ist weniger überraschend als von einem katholischen Theologen.

Und doch: Was heißt, der Mensch hat die Aufgabe, ethische Normen mit Hilfe der Vernunft zu entwickeln?

Ist die menschliche ›Vernunft‹ zuverlässiger als die Basis, die uns Gott geben könnte? Diese Gegenüberstellung hat meiner Meinung nach allerdings keinen Sinn. Der Gott, den wir kennen, ist auch ein Produkt unserer ›Vernunft‹.

Unbestritten gilt aber der Einwand: Was bietet uns die Vernunft für eine verlässliche Basis überhaupt? Gibt es überhaupt eine menschliche Vernunft? Die Vernunft wird sprachlich fast personifiziert, als eine für sich existierende universale Größe angesehen, die außerhalb des Menschen steht – ähnlich wie Gott oder der Logos oder eine Welt der Ideen. An diese personifizierte Vernunft, auf diese Vernunftidee die Aufgabe der Begründung der ethischen Normen zu delegieren, wäre das Gleiche, als wenn man die Aufgabe Gott überließe.

Es ist in beiden Fällen einzig das menschliche Gehirn, das dabei tätig ist. Es ist in all diesen Fällen immer der Mensch, der versucht, vernünftig zu sein. Nicht immer gelingt ihm das.

Welche Orientierung kann uns dann eine Ethik bieten, die wir uns selbst geben?

[126] Alfons Auer, Autonome Moral und christlicher Glaube, Düsseldorf 1971.

Eine Gegenfrage auch hier: Haben wir eine andere Wahl? Die Antwort heißt: Nein.

Wir müssen uns also eingestehen, dass unsere Ethik an einer inneren Subjektivität krankt. Und mit dieser Krankheit müssen wir leider leben. Wie gesagt, es ist mit der Frage nach Gott genau das Gleiche: Wir schaffen uns Gottesbilder, wir vermitteln ihnen unsere radikale subjektive Sichtweise, auch wenn wir ganz unterschiedliche Gottesbilder als objektiv, ja als offenbart erklären. Auch mit dieser Unsicherheit müssen wir leben.

Man darf die Augen vor den Problemen aber nicht schließen, die entstehen, wenn die Menschen die Quelle und der Grund ethischer Normen sind. Das Vorhandensein unterschiedlicher, sich nicht selten widersprechender Normen, lässt die gleichen Fragen offen, unabhängig davon, ob diese Normen im Namen Gottes oder des Menschen begründet werden. Der Mensch als Schöpfer seiner Gottesbilder und der Ethik ist in beiden Fällen selbst die Quelle und der Grund ihrer Subjektivität und Brüchigkeit.

Es gibt allerdings einen wesentlichen Unterschied. Wenn unsere Gottesbilder als Gott angebetet werden, dann ist eine Diskussion über die von ihm stammende Ethik, ein ethische Normen in Frage stellender Dialog schwierig, wenn nicht unmöglich. Wenn uns die Subjektivität unserer Bilder und Normen bewusst ist, dann ist der Dialog ein Gebot der Stunde. Es gibt dann immerhin die Möglichkeit zu sagen: Wir versuchen, Normen zu finden, die nicht nur für einzelne oder wenige, sondern für viele, am besten für alle vernünftig sind, und diese erklären wir als ethische Normen.

Man redet auch dabei von einer heterogenen Begründung der Ethik, weil sie nicht in jedem einzelnen Menschen fundiert ist, sondern in der Gemeinschaft der Menschen. In diesem Sinn wird auch davon gesprochen, dass ethische Normen einer Konvention entspringen.

Das bedeutet: Eine von uns anerkannte Subjektivität verpflichtet uns zum Dialog, zum Kompromiss, zu Übereinkünften, die uns in Frieden leben lassen und jedem einzelnen eigene Entfaltungsräume überlassen. Die rasant größer werdende Globalisierung kann diesen Dialog in vielen Bereichen (Religion, Gottesbilder, Ethik) eigentlich nur erleichtern.

Das Bild vom Baum der Erkenntnis von Gut und Böse (Genesis 3) wird wieder aktuell. Der Mensch sollte die Erkenntnis von Gut und Böse nicht Gott allein überlassen. Er selbst will und soll fähig werden, ethisch zu erkennen und zu handeln, auch auf die Gefahr hin, dass er irrt und die Unschuld verliert. Besser 937 Jahre im Schweiß seines Angesichtes leben wie Adam, als ewig unschuldig und unwissend.

Das Jenseits ist also, mit seinem ganzen Ballast von Gericht, Himmel und Hölle, als Begründung ethischer Normen nicht nötig.

Das Jenseits hat bereits im Diesseits begonnen. Unsere Aufgabe ist es, den Menschen in den Mittelpunkt unseres Handelns zu stellen, ihn zu schützen und leben zu lassen. Auch die Religion ist in den Dienst des Menschen zu stellen und nicht umgekehrt.

Man zitiert oft Jesus sehr inopportun. Ich erlaube es mir hier einmal auch selbst. Er hat einmal gemeint, das Reich Gottes sei bereits unter uns. Ich gestehe, dieses Zitat ist aus dem Zusammenhang gerissen, aber es tut hier seinen Dienst: Gutes sollen wir hier tun.

Leben, als ob es ›Gott‹ nicht gäbe

In einigen Gesellschaftsschichten und in einigen Regionen der Welt leben viele Menschen ohne Gott. Sie sind gottlos, auch wenn die Christen es mit ihnen gut meinen und behaupten, wenn sie nach ihrem Gewissen leben und Gutes tun, werden sie gleichwohl von Gott geliebt. Der echte Christ-Mensch kann sich nicht damit abfinden, dass Menschen ohne ›Gott‹ leben können.

Man könnte auf Erden aber wohl gut leben, als ob es ›Gott‹ nicht gäbe. Das bedeutet lange nicht, dass es Gott tatsächlich nicht gibt. Die letzte Hoffnung geben wir ungern auf. Aber wir könnten ihn im Alltag als operativ lenkende Kraft ganz vergessen, ohne dass sich unser Leben wesentlich verändert. Es ist schon so, dass unsere Gottesbilder uns oft böse Scherze spielen. Die Täuschungen und Enttäuschungen, die wir deswegen erleben, bringen uns eine vorsichtige Haltung bei.

Besonders die Erfahrung, dass die Religionen (das sind die Versteinerungen unserer Gottesbilder) nicht selten mit dem Menschen schlecht umgehen, ihn gängeln, diskriminieren, ihn nicht selten zu Tode foltern, sollte uns zu denken geben.

Man könnte dem entgegnen, dass nicht alle Religionen den Menschen so behandeln, es gibt Religionen, wie zum Beispiel das Christentum, die meinen, der Mensch sei ein Geschöpf Gottes und deswegen würdig, mit Respekt behandelt zu werden.

Es ist richtig, dass die Religionen verschiedene Facetten haben und verschiedene Gottesbilder entwickeln, die sich auch historisch mit der Zeit wandeln. So hat das Christentum schon alles in seiner Geschichte erlebt: das unnötige Martyrium, um einem Gottesbild treu zu sein, das skandalöse Töten von Häretikern (also von Menschen, die andere Gottesbilder als die Zentralreligion haben oder Ideen vertreten, die mit ihnen nicht konform sind), Heilige Kriege gegen Andersgläubige, usw. Heute handelt das Christentum nicht mehr auf diese Weise brutal. Der Grund liegt darin, dass das Christentum alte Gottesbilder aufgegeben hat und neue, für den Menschen weniger gefährliche, angenommen hat. Mit den neuen Gottesbildern versucht das Christentum aber immer noch, das Gewissen der Menschen so zu prägen, dass von der sogenannten Freiheit der Kinder Gottes gar keine Rede sein kann.

Wenn dem so ist, dann kann man auf die Gottesbilder ganz verzichten – sie stammen sowieso von uns selbst. Der Verzicht ist eigentlich nicht gravierend, weil er nicht den Verzicht auf Gott selbst impliziert, wenn es ihn gibt. Und wir tauschen dadurch Gottesbilder mit der unmittelbaren Erfahrung der Menschen und der um uns lebenden Natur.

Die Frage ist: Warum soll die Würde des Menschen, und nicht nur des Menschen, sondern auch aller Wesen, die diese Erde bevölkern (wenn man sich auf die Erde beschränken will), von einem Gottesbild abhängig gemacht werden, das sowieso von uns selbst entworfen wird?

Der Mensch erhält seine Würde und Schutzwürdigkeit aus der Tatsache, dass er ein Mensch ist. Er ist würdig, weil er unser Bruder ist, und schutzwürdig, weil er ein schwacher Bruder von uns ist – so wie wir selbst. Unser positiver Einsatz für den Menschen ist dadurch ausreichend begründet.

Große Veränderungen, positive Revolutionen zugunsten des Menschen sind geschehen, unabhängig davon, ob die Initiatoren religiös gesinnt waren oder nicht. Diese Revolutionen sind entstanden, weil Menschen in einer schwierigen Situation lebten.

Ich nenne erneut Karl Marx, wohl wissend, dass er voreilig als Kommunist eingestuft und dadurch schon deshalb disqualifiziert wird. Er hat seinen Finger in eine große Wunde seiner Zeit gelegt und Missstände angezeigt, die unbedingt hätten beseitigt werden müssen.

Gandhi ist der pazifistische Revolutionär, der den Gewaltverzicht als Hebel nutzte, um das Schicksal seines Landes zu verändern und uns lehrte, dass Schwerter und Kanonen nicht immer das letzte Wort haben.

Martin Luther King hatte einen Traum, den er auch ohne Gewalt durchsetzen wollte. Ihm wurde Gewalt angetan, aber sein Traum der Gleichheit der Menschen wird immer stärker Wirklichkeit. Hoffentlich.

Dazu hat zuletzt Nelson Mandela, der im Dezember 2013 im Alter von 95 Jahren starb, einen riesigen Beitrag geleistet. Von den 95 Jahren seines Lebens verbrachte er 27 Jahre im Gefängnis. Wie groß war die Anteilnahme in der ganzen Welt an seinem Tod! Alle hatten sich auf den Tod des großen Mannes längst vorbereitet und wurden von ihm doch jäh und schmerzlich überrascht. Das vielfarbige Land, das er hinterließ, ist noch lange nicht fertig mit seiner Selbstbefreiung aus der Ungerechtigkeit. Aber gerechter ist nicht nur sein Land, sondern ein bisschen, wenn man die überwältigende Anteilnahme an seinem Abschied betrachtet, die ganze Welt.

Ist der Mensch für sich nicht wert, befreit, geschützt und geliebt zu werden? Brauchen wir dafür einen von uns selbst fabrizierten Gott?

Dietrich Bonhoeffer, evangelischer Theologe hat den Satz geschrieben: »Leben, als ob es Gott nicht gäbe«. Hier das vollständige Zitat: »Und wir können nicht redlich sein, ohne zu erkennen, dass wir in der Welt leben müssen – ›etsi deus non daretur‹ (als ob es Gott nicht gäbe). Und eben dies erkennen wir vor Gott. Gott selbst zwingt uns zu dieser Erkenntnis. So führt uns unser Mündigwerden zu einer wahrhaftigeren Erkenntnis unsrer Lage vor Gott. Gott gibt uns zu wissen, dass wir leben müssen als solche, die mit dem Leben ohne Gott fertig werden. Der Gott, der mit uns ist, ist der Gott, der uns verlässt (Mk 15,34).«

Das Zitat stammt aus dem Buch *Widerstand und Ergebung, Briefe und Aufzeichnungen aus der Haft.*[127] Im Hintergrund steht die Feststellung Bonhoeffers, dass die Welt sich von Gott sowieso verselbstständigt hat und viele in ihr so leben, als ob es Gott nicht gäbe. Er selbst aber lehnt eine dichotomische (zweigeteilte) Welt ab, in der Gott in einer eigenen Hälfte lebt und der Mensch in seiner, wo Gott nicht vorkommt. Sein Anliegen ist, dass Gott in der Welt des Menschen vorkommt. Aber dieser Gott selbst zwingt uns – da wir mündig geworden sind – so zu leben, als ob es ihn nicht gäbe: Der Mensch und auch der Christ sind gottlos geworden, sie sind mündig gewor-

[127] Eberhard Bethge (Hg.), Widerstand und Ergebung, Briefe und Aufzeichnungen aus der Haft, S. 177f.

den, sie deuten die Welt, ohne Gott zu gebrauchen, und verzichten darauf, durch Kult und Gebet, durch Reue und Buße auf Gott einzuwirken.

Als Grund dieses Zitats steht seine eigene Erfahrung der Haft und des Todes in einem KZ der Naziherrschaft, in dem Gott sowieso nicht mehr anwesend zu sein schien.

Mein Anliegen ist vielleicht etwas radikaler als das von Bonhoeffer. Ich denke: Alles, was Gott getan oder unterlassen haben soll, was der Mensch durch Gott erklärt oder nicht erklärt, dafür kann Gott, wenn es ihn gibt, wahrscheinlich gar nichts. Mit Sicherheit wissen wir nur, dass unser Gott nur der Gott der von uns erschaffenen Gottesbilder ist. Dieser Gott mag so viel erschaffen und verursacht haben. In Wirklichkeit ist alles nur die Frucht unserer Einbildungskraft.

Auf diesen Gott kann man verzichten. Der Verlust hält sich in Grenzen, die Folge ist nur die eigene Enttäuschung. Da diese Welt sich Gott nicht vorstellen kann, muss sie ohne ihn auskommen, endlich erwachsen werden und lernen, Gut und Böse selbst zu unterscheiden.

Selbstredend ist dann jede Norm nicht mehr so stringent begründbar wie durch Gottes Gesetze. Da wir aber Gottes Gesetze selbst formulieren, ist diese Stringenz der moralischen Gesetze auch nur eingebildet.

Wir sollten uns eingestehen, dass wir keine andere Sicherheit haben, als die Gegenwart der anderen Menschen, der Tiere und der Pflanzen um uns, mit denen wir reden und die wir verstehen sollen.

Der Grottenolm und das Licht

Vor einiger Zeit ist »das letzte und beste Buch« (so der Umschlagtext) von Hans Conrad Zander herausgekommen. Den Umschlag füllt das verschmitzte Gesicht des Autors, das von einem wohlgefälligen Spruch kommentiert wird. Der Spruch ist auch der Titel des Buches: *Warum ich unsterblich bin*. Zanders Bücher lese ich gern, weil der Autor viel weiß und sein umfangreiches Wissen detailreich und genüsslich ausbreitet. Ich lese seine Bücher auch deshalb gern, auch wenn ich nicht immer seine Absichten, seine Ausführungen, seine Schlussfolgerungen einordnen kann. So auch im neuen Buch, das das gleiche Thema hat wie meines: Jenseitserwartungen, Mythen und die Hoffnung der Menschen auf ein Leben nach dem Tod.

Er zeigt mit Überzeugung, dass die Jenseitsbilder sich im Laufe der Geschichte verändern, empfindet auch eine starke Sympathie für David Hume, den die Vorstellungen von Gott und Jenseits nicht überzeugen konnten. Er beurteilt die Mythen der Ägypter als Hokuspokus und Ergebnis einer barocken und verdrehten religiösen Fantasie.

Plötzlich aber dreht er den Spieß um und macht sich über die ›aufgeklärte‹ deutsche vorkonziliare Theologie lustig, die es wagt, christliche Mythen des Jenseits zu ›relativieren‹, sie als ›pueriles imagines‹, als kindliche Bilder zu bezeichnen. Das Ergebnis sei – so Zander -, dass sie aus Versehen, »das Kind mit dem Bad, mit den schlichten alten Bildern unserer Religion ihre essentia weggeschüttet« haben.[128]

Dass die alten Vorstellungen ›simpel‹ sind, weiß Zander natürlich. Er will aber das Wesentliche dieser Bilder retten. Was mag das sein? Was mag das Wesentliche des Mythos des wütenden Vulcanus im Krater des Ätna sein?

Irgendwie bezichtigt Zander uns alle der Blindheit, wenn wir unfähig sind, das Wesentliche zu sehen. Um uns zu erklären, wie die sogenannten Agnostiker blind geworden sind, erzählt er uns ein wunderschönes Gleichnis, nämlich die Parabel vom Grottenolm. Dieser kroch früher wie ein gewöhnlicher Salamander auf der Erdoberfläche, ist dann aber durch eine plötzliche Versenkung des Bodens in karstische unterirdische Grotten gefallen, wo er nun seit einer Ewigkeit lebt. Da in den unterirdischen Grotten kein Licht ist, hat die Natur die Augen des Grottenolms blind gemacht, danach mit Hautschuppen überzogen. Der Grottenolm hat andere Sensoren entwickelt, die ihm erlauben, unterirdisch zu bestehen.

Die Moral von der Geschichte? Die Tatsache, dass der Grottenolm den Himmel und das Licht nicht sieht, bedeutet nicht, dass es sie nicht gibt.

Das ist richtig. Das Gleichnis leidet daran, dass es ein Davor (mit Himmel, Licht und sehenden Augen) und ein unterirdisches Danach gibt. Und das Gleichnis geht davon aus, dass der Grottenolm irgendwann wieder an die Erdoberfläche gelangt, wo er wieder sehende Augen bekommt.

Das Gleichnis vom Grottenolm verdankt seine mythische Schönheit seiner auffälligen Nähe zum Höhlengleichnis des Platons. Dort

[128] Hans Conrad Zander, Warum ich unsterblich bin, Gütersloh 2013, S. 192.

gab es aber nicht nur ein Davor im Licht, sondern auch ein Dazwischen im Dunklen der Höhle und exlizit auch ein Danach wieder im Licht.

Ob es sich auch bei den Jenseitsmythen so verhält, weiß man eben nicht, weil nicht nur der Grottenolm, sondern alles, was hier kreucht und kriecht in der gleichen Lage ist, dass es nichts sieht und nichts weiß.

Ich versuche hier meine eigene Position zu erläutern: Ich möchte weder Agnostiker noch blind sein. Agnostiker sein bedeutet im Übrigen nicht, dass man nie in der Lage sein wird, das zu erkennen, was man heute nicht sieht. Es ist eine Situationsbeschreibung: Wir müssen leider festhalten, dass wir von Gott nichts wissen, vom Jenseits nicht viel mehr. Ob Paulus von Tarsus recht hat mit seiner Meinung, dass wir hier nicht sehen, aber später Gott von Angesicht zu Angesicht sehen werden, das werden wir später überprüfen, wenn wir Glück haben und Gott dann unsere primitiven Gottesbilder auf die Schippe nimmt und uns sich selbst zeigt. Wer soll dagegen sein, wenn dem so sein wird?

Wenn man ›vulgo‹, also mit der Volksweisheit, behauptet, dass man vom Jenseits nichts weiß, da widerspricht keiner. Alle sind dieser Meinung. Wenn man aber theologisch oder als ›gläubiger‹ Mensch das behauptet, wird man verdächtigt.

Zander lädt uns ein, im Glauben zu wagen – das bedeutet, in der Hoffnung zu leben, dass wir ›unsterblich‹ sind. Diese Hoffnung ist kein Wagnis, weil wir dabei nichts riskieren. Gibt es ein Jenseits, dann wird unsere Hoffnung in Erfüllung gehen, gibt es keins, dann werden wir gar nicht in der Lage sein, die Enttäuschung zu erleben, weil wir nicht mal leben werden. Jenseitshoffnungen können im Jenseits entweder erfüllt oder nicht erfüllt werden.

Die Bilder der Mythen bereichern die Erde und sagen sehr viel über uns selbst, unsere Wünsche und unsere Hoffnungen aus. Eine Garantie, dass Wünsche und Hoffnungen in Erfüllung gehen, gibt es aber nicht.

Leben nach dem Tod? Ein Ausblick

Wie der Vogel Ba und eine makellose platonische Idee?

Die ›positiven‹ Möglichkeiten, die uns erwarten könnten, wurden ausführlich dargelegt.

Wir könnten wie eine platonische Idee unsere Hülle hier auf Erden lassen, sie der Pflege der noch auf der Erde Weilenden überlassen und ohne Last und Bürde auf den Planeten der Ideen fliegen – wie es im Buch *Der Kleine Prinz* steht:

»›Auch ich werde nach Hause zurückkehren [...]‹, sagte der kleine Prinz. [...] ›Das ist viel weiter [...] das ist viel schwieriger [...]‹ [...] »Es wird so aussehen, als wäre ich tot, und das wird nicht wahr sein [...]‹ [...] ›Du verstehst: Es ist zu weit. Ich kann diesen Leib da nicht mitnehmen. Er ist zu schwer.‹ [...] ›Er wird da liegen wie eine alte verlassene Hülle. Man soll nicht traurig sein um solche alten Hüllen‹. [...] ›Weißt du, es wird wunderbar sein. Auch ich werde die Sterne anschauen‹.«[129]

Auch Sokrates ist sich sicher, dass er, nachdem er den letzten Tropfen des Gifts in sich genommen hat, nicht mehr als nur noch einige Minuten auf Erden weilen wird. Auf die Frage, wie man ihn bestatten soll, antwortet er: »Wie ihr wollt, wenn ihr mich fangen könnt und ich euch nicht entwische. Dazu lachte er leise, sah uns an und sagte: Meine ganze lange Rede [ist], dass ich, wenn ich das Gift getrunken habe, nicht mehr bei euch bleiben, sondern entweichen und zum herrlichen Leben der Seligen eingehen werde.«[130]

In den Sätzen des kleinen Prinzen und des Sokrates klingt auch die altägyptische Vorstellung mit, dass unsere Seele – der Vogel Ba – zu den Sternen zurückfliegt, woher er kam.

Eine wunderbare Vorstellung wäre dies, und ich wäre der letzte, der nicht froh wäre um diese meine Fortsetzung. Selbstverständlich weiß ich um die Brüchigkeit dieser und ähnlicher Bilder. Und meinetwegen muss nicht alles so werden, wie die Bilder es ausmalen. Aber schön wäre es doch. Der Wunsch ist bei allen, auch bei mir, ganz groß. Aber der Wunsch kann der Vater des Gedankens sein. Der Wunsch könnte uns nur Illusionen schenken.

[129] Der Kleine Prinz, S. 83ff auszugsweise.
[130] Phaidon, Nr. 64ff.

Hinter diesem Wunsch steht möglicherweise eine Überbewertung der Stellung des Menschen in der Natur und im Universum. Diese Selbstüberschätzung des Menschen ist rein kulturell begründet, besonders in der Kurzsichtigkeit des Menschen, der mit seinen bloßen Augen die Gestirne, die Sonne und den Mond über seinen Kopf wandeln sah, sie alle als Wandelsterne betrachtete und sich selbst in der Mitte nicht nur der Erdscheibe, sondern gar des beobachtbaren Universums erfuhr. Die Römer betrachteten das kleine Mittelmeer als das mare nostrum (unser Meer). Der Mensch betrachtete das Universum als sein eigenes Sternenmeer.

Die ptolemäische Weltsicht ist nun umgestürzt. Das Mittelmeer ist eine kleine Pfütze, das Universum expandiert stetig, und man weiß ja längst, dass auch die Sterne keine Fixsterne sind, sondern sich bewegen und wandeln, aber nicht um den Nabel des Menschen, sondern in die Tiefe des Universums, und der Mensch wird immer stärker an den Rand der Welt und des universalen Geschehens versetzt.

Ende 2013 wurde der Satellit Gaia ins All geschickt mit der Aufgabe, in den nächsten fünf Jahren eine Milliarde Sterne der Milchstraße zu katalogisieren. Man bedenke: eine Milliarde nur in der Nähe dieses Satelliten.

Die Erde selbst ist angesichts des expandierenden Universums keine große Sache. Sind wir Menschen eventuell die einzigen, die die Sterne betrachten und katalogisieren? Das wäre großartig. Die lange Geschichte der Selbsteinbildungen des Menschen rät uns aber von dieser Überschätzung ab. Wahrscheinlich sind wir nicht die einzigen.

Der Mensch wirkt zwischenzeitlich verunsichert. Wenn er nicht mehr der Herr des Universums ist, was ist er denn? Er befindet sich bereits mitten unter den Sternen, aber sie sind nicht oben am Himmelsdach, er fühlt sich verloren mitten in den Galaxien.

Es geht ja gar nicht um die Frage, was mit ihm geschehen würde, wenn ein schwarzes Loch in der Milchstraße die Erde verschlucken würde oder wenn die Sonne in ihren letzten Lebenszyklen uns auf mehrere tausend Grad hochkochen und auf Erden alles Leben aufhören würde. Tod ist gleich Tod. Unabhängig von der Art, wie der Mensch stirbt, bleibt die Frage, ob der Mensch dann eine Fortsetzung seiner Existenz erfährt.

Die alten Bilder helfen aber nicht mehr. Man müsste neue erfinden, und dann würde man doch entdecken, dass sie ebenfalls vielleicht nur Illusionen sind, Ausdruck unserer Wünsche, die nicht unbedingt erfüllt werden müssen.

Unabhängig von der Frage, ob es einen Gott gibt oder nicht: Auch wenn es einen Gott gibt, ist es gar nicht sicher, dass wir nach unserem Tod weiterleben. Dagegen sprechen andere Mythen, so wie der Mythos vom Sündenfall unserer Ureltern, der darlegt, dass Jahwe Adam und Eva vom Baum des Lebens entfernt hat, damit sie nicht ewig leben. Und nicht nur Jahwe – auch andere Götter gönnen es dem Menschen nicht, so wie sie ewig zu sein.

Auch mit diesen Bildern müssen wir uns konfrontieren und unsere Sicherheit nach einem wie immer gearteten Leben nach dem Tod in Frage stellen.

Das ist sicherlich schmerzlich, es kann uns aber zu interessanten Entscheidungen für das irdische Leben führen.

Sind Geist und Gehirn vergänglich?

Der Vergleich zwischen Computer und Gehirn drängt sich hier wieder auf. Unsere gängigen Computerbetreiber sind heute in der Lage, vom User genaue Profile zu entwickeln. Gehen wir nur einen Augenblick davon aus, dass unser verfeinertes Computer-Hirn so weit entwickelt ist, dass es nicht nur autonome Entscheidungen treffen kann, sondern auch ein eigenes derart verfeinertes Profil entwickelt, dass es dieses Profil als ›Bewusstsein‹ oder ›Geist‹ nennt – eine Selbstprojektion verselbstständigt sich also, aber nicht in der Realität, sondern rein psychologisch.

Wenn der Mensch stirbt, stirbt auch sein Hirn – der Mensch gilt dann als tot, wenn sein Hirn nicht mehr tätig ist. Somit würde auch das ›Bewusstsein‹ oder der ›Geist‹ des Menschen sterben. Und mit der Auflösung der sonstigen Materie und Energie des Verstorbenen würde sich auch sein Geist auflösen und zusammen mit der Materie und der sonstigen Energie in die Natur zurückkehren, aus der all dies entstanden ist. Dort würde er sich zusammen mit der ›Hülle des Menschen‹ regenerieren und neues Leben werden.

Ende August 2013 las ich eine interessante Nachricht in der Zeitung: Das erste Hirn wurde im Reagenzglas entwickelt.[131] Wiener Forscher haben ein kleines Gehirn entwickelt, um das menschliche Gehirn besser zu erforschen. Natürlich sei es nur ein ›Minigehirn‹ – bemerkte man kritisch dazu. Allerdings fängt alles einmal klein an.

[131] Miracolo in provetta. Ecco il primo cervello creato in laboratorio. La Repubblica 29. August 2013, S. 21.

Ich würde gern lange warten, um zu sehen, wie sich die Lage entwickelt.

Der Vergleich zwischen Bewusstsein und Computer spielt eine große Rolle bei einer UNO-Studie über Tod und Bewusstsein: »Das Human Consciousness Project genannte Forschungs-Projekt wird die weltweit erste großangelegte wissenschaftliche Studie zu der Frage durchführen, was passiert, wenn wir sterben, und wie die Beziehung zwischen Geist und Gehirn während des klinischen Todes ist.«[132]

Gehen wir davon aus, dass das Gehirn der Nährboden des Bewusstseins ist und letzteres auch aus Materie und Energie besteht. Somit wäre es natürlich sterblich und könnte, wenn die dafür notwendigen Bedingungen geschaffen worden sind, wie das Herz und die Nieren sogar transplantiert werden.

Im Augenblick fantasieren wir nur – manche könnten meinen, es seien Frankenstein-Fantasien. Ich gebe es zu und nehme doch nichts zurück. Es handelt sich hier nur um eine Hypothese. Also das Gehirn bzw. das Bewusstsein ist anfällig und sterblich und damit eigentlich für den Sarg und das Grab bestimmt. Wenn man so weit ist, kann man es (das Gehirn bzw. Bewusstsein) transplantieren. Die Nebenwirkungen dürften gravierender sein als bei einem anderen Transplantat. An und für sich dürfte – so wie ich die Lage zurzeit überblicke – der Restmensch mit dem neuen Gehirn eine tabula rasa (eine formatierte Platte ohne Daten) bekommen, sodass der Mensch mit dem neuen Gehirn eigentlich die ganze Prozedur von der Kindheit aufwärts wiederholen müsste – es sein denn, man findet eine Methode wie bei dem Austausch einer Platte beim ›normalen‹ Computers: Man sichert die ›Daten‹ des alten Gehirns in einer ›Zwischenablage‹ oder in einem ›externen Gehirn‹ und vor oder nach der Transplantation des Gehirns kopiert man sie auf das neue Gehirn, sodass der Restmensch nun das gleiche Bewusstsein hätte wie vorher.

Man bedenke, was für ein sinnträchtiges Symbol das Herz in der Kulturgeschichte vieler Völker gewesen ist: Sitz des Bewusstseins, Symbol der Liebe, Sitz der Gefühle, des Intellekts, des Charakters eines Menschen, seines Mutes und seiner Stärke. Heute ist das Herz dagegen ein Ersatzteil, ein Teil, das ersetzt und an Stelle eines anderen eingesetzt werden kann. In einer vielleicht näheren Zukunft wird die Medizin Herzen mit Stammzellen entwickeln und sie in einem Ersatzteillager aufbewahren.

[132] http://www.horizonresearch.org/main_nav_pages.php?cat_id=10 (Letzter Zugriff: 09.11.2014).

Und so könnte es sich auch mit dem Gehirn und dem Bewusstsein des Menschen entwickeln. Makaber? Ja, zugegeben. Aber möglich, auch wenn die Idee zurzeit ziemlich unrealistisch erscheint.

Es gibt eine ähnliche, wenn auch ein wenig anders geartete Vision bzw. einen Traum: Der Informatiker Ray Kurzweil möchte sein Ich, das in seinem Gehirn angesiedelt ist, in einen elektronischen Speicher kopieren oder übertragen, damit es unsterblich wird, wenigstens solange der Speicher besteht und die Ich-Datei nicht gelöscht wird.[133] Das ist die Ansicht eines materialistisch denkenden Wissenschaftlers und vieler anderer Menschen.

Die dualistisch denkenden Menschen und Naturwissenschaftler gehen davon aus, dass das Bewusstsein sich des Gehirns bedient, mit ihm aber nicht identisch ist. Und einige gehen davon aus, dass unser ›Profil‹, das sich in unserem Leben entwickelt hat, aus Elektronen besteht und auch nach dem Tod im Gewirr der unzähligen Elektronen weiterbestehen wird.

Ein Leben nach dem Tod ohne Gott?

Diese Alternative ist die große Aussage Buddhas. Aber er relativiert natürlich den Begriff ›Leben‹, weil nicht das Individuum nach dem Tod weiterlebt. Das Subjekt ist ein Anatta, ein Nicht-Atman, sein Bewusstsein hat keinen eigenen ewigen Kern, es löst sich allmählich nach dem Tod auf, so wie der Leichnam. Was wiedergeboren wird ist ein anderes Wesen. Götter, Totengericht, Höllenfeuer sind Illusionen und Projektionen des Menschen, also nicht real.

Der im November 2013 im Alter von 86 Jahren verstorbene Kabarettist Dieter Hildebrandt soll mal gesagt haben, dass er nach seinem Tod sicher nicht ins Paradies gehen wird – vielleicht wird er als eine Schranktür oder als ein Autoreifen weiterleben. Damit sei er auch zufrieden.

Dieser Satz erläutert auf makabre Weise sehr präzise, was mit dem Kreislauf der Natur gemeint ist und was Buddha wahrscheinlich selbst meinte, auch wenn er den Autoreifen nicht kannte. Das ist die eine Möglichkeit, die uns erwarten könnte.

Das Leben nach dem Tod muss nicht unbedingt im Jenseits stattfinden. Es kann sich durchaus in dieser einen diesseitigen Welt entfal-

[133] Vgl. Süddeutsche Zeitung vom 02.01.2014.

ten – entsprechend dem Kreislauf der Natur, der im ersten Teil dieses Buches dargestellt wurde.

Und so gewinnen die Bilder des Übergangs ihre ursprüngliche Bedeutung zurück: Vom prallen Leben gehen wir durch die Tür, die uns der Tod öffnet, in die Tiefe der Erde, wo wir wieder zu Asche werden, assimiliert werden, zu Dünger mutieren und erneut zum Frühling des Lebens auferstehen. Und so erleben wir den Tod, den Gang durch das Todesreich im dunklen Inneren der Erde und unser neues Osterfest, vielleicht wieder als Mensch oder eben als Tier oder als Blume oder als Gras. Denn jedes Fleisch ist Gras und jedes Gras ist hinfällig.

Aber auch wenn wir unumkehrbar sterben, also nicht mehr wiedergeboren werden, stirbt die Natur noch lange nicht. Mutter Erde tötet ihre eigenen Kinder jeden Tag, jede Stunde, jede Minute und Sekunde. Die Natur um uns herum braucht unseren Tod, um sich weiter zu entwickeln. Und innerhalb der Evolution kann es sein, dass der Mensch ein Auslaufmodell ist.

Hätte unser Leben unter diesen Umständen, als Teilchen eines überdimensionierten Lebensrades, das uns mal nach oben, mal nach unten mitnimmt, noch einen Sinn?

Nüchtern betrachtet ist dieses Schicksal eher ernüchternd. Diese Lösung scheint uns keine Erlösung zu sein, weil unsere Wünsche nach einem ›echten‹ Leben nach dem Tod nicht in Erfüllung gehen würden. Befriedigen kann uns das große buddhistische Rad des Samsara nicht. Und es gibt Stellungnahmen, die in dieser Art von Leben keinen großen Sinn mehr sehen. Das Leben ist »das Nichts, das alles verschlingt«, schreibt André Compte-Sponville. Und »Die Natur ist blind, unsere Wünsche sind grenzenlos und nur der Tod ist unsterblich«.[134]

Camus (in *Der Mythos von Sisyphos)* erkennt in dieser Welt nur das Gesetz des Absurden. Die Absurdität sollen wir erkennen und annehmen. In der Annahme des Absurdum können wir – als Nachkommen des Sisyphos – frei werden, weil wir uns nur so verwirklichen können. In der Revolte gegen höhere Kräfte kann der Mensch seine Unfreiheit akzeptieren und auf diese Weise frei werden. Nur das Ende (der Tod) ist fatal. Aber abgesehen davon, ist der Mensch der Herr seines Selbst. Er kann es auch im Augenblick des Todes bleiben – durch den Selbstmord.

[134] André Compte-Sponville, Woran glaubt ein Atheist? Spiritualität ohne Gott, Zürich 2008, S. 68. (Künftig zitiert als: Woran glaubt ein Atheist?)

Ich verstehe die Enttäuschung wohl und ich teile sie auch, weil ich jahrzehntelang mein Leben auf die Hoffnung eines Weiterlebens hin aufgebaut hatte, bis mich die Unsicherheit übermannte, ob meine Bilder und meine Wünsche mich tatsächlich ans lichtvolle Ziel bringen würden.

Gehen wir also vorläufig davon aus, dass unser Geist weder eine platonische Idee noch eine christliche Seele noch ein ägyptischer goldener Ba-Vogel ist – alles Bilder für einen unsterblichen Kern unserer Persönlichkeit, sondern ein Produkt verfeinerter Materie und Energie, also ein Produkt dieser materiellen Welt.

Wie können wir noch hoffen, dass unser Wunsch nach einer Fortsetzung unseres Daseins noch erfüllt werden kann?

Ein Code im Quantengedächtnis?

Einige Quantenphysiker meinen, wenn durch eine neue Zusammensetzung von Elektronen ein neues ›Profil‹, eine neue Struktur in Raum und Zeit, ein (in unserem Alltagsjargon sogenanntes) Individuum entstehe, so entstehe auch ein neuer Quantencode, der in einem außerhalb von Raum und Zeit ›angesiedelten‹ Quantengedächtnis für immer registriert ist. Dieser Code währe ewiglich, sei unzerstörbar.

»Alle unsere Bewusstseinsinhalte, die wir in unserem Leben haben, sind für immer und ewig überall im Universum als Quantengedächtnis-Information verfügbar. Gleiches gilt für alle unsere Körper, die wir in unserem Leben haben.

Macht das ein neues Leben nach dem Tod möglich? [...]

Trotzdem gibt es jetzt schon einen neuen, ganz wichtigen Aspekt, denn wir sind alle auch noch nach unserem Tod in jedem Fall noch als QG-Information vorhanden. Und das überall im Universum. Das eröffnet zwei verschiedene mögliche Szenarien für ein neues Leben nach dem Tod.

Das eine könnte auf der Erde in ferner Zukunft stattfinden, wenn wir irgendwann die Technologie für das Leben nach dem Tod entwickelt haben werden. Es stellt sich dann allerdings die Frage, ob die dann lebenden Menschen überhaupt ein Interesse daran haben, uns heutigen Menschen ein neues Leben zu geben.

Das andere Szenario findet bei viel weiter fortgeschrittenen Zivilisationen auf anderen Planeten statt. Die haben die Technologie für das Leben nach dem Tod zweifellos schon heute. Sie könnten uns daher direkt nach unserem Tod ein neues Leben geben, falls sie ein Interesse daran haben. Aber wer weiß, vielleicht sind die Nahtoderfahrungen echt? Wobei dann noch zu klären ist, woher die Erinnerungen an die Nahtoderfahrungen bei den Zurückgekehrten stammen.«[135]

Werden wir als Quantencode ›überleben‹, auch wenn unsere Elektronen zu Staub zerfallen?

Zurück zu Brahman und zur Weltseele?

Brahman, der Ursprung allen Seins, lässt uns teilhaben an seinem Bewusstsein und ist in jedem Wesen anwesend. Er schenkt den Dingen, den Pflanzen, den Tieren und den Menschen entweder eine rein materielle Energie oder ein aus spiritueller Energie bestehendes Bewusstsein (Atman) oder graduelle Mischungen von beiden Arten von Energie. Auf diese Weise entsteht die Vielfalt der Wesen in unserer Welt. Brahman ist alles in allem.

Nach dem Tod, wenn wir nicht zu einer neuen Geburt gezwungen werden, kehren wir zu ihm zurück: Asche zu Asche, Geist zu Brahman. So jedenfalls glauben viele Menschen im Hinduismus. Unklar ist, ob unser Atman, das menschliche Bewusstsein, unsere Individualität – wir also – weiter bestehen wird, wenn er sich mit Brahman vereint, oder ob wir in Brahman aufgehen, so wie Stroh im Feuer, denn Brahman ist eine gleißende Ausstrahlung des Seins, und wir winzige Funken.

Jedenfalls wären wir bewusst oder unbewusst in Brahman aufgehoben. Und wir wären nicht mehr gezwungen, ein neues leidvolles Leben anzufangen.

Brahman ist aber kein Gott, sondern der Urquell. Bei ihm sein, oder in ihm aufgehen, wäre nicht, wie mit Gott zu sein. Ob es besser oder schlechter ist, weiß man nicht.

Ähnlich wie der Hinduismus denken Platon und Plotin. Der Geist wird durch Emanation der Ideen über alle Wesen ausgestrahlt. Nicht nur der Mensch ist geistbegabt, sondern in unterschiedlichem Maß jedes Wesen. Wenn wir sterben, streben wir auch nach ihrer Meinung zur anima mundi, zur Weltseele.

[135] http://www.quantengedaechtnis.de/html/ (Letzter Zugriff: 09.11.2014).

Aber auch bei diesen Philosophen ist nicht von einem Weiterleben bei Gott die Rede. Götter sind nicht bei allen Griechen im besten Ruf.

Und vielleicht ist auch das Bild des Alten Testamentes von der Grundidee des Hinduismus und des Platon nicht weit entfernt: Der Hauch, den Jahwe den Menschen eingehaucht hat, kehrt nach dem Tod zu ihm zurück. Er ist bei ihm gut aufgehoben, auch wenn wir Menschen selbst nur Asche werden.

Aber auch unsere Asche wird nicht vergessen. Das Gedächtnis Gottes ist ein alttestamentliches Bild. Jahwe wird unser gedenken, an uns denken. Reicht dieses Bild, um unseren Wunsch nach einem Weiterleben zu stillen?

Und wenn wir nur diese Chance hätten?

Ich merke wieder, ich benutze bereits kritisierte Bilder des Jenseits und füge neue hinzu.

Die neuen sind genauso hinfällig und brüchig wie die früheren. Sie alle haben die Fähigkeit, uns zu trösten. Sie können nichts versprechen. Unser Lebenswunsch projiziert ein Trostbild nach dem anderen und wird durch das Wissen um ihre Brüchigkeit untröstlich zurückgeworfen, denn nichts anderes möchten wir, als dass wir sicher sind, weiterzuleben.

Der eigene Tod

Leben wie die Hühner, beerdigt wie Hunde

Auf dem Feld eines Bauernhofs preist ein Plakat die Produkte des Hofladens. Es steht dort: »Puten-, Hähnchen- und Kaninchenfleisch aus eigener Erzeugung.«

In unmittelbarer Nähe scharren und stöbern Gänse und Hühner nach Futter. Sie leben dort fröhlich und unbekümmert, artgerecht im Freien, nicht nur ›biologisch‹.

Eine Gans hatte sich mit großen Anstrengungen das Lesen beigebracht. Nebenbei, sie war keine sprichwörtliche Gans – die Zusammenhänge konnte sie sich zusammenreimen, seitdem es ihr gelungen war, die Buchstaben auf dem Plakat zu lesen.

Sie hatte ursprünglich versucht, die fröhlich scharrende Gesellschaft aufzuklären, welches Schicksal sie wohl erwartet. Aber sie lachten sie aus. Sie meinten, der Bauer hätte sie bereits vor dieser miesepetrigen Gans gewarnt und ihnen versichert, wenn Sie in einer ganz fernen Zukunft sterben würden, würden sie ins Geflügelparadies flattern und dort noch glücklicher weiterleben können.

Und so scharren die Hühner und die Gänse weiter, bis sie in der Kühltruhe des Hofladens landen.

So leben wir alltäglich wie die Hühner und die Gänse. Froh, dass wir zu essen und zu trinken haben. Manchmal werden wir vom Gedanken an unseren Tod gestreift, aber wir verscheuchen ihn meistens unbewusst, weil er unseren Alltag und unser ganzes Leben vermiesen könnte.

Lieber den Tag genießen als an den unsicheren Morgen denken. Carpe diem, sagten die Römer. Nutze den Tag und sei froh, dass du noch lebst.

Aber der Schicksalstag wird kommen, und wir – anders als die freischarrenden Gänse – wissen nicht einmal, ob wir irgendwo eine Kühl- bzw. Gefriertruhe finden, in die wir gelegt werden können.

Den Tag, an dem wir sterben werden, kennen wir nicht. Rein psychologisch ist das vielleicht gut so. Andererseits hätten wir auch Vorteile, wenn wir den Tag wüssten. Wir könnten uns auf das Ereignis vorbereiten.

Viele Menschen erleben ihren letzten Tag gar nicht bewusst. Manche leben fröhlich bis zur letzten Sekunde, dann kommt der Tod wie ein Dieb und nimmt sie mit. Durch einen Unfall, durch einen Herzinfarkt. Manche Menschen warten lange Tage auf ihren letzten Tag, oft in Schmerzen gehüllt. Man weiß nicht, was besser ist, man kann es sich sowieso nicht aussuchen.

Wenn der Mensch nicht in einem Krankenhaus, sondern zu Hause stirbt, dann sagt man, der Mensch hat Glück gehabt. In der Tat stehen die Familienangehörige um ihn, sie schweigen meistens, und weil sie sich auch um anderes kümmern müssen – um Kinder, ums Essen, Einkäufe usw. – stehen sie nicht einen ganzen Tag um das Totenbett, sie wechseln sich ab, damit der Sterbende nicht alleine bleibt, und das Leben ansonsten weitergeht. Wenn der Sterbende nicht innerhalb einer vernünftigen Zeit stirbt, dann können auch nahe Verwandte nervös werden. Und wenn der Sterbende die Augen endgültig schließt, dann sagen sie nicht selten, dass der Tod für ihn eine Erlösung war. Manchmal stimmt es für den Toten wirklich, manchmal gilt das eher für die Umstehenden.

Auch der Tod der eigenen Eltern, des eigenen Partners und der eigenen Kinder geht uns nicht so nah wie der eigene Tod. Der steht aber nicht unmittelbar bevor und wird deshalb noch nicht hautnah gespürt.

Es gibt Übungen, um sich auf den eigenen Tod einzustimmen. Aber es sind bloß Übungen. Man hat noch die nötige Distanz zum echten Tod.

Noch anders ist es, wenn man selbst auf dem Sterbebett liegt. Wohin mit mir?

Man könnte versucht sein, den eigenen Tod hinauszuschieben, oder eine Art ›Ewigkeit‹ zu evozieren, die Technik der Kryonik am eigenen Leib zu experimentieren: Man könnte sich komplett einfrieren lassen, bis zum Tag der Auferstehung der Toten. Somit würde man den Tod und die Verwesung vermeiden, und bei der Auferstehung hätte man wieder den eigenen frisch aufgetauchten Körper. Das Experiment wäre aber nicht risikolos. Man weiß ja nicht, ob die Auferstehung wirklich stattfinden wird und ob dann die Temperaturen so heiß sein werden, dass ein tief gefrorener Leib auftaut, und ob man in dem Fall auch selbst wieder aufwacht.

Am eigenen Tod verdienen viele andere Menschen, deshalb wird mein Sterben für die anderen nicht unbedingt schlecht sein. Das Bestattungsunternehmen wird die Beerdigung organisieren, die Grabrede wird entweder ein Priester, meistens ohne Entlohnung, weil er über die Kirchensteuer finanziert wird, oder ein Laienprediger gegen

Lohn übernehmen. Man kann heute auch als guter Katholik sich entweder begraben lassen oder, was früher nicht möglich war, sich einäschern lassen. Sarg oder Urnen und Grab werden gegen großzügiges Entgelt zur Verfügung gestellt.

Man kann heute sogar bestimmen, dass die eigene Asche im Meer oder in der Luft verstreut wird, um sich eins mit der ganzen Welt zu fühlen.

Man kann heute sogar ein kleines bisschen vom eigenen Leib in das Weltall transportieren lassen, fast eine Antizipation der endgültigen Reise mit der Barke der Sonne.

Ganz niedlich fand ich die Auskunft, dass man die Asche von geliebten Menschen zu Schmuck verwandeln lassen kann, den man dann als Halskette oder als Ring trägt.

Das sind ja nur allzu positive Beispiele, wo wir nach unserem Tod enden könnten.

Eine anonyme Bestattung wird dann abgehalten, wenn der Tote nicht identifiziert werden kann.

Aber es gibt auch die Möglichkeit, den Leichnam auf den Komposthaufen zu werfen – der Mensch findet so auf dem direkten Weg seine endgültige Bestimmung. Bei Massensterben im Krieg oder bei einem Tsunami wird man pietätvoll in ein Massengrab geworfen. In letzter Zeit wird das Mittelmeer immer stärker zu einem Massengrab.

Wo ist unser Ziel? Was unterscheidet uns von den Hühnern und den Gänsen, die frisch geschlachtet auf dem Ladentisch der Metzgerei oder des Hofladens hübsch Platz finden?

Inzwischen bekommen auch Tiere eine humane, menschenwürdige Bestattung. In der Nähe des Zentralfriedhofs in unserer Stadt ist vor kurzem ein Tierfriedhof entstanden. Es sind bisher erst wenige Gräber drin, aber sie werden gepflegt wie die Gräber im Hauptfriedhof. Menschen pilgern dahin und gießen die Blumen und machen das Grab sauber. Auch das Grabeslicht fehlt nicht.

In einer WDR-Sendung wurde einem evangelischen Theologen die Frage gestellt, ob eine Beerdigungsfeier für ein geliebtes Tier statthaft sei. Die Antwort fiel positiv aus, und zwar mit der Begründung, Religion sei da, um den Menschen Trost zu spenden.

Den Sinn der Religion könnte ich ansatzweise auch teilen. Die Antwort verwirrt mich trotzdem, weil ich nicht mehr weiß, ob der einzige Sinn der religiösen Beerdigungsfeier für Menschen auch der gleiche ist, nämlich dass die Hinterbliebenen Trost finden. Ich dachte, die religiöse Feier wäre hauptsächlich dazu da, um dem Verstorbenen die Türen des Himmels zu öffnen und ihn dorthin zu begleiten. Wenn sich auch katholische Priester der Meinung des evangelischen Kollegen anschließen, könnten bald auch Tiere vor ihrem Ableben die letzte Ölung, oder, wie man es heute moderner bezeichnet, die Krankensalbung zum Trost von Frauchen oder Herrchen bekommen.

Menschen und Tiere werden sich auch im Tod immer gleicher. Meistens werden die Hunde auch im Tod genauso menschlich behandelt wie wir. Einmal habe ich auch auf der hinteren Scheibe eines Leichenwagens für Hunde das Zeichen des Kreuzes gesehen. Auch sakrale Bilder sind variabel einsetzbar. Meine Frage ist, warum soll ich (nicht) wie ein Hund behandelt werden?

Nicht nur die Hunde, unsere Schoßtiere, werden religiös und kultisch verabschiedet. Zu ihnen ist Mensch noch treu bis zum Tod und über den Tod hinaus. Die Katze hat sich eigentlich die Bewunderung der Menschheit seit einer Ewigkeit verdient. Ist der Hund ein liebes Tier, so ist die Katze die Göttin nicht nur im Haus. Die Katze bekommt manchmal nach ihrem Tod wie die Ahnen der Antike einen Ehrenplatz im Wohnzimmer. Sie wird eingeäschert und die Urne wird dort aufgestellt oder sie bekommt dort eine Stele.

Unterwegs

Was würden am Ende dieses Buches Bodpa, Ari, Ramses, Agnes und Ali sagen? Sie sind uns zu Beginn dieses Buches begegnet. Genauer: Sie sind sich begegnet, und zwar nicht in unserer Wirklichkeit, sondern in einer nicht besser definierten Welt, vielleicht sogar nur im Traum von Bodpa.

Sie sind aber mit Bestimmtheit mit uns den ganzen Weg bis hierhin mitgegangen und überlegen nun, woran sie sind. Sie wissen nicht besser Bescheid als zu Beginn unserer gemeinsamen Reise. Man konnte ihnen auch nicht weiterhelfen.

Wir alle sind in dieser Welt unterwegs. An unsere Geburt können wir uns nicht erinnern, an unseren Tod werden wir uns vielleicht auch nicht erinnern, denn die Zeit der Erinnerung ist die irdische Zeit.

Wir sind unterwegs, nicht weil wir es wollen, sondern weil Unterwegssein unser Leben und unser Los ist. Da wir kreativ sind, geben wir dem Zwang, unterwegs zu sein, unterschiedliche Sinndeutungen.

Mal gehen wir spazieren, einfach so, ohne Ziel, nur um uns zu erholen. Mal lustwandeln wir. Das gibt uns sogar mehr Lust, als nur spazieren zu gehen. Vielleicht lustwandeln wir im Garten oder im Park oder am Seeufer.

Bergsteigen ist nicht für alle. Man muss körperlich fit sein. Aber man hat das ehrgeizige Ziel, den Gipfel zu erreichen. Am Ende aller Anstrengungen ist man am Ziel. Am Ziel? Von dem einen Gipfel erblickt man weitere Gipfel, die Begeisterung wird gedämpft – und das Ziel ist eigentlich doch wieder das Tal, wo wir wieder hinwollen, weil dort unser Zuhause ist.

Gleiches gilt fürs Wallfahren. Man pilgert, um am Ziel der Wallfahrt dem Heiligen zu begegnen. Aber auch der Wallfahrer macht die Erfahrung des Bergsteigers. Eigentlich ist er froh, wenn er unterwegs oder am Ende wenigstens sich selbst begegnet und findet.

Wir sind also unterwegs. Und wir sind nicht alleine. Ich meine nicht nur, dass andere Mitmenschen oder unsere Umgebung uns begleiten. Mit uns reist die ganze Erde, mit der Erde reist die ganze Milchstraße, und wir bewegen uns mit dem Universum zu einem unbekannten Ziel.

Ob ein Gott uns begleitet, wissen wir nicht. Wir wissen nur, dass wir unterwegs irgendwann aufhören werden zu sein. Das nennt man Tod.

Manchmal hat man den Eindruck, der Weg ist unser Ziel. Wäre es schlimm? Es wäre vielleicht schade. Nach so viel Licht und Sonne nur die Dunkelheit des Universums zu sehen.

Wunschlos glücklich

Die meisten Menschen, die ich kenne, möchten nicht sterben. Da sie sich aber diesem Schicksal nicht entziehen können, möchten sie nach dem Tod – wie auch immer – gerne weiter bestehen. Da auch die Tiere auf drohende Todesgefahren nicht fröhlich reagieren, könnte man vielleicht versucht sein anzunehmen, dass auch sie den Wunsch hegen, weiterzuleben. Haben auch sie ein Konzept oder ein Bild vom Jenseits? Von unserer Logik aus geschlossen, bestimmt nicht. Aber die menschliche Logik ist nichts für die Tiere.

Die Hauptfrage bleibt jedoch, ob unser Wunsch nach einer wie auch immer gearteten Unsterblichkeit erfüllt wird.

Inzwischen wissen wir, dass unsere Bilder vom Jenseits uns nicht weiterbringen, weil sie möglicherweise eingebildete Vorstellungen von uns selbst sind. Da unsere Bilder (oder Einbildungen) uns enttäuschen könnten, weil sich dahinter keine Wirklichkeit verbirgt, meinen einige, es wäre gescheiter, gleich auf alle Jenseitsbilder zu verzichten.

Es gibt sogar Menschen, die auf den Wunsch nach der Unsterblichkeit verzichten. Einige von ihnen sind müde, unterwegs zu sein, und wünschen sich, der Tod möge das letzte Wort haben und dem mühsamen Lebensweg ein Ende setzen.

Man denkt spontan an diejenigen, die aus den unterschiedlichsten Gründen sich selbst töten. Viele tun es, weil sie depressiv sind, und sie sind depressiv, weil sie vielleicht krank sind, oder sie sind depressiv geworden, weil sie durch die Lebensumstände krank gemacht oder pessimistisch gestimmt wurden. Jedenfalls sehen sie kein Licht nach dem Tunnel, sondern nur einen tiefschwarzen Tunnel, und so haben sie nicht mehr die Kraft und nicht mehr den Mut weiterzumachen, weiterzuleben. Sie wünschen sich den Tod.

Nicht alle wünschen sich, dass der von ihnen herbeigesehnte und herbeigeführte Tod das allerletzte Wort hat. Wenigstens in diesem entscheidenden Augenblick meinen sie aber, ihr bisheriges Leben sei nicht mehr lebenswert. Besser sterben, als so weiterleben. Ein Leben nach dem Tod schließen nicht alle aus. Vielleicht vergessen sie dabei, dass Gott noch vor fünfzig Jahren für ›Selbstmörder‹ ein scheußliches Weiterleben in der Hölle vorgesehen hatte. Oder vielleicht haben sie diese Zusammenhänge gar nicht präsent. Oder sie denken, Gott sei größer als das Herz seiner irdischen Priester, und verbinden ihre Verzweiflungstat mit der Hoffnung auf das Erbarmen Gottes und auf ein neues Leben nach dem Tod.

Vielen sind diese Zusammenhänge und Vorstellungen gleichgültig. Menschen, die an Gott und an ein Leben nach dem Tod nicht glauben, wollen mit dem von ihnen bewusst herbeigeführten Tod ihrem Leben ein endgültiges Ende setzen.

Wir sollten den Wunsch, dass nach dem Tod nichts mehr ist, nicht bagatellisieren und ihn nicht auf eine Verzweiflungstat des Suizids reduzieren. Dieses Leben ist für viele lebenswert, für andere gar nicht. Letztere haben nicht unbedingt Lust, nach dem hinduistischen und buddhistischen Modell, wieder neu anzufangen. Ich selbst wüsste nicht, ob ich Lust hätte, nach dem Prinzip der Wiedergeburt eventuell als Ziege oder als Hund neu anzufangen. Für beide Religionen ist eine Wiedergeburt sowieso eine Zumutung. Warum sollte sie für uns etwas Wünschenswertes sein?

Und wären wir platonische Ideen, teilten wir auch die Auffassung Platons, hätten wir wirklich Lust, wieder in die Materie einzutauchen? Das würden wir, nach Platons Meinung auch als Strafe empfinden.

Und wären wir wirklich glücklich, neben dem ›unveränderlichen‹ Gott der Christen eine Ewigkeit auszuhalten?

Hätte ich die Wahl, mir im Regal der Jenseitsbilder eins auszusuchen, würde ich wahrscheinlich eins wählen, das meinem jetzigem irdischen Leben ähnelt, mit meiner Familie und Freunden und mit einem Herzen, das nicht krank wird. Die Möglichkeit habe ich aber nicht. Es wäre allzu schön.

Es gibt Menschen, die lebensmüde sind, weil sie viel durchgemacht haben, und zufrieden wären, wenn mit dem Tod alles vorbei wäre.

Es gibt Menschen, die lebenssatt sterben. Sie hatten ein gutes, langes, glückliches Leben. Und damit sterben sie zufrieden und haben keine weiteren Wünsche.

Es gibt auch Menschen, die sehr gern auf Erden leben und sich vorstellen können, dass nach dem Tod alles aus ist.

Man kann auch wunschlos glücklich leben.

Da wären wir wieder bei Buddha. Er empfiehlt den Verzicht (nicht die Askese). Durch den Verzicht auf unsere Wünsche wird man frei. Wenn man so weit ist, dass man nicht mal weiß, was Wunsch und was Verzicht ist, dann erreicht man den Zustand des Nirwana.

»Nur der Hoffnungslose ist glücklich«– meint ein dem Buddhismus nahestehender Atheist – »denn die Hoffnung ist die größte Qual und die Verzweiflung das höchste Glück. Die Leere als Licht und Erleuchtung. Wünschen, was wir selbst uns geben können, ist Glück. Hoffen auf das, was andere uns geben könnten, ist sich der Verzweiflung und Verbitterung auszuliefern.«[136]

Der Zen-Buddhismus kennt nur diese irdische Existenz. Es gibt nichts, was wir nach unserem Tod erreichen können, alles muss losgelassen werden. Der Zen-Buddhist hat kein Bedürfnis nach Erlösung und ewigem Leben. Nur unser hiesiges Leben kann sinnvoll sein, wenn wir hier Sinn stiften.

Ein Psalm der frühen Buddhisten wiederholt denselben Grundgedanken:

> »Mach dich frei von Lebenslust, von Dünkel,
> Von Unwissenheit und der Zerstreuung Wirrsal;
> Zerreiß die Bande; so nur erreichst du
> Wirklich das Ende der Pein. Wirf von dir die Kette

[136] Woran glaubt ein Atheist?, S. 70.

Von Geburt und Tod: Du weißt, was sie bedeuten.
So, von Verlangen befreit, sollst du im Erdenleben
Ruhig und heiter ziehen deines Weges.«
Der Buddha. Psalmen der frühen Buddhisten

Den Zustand des Nirwana zu erreichen, bedeutet, die Kette von Geburt und Tod abzuschütteln und eben nicht mehr geboren zu werden, um zu sterben um zu leben um zu sterben.

Darf man sich nun nicht mehr ein Leben nach dem Tod wünschen? Für Buddha bedeutet dieser Wunsch, wiedergeboren zu werden. Wer es will, hat den Zustand des Nirwana nicht erreicht. Und um den Zustand des Nirwana zu erreichen, dürfte man sich nicht mal wünschen, dass Gott uns neues Leben schenkt. Der Wunsch nach dem Paradies und nach Gott verhindert den Nirwana-Zustand.

Paradox, aber in der buddhistischen Logik sehr stringent.

Ist das buddhistische Ideal ›wünschenswert‹? Kann die ganze Menschheit ohne Wünsche und nur im Verzicht leben? Die Buddhisten nach Buddha haben in den meisten Fällen resigniert.

Die Frage ist, wer hat Recht? Gibt es eine Hoffnung, die uns doch glücklich macht und uns nicht dazu zwingt, wiedergeboren zu werden, wie es Buddha meinte?

Leben und sterben mit Bildern – der Ikonenmaler

Zum Schluss, nachdem ich mir Rechenschaft gegeben habe über meine ursprünglichen und über die vielen fremden Bilder des Jenseits, nachdem ich lange Zeit im Reich der Toten verbracht habe, stehe ich ohne Ergebnis da. Was ich nach meinem Tod sein werde, ob ich überhaupt noch sein werde, weiß ich nach wie vor nicht. Zugegeben, mein Durchgang durch die Jenseitsbilder ist nicht vollständig. Ich verzichte aber freiwillig auf Vollständigkeit, weil sich der Verdacht in meinem Hirn eingenistet hat, dass sich das Ergebnis nicht ändern wird.

Das sicherste Ergebnis meiner Durchsicht ist, dass die Bilder vom Jenseits Diesseitsbilder sind, Bilder, die wir Menschen, um unserer Sehnsucht nach Leben Ausdruck zu verleihen, entwerfen und fantasievoll ausschmücken.

Eigentlich könnte man also auf diese Bilder verzichten. Wenn sie uns schon nichts zeigen als unsere Sehnsucht, dann können wir diese auch anders zum Ausdruck bringen, oder wir könnten sogar auf unsere Sehnsucht verzichten. – Können wir das?

Ich habe versucht ohne Bilder zu denken, und es gelang mir nicht. Worte sind Bilder, sie blühen aus, wenn man sie ausspricht oder schreibt. Jedes Wort ist ein Bild, und auch das Wort ›Logos‹ ist ein Bild. Von den Worten ganz zu schweigen, die etwas darstellen wollen, was nicht darstellbar ist, weil wir es nicht kennen: Ob das Gott ist oder das Jenseits oder beides zusammen.

Selbst ergötze ich mich an Bildern. Ich mag sie, weil sie meine Fantasie beleben. Die Fantasie ist eigentlich die Quelle der Bilder und erfreut sich an ihnen. Ohne Bilder gäbe es kein Wort, keine Sprache, keine Freude.

Zu wissen, dass die Bilder die Wirklichkeit nicht abbilden, tut der Freude keinerlei Abbruch. Auch ein Foto bildet Wirklichkeit nicht einfach so ab, weil der Blickwinkel, die menschliche Perspektive und die Qualität der Linse eine Rolle spielen. Fotos und Bilder der Wirklichkeit geben uns aber Orientierung in der Welt.

Über die Bilder Gottes und des Jenseits wissen wir nun, dass sie uns nicht mal eine Orientierung geben, sondern nur Hoffnungen ausdrücken und schüren. Und wir wissen, dass diese Hoffnungen enttäuscht werden können.

Wenn uns aber dies bewusst ist, können wir uns an der guten Ästhetik der Bilder freuen oder an ihrer schlechten Ästhetik ärgern. Über alle Bilder Gottes und des Jenseits können wir uns lustig machen. Es schadet nicht. Das steigert nur die Freude am irdischen Leben.

Es gibt wohl einen Unterschied zwischen den Gottesbildern und einigen Jenseitsbildern. Gottesbilder sind gefährlich, weil man versucht ist, Gott selbst – wenn es ihn gibt – mit unseren Bildern zu verwechseln. Und das wäre eigentlich Idolatrie. Deswegen herrscht in einigen Religionen ein absolutes Verbot der Gottesbilder. So im Islam, der sich aber nicht scheut, das Jenseits lustvoll auszuschmücken.

Auch Jenseitsbilder, die mit einer irgendwie gearteten Gottesvorstellung zusammenhängen – und das sind leider die meisten –, sind gefährlich, genauso wie die Gottesbilder selbst.

Das wichtigste Merkmal, auf das wir achten sollten, um gefährliche von positiven Endzeitbildern zu unterscheiden, ist, ob diese Bilder den Menschen in seiner brüchigen Existenz auf Erden gefährden, bedrohen, oder ihm aber helfen. Jenseitsbilder, die dem Menschen die Gesundheit, die Freude am Leben, die Freiheit oder das Leben selbst gefährden, können keine guten Bilder sein. Man sollte auf sie ohne Wenn und Aber verzichten.

Sonstige Bilder über das Jenseits, die sich nicht auf Gott beziehen oder dem Menschen auf Erden nicht schaden, verschönern hingegen unser Haus im Diesseits. Sie schmücken es und machen es lebenswert. Die Hoffnung auf ein Weiterleben nach dem Tod füllt die Friedhöfe mit Blumen und unser Leben mit Freude.

Ist diese Hoffnung berechtigt? Ja und nein. Ja, weil jede Hoffnung aus dem Innersten des menschlichen Herzens kommt, und nein, weil keine Hoffnung Anspruch auf Erfüllung hat. Wünsche und Hoffnungen werden nicht immer erfüllt, und die Bilder unserer Hoffnung sind nicht vielversprechend. Wir werden in keinen Himmel gehen und in kein Paradies, die Hölle gibt es nicht, das Fegefeuer erwartet keinen von uns. Für diese Bilder lohnt es sich nicht zu leben und zu sterben. Was es nach dem Tod geben wird, wenn es etwas geben wird, wissen wir einfach nicht.

Aber hoffnungslos zu leben ist nicht besser, als unseren Weg mit Hoffnungen zu pflastern. Und sie schaden uns nicht im Jenseits, wenn es das Jenseits nicht gibt. Wir werden es nicht mehr merken.

Bin ich nun in die Falle der Wette Pascals gestolpert, dass ich wie er argumentiere (wenn du wettest, dass Gott existiert, und er existiert nicht, schadet dir das nicht) oder wiederhole ich den Satz von Cato, dass die Hoffnung auf das Jenseits nicht schaden kann, auch wenn es kein Jenseits gibt?

Ich wurde gefragt, warum ich den letzten Schritt zum Atheismus nicht wage. Ob ich den Mut dazu nicht habe.

Eigentlich bräuchte man dazu keinen Mut, wenn man nur Bescheid wüsste. Denn man lebt schon so, als ob es Gott nicht gäbe, und nicht selten stirbt man auch so, als ob es Gott nicht gäbe. Was ist anders, als atheistisch zu leben und zu sterben? Wer sicher ist, dass es Gott nicht gibt, der ist ein Atheist. Und der müsste sich bemüßigt fühlen, wie der Gläubige, Wege zu Gottes (Nicht-)Existenz zu zeigen. Vermutlich wird der Atheist die gleichen Schwierigkeiten bekommen wie der Gläubige.

Gleiches gilt für das Jenseits.

Wer nicht Bescheid weiß, glaubt nicht, er streitet aber auch nicht ab, und er verneint nicht. Ich schreibe das Wort ›Agnostiker‹ ungern, weil es sich um ein Modewort handelt.

Nicht-Bescheidwissen ist die richtige Umschreibung für diesen Umstand der Unwissenheit. Man muss sich dafür nicht schämen. Wir kennen eine ganze Menge Dinge nicht, die beobachtbar, erlernbar und wissenswert sind. Warum sollte man sich dafür schämen, dass man über Umstände nichts weiß, die zwar wissenswert, aber nicht beobachtbar und erlernbar sind?

Das Nicht-Wissen führt die Mystiker wie Meister Eckart zum Schweigen. Buddha schwieg auch. Ich selbst zweifle, dass mich persönlich das Schweigen weiterbringt und mir hilft. Was hätte ich davon? Mystiker, wenn sie zu lange schweigen, haben manchmal Halluzinationen und bilden sich manchmal ein, Gott selbst oder gottähnliche Erscheinungen bekommen zu haben. Die Grenze zwischen den schweigenden Mystikern und mystischen Visionären ist fließend.

Ich habe einen Ikonenmaler vor mir. Die Ikone ist für die Christen der Ostkirche eine Hypostase, ein Zeichen der Gegenwart des ›Abgebildeten‹, und mehr als ein bloßes Zeichen, eher ein Gegenwart gewordenes Zeichen. Deshalb ist die Ikone so verehrungswürdig wie der abgebildete Gegenstand selbst.

Der Ikonenmaler ist eine interessante Gestalt, denn es müsste ihm sehr bewusst sein, dass er der Schöpfer seines Bildes ist, weil die Ikone das Werk seiner Hand ist. Nun könnte er meinen, eine unsichtbare göttliche Hand führe seinen Pinsel, und auf diese Weise entstehe ein göttliches Bild. Ikonenmaler sind nicht selten selbst Mystiker. Sie könnten sich einbilden, Gott in seinem Bild zu begegnen, sie könnten vor Ehrfurcht schweigen oder sie könnten jubeln, dass sie ein solches Bild geschaffen haben. Oder aber er weiß um die irdische Beschaffenheit dieses Bildes und betrachtet die Ikone entsprechend als das Werk seiner Hände und seiner Pinsel.

Ich vermute, das Schlimmste, was man von einem Ikonenmaler verlangen kann, ist, dass er die nach langer Zeit und mit großer Geduld gerade fertig gewordene Ikone zerstört.

Bei unseren Gottesbildern wäre diese Aktion der Zerstörung nicht mal schlecht, das verlangen die sogenannten Bilderstürmer. Ich selbst bin der Meinung, dass eine Entrümpelung unseres Lagers von Gottesbildern eine ganz gesunde Tätigkeit wäre. Psychologisch ist das für viele Menschen aber eine Zumutung.

Ich bin vielleicht selbst ein Ikonenmaler. Ich weiß aber, meine Ikonen stammen von mir allein. Der Bildlosigkeit und dem Schweigen ziehe ich jedoch den Weg der Bilder vor, weil ich mich ausdrücken will über Dinge, die ich nicht kenne. Und es geht nicht anders als durch Bilder.

Was unterscheidet mich vom Glaubenden? Dies: Ich weiß, dass diese Bilder von mir oder von anderen Menschen sind, Ausdruck unserer Hoffnungen und Wünsche. Ich weiß, dass sie mir über das Jenseits nichts sagen. Der Glaubende hingegen glaubt an diese Bilder.

Und es gibt einen weiteren Unterschied. Der Glaubende ist sich sicher, dass sich seine Jenseitsbilder verwirklichen werden. Ich hoffe – ohne zu wissen, worauf. Ich weiß, dass meine Bilder des Jenseits mir keine Erfüllung versprechen.

Aber die Hoffnung stirbt zuletzt. Vielleicht wird meine Hoffnung fünf Minuten nach meinem Tod Bescheid wissen, was mit mir los ist. Das ist der größte und der letzte Wunsch eines zum Tod Verurteilten.

Der letzte Tanz von Charlot ist ein schön zu lesendes Buch. Charlie Chaplin erzählt seinem jüngsten Sohn in der Rückblende sein Leben und seine Versuche, dem schwarzen alten Mann mit der Sense immer wieder ein weiteres Lebensjahr abzuluchsen. Mit dem Tod hatte er einen Pakt geschlossen, dass er ein weiteres Jahr leben dürfte, wenn es ihm gelingen würde, den Tod zum Lachen zu bringen. Sechsmal ist es ihm gelungen, dann wusste er, dass es ihm nicht mehr gelingen würde. Er sagte zu seinem Sohn:

»Morgen wird man dich in mein Zimmer bringen, und ich werde auf dem Bett liegen. Der Alte ist schon da, sitzt auf dem Stuhl unter dem Fenster und wartet auf mich.

In Kürze werdet ihr mich zum Abendessen holen – du, deine Mutter, deine Brüder und Neffen. Aber ich werde schon unterwegs sein – mit ihm – im grellen Licht des Mondes ... oder anderswo. Hab' keine Sorgen um mich. Ich fürchte mich nicht. Seit je steh ich für den Umzug bereit.«[137]

Jeder von uns ist Charlot. Unabhängig davon, ob wir der Meinung sind, dass wir den alten Knochen mit der Sense mehrere Male überlistet haben, oder nicht. Er ist schlau genug und immer zu einer Überraschung fähig. Ob wir für den Umzug bereit sind? Im warmen Licht der Sonne oder nirgendwo?

Vielleicht sind wir ein Wassertropfen im großen Weltenmeer. Wenn wir hineinfallen, wird uns dort keiner mehr ausfindig machen. Wir sind das große weite Meer.

[137] Fabio Stassi, L'ultimo ballo di Charlot, Palermo 2013, S. 264.

Oder vielleicht sind wir eine Chiffre, ein Code im Quantengedächtnis, und warten geduldig, bis wir wieder decodiert, dechiffriert werden, hier auf dieser Erde oder irgendwo auf einem der unzähligen Sterne des Universums.

Am Tag danach

»Wenn wir einen Toten beerdigen, lieben wir ihn, doch mit dem Tod selbst haben wir keine Berührung. Der Tod ist etwas Großes. Er knüpft neue Bande mit den Ideen, mit den Dingen, den Gewohnheiten des Toten. Er ordnet die Welt neu. Scheinbar hat sich nichts geändert, und doch ist alles anders geworden. Die Seiten des Buches sind wohl noch die gleichen, aber der Sinn des Buches fehlt.
Um ein Verständnis für den Tod zu bekommen, müssen wir uns die Stunden vorstellen, wo wir des Toten bedürfen. Dann fehlt er uns. Müssen wir uns die Stunden vorstellen, da er uns gebraucht hätte. Aber er braucht uns nicht mehr. Müssen wir uns die Stunde eines Freundesbesuches vorstellen. Und wir finden sie leer.
Wir müssen das Leben aus dieser Perspektive betrachten. Aber am Tag der Beerdigung sind Perspektive und Abstand dahin.
Der Tote besteht nur noch aus Bruchstücken. Am Tag seiner Beerdigung verzetteln wir uns durch Herumstehen, Händeschütteln bei wahren und falschen Freunden, bei äußerlichen Beschäftigungen.
Erst morgen wird der Tote sterben, wenn es still geworden ist. Dann zeigt er sich in seiner Ganzheit und reißt sich erst völlig von unserem Wesen los. Dann schreien wir auf; denn dann erst geht er wirklich von uns, und wir können ihn nicht halten.«
Antoine de Saint-Exupéry[138]

[138] Antoine de Saint-Exupéry, Flug nach Arras, Düsseldorf 2002, S. 25f.

Danksagung

Ein gutes Buch verdankt seiner Entstehung guten Einfällen. Sie verleihen einem Text die notwendige und ansonsten allzu oft vermisste Originalität. Zwischen einem Einfall und dem anderen vergeht manchmal viel Zeit, sodass nicht selten der Möchtegernautor nicht mehr weiß, wie sie zu verknüpfen sind, damit sich ein Faden ergibt.

Einfälle muss man dann vertiefen: in bereits erschienenen Büchern oder – seit einiger Zeit zunehmend – im Internet.

Wenn der Text zusammengewachsen ist, und der Autor irgendwie zufrieden ist, ist dieser gerade dann gut beraten, Freunde und Bekannte mit einzuschalten, damit sie mitlesen, ihm ihren Eindruck und ihre Meinung mitteilen.

Selbst bat ich Familienangehörige, Lehrer, Poeten, Halbatheisten, Gläubige und Bekenner, Priester, Professoren, aber auch sogenannte ›Laien‹, die am Thema Interesse hatten, den Text zu lesen und mal Lust dazu hatten, zu mir unerbittlich ehrlich zu sein.

Ich bekam mehrere Rückmeldungen, meistens positive. Sie haben mich ermutigt, den Text zu veröffentlichen. Ihnen allen möchte ich hier danken: Meiner Frau Barbara, die kritisch und kompetent den Text redigiert hat, meinen drei Kindern David, Magdalena und Dominik, meinen Freunden Norbert, Bernhard, Hans-Walter, Udo, Willi, Albert, und besonders Hubertus Halbfas, von dem ich in meinen früheren Jahren viele Werke verlegerisch betreut habe und der nun, die Rollen umkehrend, meinen Text wohlwollend begleitet hat.

Ich habe über ein Thema geschrieben, das zum einen eine existentielle, persönliche Seite besitzt, zum anderen sich mit den Jenseitsvorstellungen in vielen Kulturen beschäftigt und nicht im luftleeren Raum steht. Inspiriert haben mich Kenner der Materie. Die Autoren und die Werke, die mir sehr geholfen haben, habe ich im Buch selbst erwähnt. Ihnen sei erneut gedankt.

›Leider‹ ist ein Text entstanden, der – wie sich ein Verlagskollege ausgedrückt hat – »voraussetzungs- und verweisungsreich« ist, also von Lesern mit Hintergrundwissen leichter gelesen werden kann als von den meisten Käufern von Verlagsprodukten.

Umso dankbarer bin ich Herrn Ulrich Peters, dass er für das Buch einen Platz im Programm meines früheren Verlags Patmos angeboten hat. Es ist für mich eine Ehre, dort in einer anderen Rolle und neben bekannten und geschätzten Autoren wieder Platz nehmen zu dürfen.

Textnachweis

Hinweis des Verlags: Dieser Textnachweis wurde im Verlag erstellt. Trotz intensiver Bemühungen ist es uns leider nicht gelungen, alle Quellen bzw. Rechteinhaber ausfindig zu machen. Für Hinweise ist der Verlag dankbar.

Im Folgenden werden die Nachweise der Texte in der Reihenfolge ihrer Erwähnung im Buch aufgeführt:

Der Wanderer an den Tod, aus: Hermann Hesse, Sämtliche Werke in 20 Bänden. Herausgegeben von Volker Michels, Band 11: Autobiographische Schriften 1: Wanderung, Kurgast, Die Nürnberger Reise, Tagebücher. © Suhrkamp Verlag Frankfurt am Main 2003. Alle Rechte bei und vorbehalten durch Suhrkamp Verlag Berlin.

Vielleicht, aus: Marie Luise Kaschnitz, Gesammelte Werke in sieben Bänden, Band 5: Die Gedichte. © Insel Verlag, Frankfurt am Main 1985. Alle Rechte bei und vorbehalten durch Insel Verlag Berlin.

Die Stille um einen toten Maulwurf, aus: Durs Grünbein, Nach den Satiren. Gedichte © Suhrkamp Verlag Frankfurt am Main 1999. Alle Rechte bei und vorbehalten durch Suhrkamp Verlag Berlin.

Uwe Tellkamp, Der Eisvogel. © Suhrkamp Verlag Frankfurt am Main 2010. Alle Rechte bei und vorbehalten durch Suhrkamp Verlag Berlin.

Erik Hornung: Das Totenbuch der Ägypter. © 2004 Bibliographisches Institut GmbH, Berlin.

Erik Hornung: Echnaton. Die Religion des Lichts. © 2000 Bibliographisches Institut GmbH, Berlin.

Erik Hornung: Tal der Könige. Die Ruhestätte der Pharaonen. © 1999 Bibliographisches Institut GmbH, Berlin.

Erik Hornung: Der Eine und die Vielen. Darmstadt: WBG, 2011 (7. Aufl.).